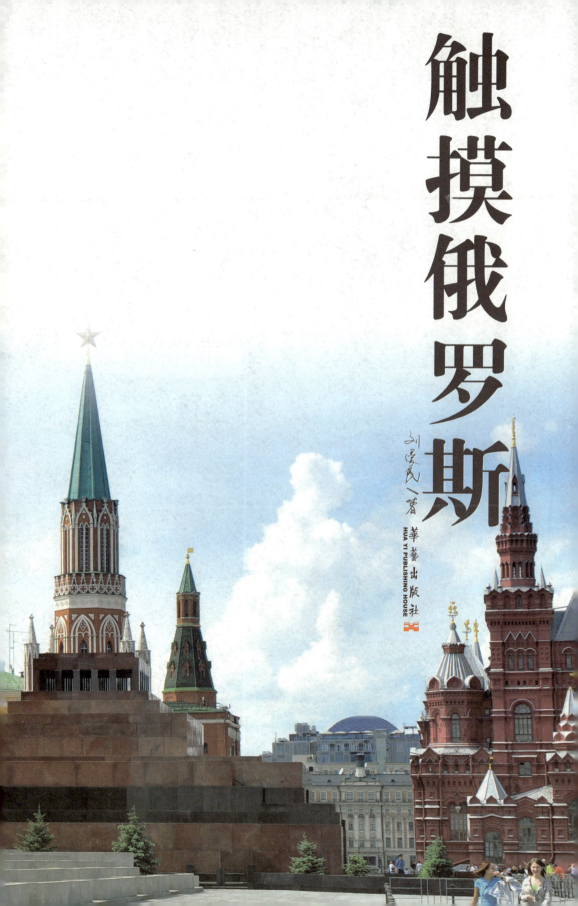

触摸俄罗斯

刘雾民 著

华艺出版社

HUA YI PUBLISHING HOUSE

序

《触摸俄罗斯》自序

　　俄罗斯是一个叫人琢磨不透的国家，对它了解越多，越觉得它不可理解。

　　俄罗斯历史上那些雄才大略的政治人物，像彼得大帝、列宁、斯大林、戈尔巴乔夫、叶利钦等，还有那些伟大的如群星璀璨的思想家和文学家，像托尔斯泰、陀思妥耶夫斯基、赫尔岑、屠格涅夫、高尔基等，无不感叹自己的国家是一个充满矛盾、难以用理性驾驭的国家。

　　从国土面积来看，俄罗斯是世界上疆土最为辽阔的国家，占据了全球陆地面积的六分之一，奇怪的是拥有如此广袤国土的俄罗斯民族却始终没有地理上的安全感，总是希望国土面积更大更辽阔一些。

　　从民族性格来看，它时而豪迈慷慨，时而又自私吝啬；时而热情奔放，时而又冷漠残酷；时而目光远大，时而又固执短视。如此对立的性格呈现在同一个国家和民族身上

十分少见。

从处理国际关系来看，作为世界大国的俄罗斯常常冲动多于理性，不时做出惊世骇俗之举，但是又经常显得毫无气魄软弱可欺。

对中国民众来说，俄罗斯常常是友好与凌辱、强大与贫困、先进与落伍、文明与野蛮的混同词汇。

这就是俄罗斯，一个令人眼花缭乱的国家，一个独一无二的民族。

从彼得大帝以来的300多年里，俄罗斯的一次次巨变震惊了世界，它称得上是人类历史上变化最剧烈、命运最多舛的国家，只有到了普京时代，俄罗斯才开始走上一条稳定发展的道路。

2009年夏天，我们在俄罗斯采访和生活了一个多月，深入接触了俄罗斯社会各个方面。随着对它的了解加深，越发感到要制作一部全面反映俄罗斯现状的电视节目，是如此的困难，几乎是不可能完成的任务。我们所接触到的民众、观察到的事物、拍摄到的影像、收集到的资料，仅仅只称得上是"俄罗斯印象"。现在我把这些印象整理出来提供给读者们，让那些对俄罗斯有兴趣的朋友们，能够对今日俄罗斯获得一些感性认识。如果想深入了解俄罗斯，还需要从历史、文化、宗教、政治、经济等方面作更加深入的研究。

特别需要说明的是，《触摸俄罗斯》一书更像一本采访札记，是我本人在一个很短的时间里，对俄罗斯的观察。也许生动，但未必深刻；也许丰富，但未必具有条理。欢迎读者朋友对书中的偏颇之意给予矫正，我十分愿意和大家一起分享对北方大国俄罗斯的印象。毕竟，深入了解一个邻国是一件快乐有趣的事情。

刘爱民

2011年6月于北京

目录

CONTENTS

触摸俄罗斯

一个中国记者的访俄手记

CONTENTS

小梅总统

小梅，许多中国人都这么称呼梅德韦杰夫总统。这位总统确实很年轻，今年只有44岁，进入政界之前几乎没有离开过大学讲台。但他如今却管理着世界上国土最辽阔、变革最巨大的国家，他面临的使命是如此艰巨和重大。用"小梅"来称呼这位世界上最年轻的大国总统，含义很丰富。

专访俄罗斯总统，是我们拍摄"聚焦俄罗斯"计划中，最为重要的一次采访。如此重要的一次采

小梅总统像所有俄罗斯人一样，喜欢用手势来加强自己的语气。

访，原本以为会受到莫斯科方面的反复审查，但庆幸的是，它竟然是我们在俄罗斯联系的所有采访中，进展最顺利的一次。我们在起程赴俄罗斯的前一个月，就以中国中央电视台的名义，通过普通传真从北京直接给莫斯科克里姆林宫发去了采访申请。想不到我们还没有离开中国，就接到了俄罗斯总统府新闻局的回复，称梅德韦杰夫总统已经看到了我们的采访申请，非常高兴接受中国记者的采访，并且初定了采访日期。这是我们向俄罗斯方面发出的几十份采访申请中，第一个得到的回复。

这么高的效率，这么痛快的答复，让我们很是惊喜。过去我们采访其他国家的领导人，通常都要费尽周折才能达到目的，从来没有这么顺利。总听说俄罗斯政府部门办事拖沓效率低下，俄罗斯总统府给我们的第一印象却完全相反。我们人还在北京，就已经对总统府新闻局官员的工作效率，以及他们与媒体打交道认真、积极的态度留下了很好的印象。后来我们在俄罗斯的其他采访活动中，则遇到了许多不尽如人意之处。在困难的时候，我们总会想念总统府新闻局的官员们，甚至一再向他们"求援"。

克里姆林宫的"童子军"

我们对梅德韦杰夫总统的印象，首先来自于他的工作团队，具体说就是克里姆林宫总统府的新闻局。这是一个非常年轻的团队，总共有二十几个人，大多都是三十岁左右的年轻人。他们特别有朝气，效率高，而且敢于做决定、负责任。他们表

夏日里的莫斯科红场，克里姆林宫的塔楼与瓦西里大教堂遥遥相对。远处正在维修的是著名的古姆国立百货公司。

现出的工作方式和态度，与俄罗斯其他政府部门相比差别很大。

　　我们在俄罗斯发现一个有趣的现象，越是基层的官员，年龄越大，办事越拖沓，而越往上，比如州政府、俄罗斯总理府、总统府，越接近权力核心的工作人员，年龄反而越年轻，办事效率和工作态度与基层相比要好得多。也许在俄罗斯今天的政治制度之下，权力越是显赫的人物和机构，受到民众和媒体的关注就越多，社会监督力度就越大，自身要求就越高。在俄罗斯，人们普遍对基层官员、执法机构的评价较差，而对高层人物和联邦政府的评价总体上比较正面。这是一种很有意思的"倒金字塔"现象。

　　话说小梅总统身边的这支新闻团队，初次见面就给人一种年轻、专业、热情的印象，这也许与总统年轻有关，如果给他配上一群五六十岁的人当助手也确实不太般配。另外，小梅总统本人学者出身，没有官僚背景，外界称他是一位具有自由主义思想的政治家，他未必会喜欢那些官僚习气很重的幕僚。我们刚到莫斯科，总统府新闻局就邀请我们到克里姆林宫做客，其实是请我们去洽谈对总统进行专访的

所有细节，甚至包括了采访完毕要不要合影、要不要赠送礼物、采访现场需要俄方提供什么技术设备等，非常细致。但出乎我预料的是，他们唯独没有跟我们讨论采访的内容，或者说对采访内容提出某些限制。

我们最先认识的是总统府新闻局的副局长阿里克谢，他主管与总统相关的所有新闻采访事务，可谓位高权重。这是一位英俊和蔼的俄罗斯青年，年龄三十岁左右，他的助手是一位大学毕业刚参加工作的俄罗斯美女，名叫叶弗盖尼娅。我们在阿里克谢宽敞的办公室里会谈，他热情、随和，跟我们握手、拍肩膀，丝毫没有总统身边工作人员的架子。刚一落座，我看到阿里克谢办公桌上放着一个烟灰缸，我问他：在克里姆林宫您的办公室可以抽烟？阿里克谢迅速从西装口袋里掏出一包香烟说：让我们试试！大家乐了。阿里克谢点上了一支我们带去的"中华香烟"，我们也抽上了他的俄罗斯香烟，彼此没有了拘束，叶弗盖尼娅在一旁只好耸耸肩。

关于采访梅德韦杰夫总统的内容、方式，我们带去了早已拟好的方案，此前我们也已经将俄文版的副本，传真给了总统府新闻局。我在现场又向阿里克谢说了一遍，他当场拍板同意，在采访内容和形式上没有提出任何异议。我当时心里还有点儿不踏实，这么一次重要的高端采访，我们提出了这么多的采访问题，俄方怎么会不加筛选全盘同意了？我原先还做好了心理准备，让对方"枪毙"掉三分之一略为敏感的话题，比如"俄罗斯与格鲁吉亚的军事冲突"、"如何协调总统与总理的关系"，等等。但没有想到的是，俄罗斯总统府对我们事先提交的采访提纲未改动一个字，没有提出任何限制。他们对外国媒体的这种开放、尊重的态度，大大出乎我们的预料。原来我们总以为俄罗斯脱胎于苏联，近些年来西方国家也一再批评俄罗斯民主化退步，"极权政治"复苏，所以总以为在俄罗斯采访，肯定会受到许多限制。但事实上，在俄罗斯采访一个多月，绝大多数时间里我们的采访是完全自由的，从跟俄罗斯总统府新闻局打交道开始，没有哪个政府部门在采访内容上限制我们。这让我对俄罗斯今天的政治生态有了新的认识。

在克里姆林宫会谈期间，阿里克谢非常热心地提出了一些建议性意见。他说：你们的采访提纲上列出了26个问题，可是你们只有45分钟的采访时间，这不可能完成吧？我回答说：这26个题目是我们认为有价值的话题，但在实际采访时，未必会全部向总统提问，我们的主持人会随机应变，不会超过规定的采访时间。阿里克谢耸耸

肩说：我只是提醒你们时间很有限，你们务必充分利用好宝贵的45分钟时间。接着他又向我们建议："你们有没有考虑在采访中使用同声传译？我们有专业设备，如果需要可以提供给你们使用，我想这样你们可以节省不少采访时间，可以让总统多回答几个问题。"他还开玩笑说，同声传译的设备和高级翻译，他可以"免费赠送"。

使用同声传译设备，我们不敢有这种奢想，因为启用这种复杂的传译手段，不仅需要时间去架设线路，还必须有专用的房间和专用的同传翻译，要在俄罗斯总统的办公室里兴师动众搞那么大动作，总统岂不要临时搬家？我们压根儿就不曾想到过这件事。但更想不到，俄罗斯总统的办公室里居然装有这种专业设备！人家这么主动提供给我们使用，当然求之不得了。后来，阿里克谢还真说话算数，特意从俄罗斯外交部为我们请来了全俄最好的中文翻译。

离开克里姆林宫时，阿里克谢说："我们还会见面的，你们不是要去叶卡捷琳堡吗？上海合作组织元首峰会快开幕了，你们的胡锦涛主席也很快就要去叶卡捷琳堡，我在那边负责新闻工作，有困难的话你们可以再找我。"一听阿里克谢这话，我们激动万分，因为我们当时正在为叶卡捷琳堡的采访一筹莫展呢，直播车、通行证等都还没有着落。要知道在俄罗斯，短时间里想办成这些事情是很困难的。我立刻对阿里克谢说：那太好了，我们肯定会再请您帮助的！阿里克谢听了会心一笑。

后来的多次采访经历证明，我们跟总统府新闻局建立的友好关系，跟阿里克谢等人结下的缘分，有多么重要！

走进总统别墅

专访安排在莫斯科郊区总统别墅，那里也叫"高尔克"总统官邸，俄语的意思是"小山坡"。莫斯科人酷爱住在自己的郊外别墅里，总统也不例外，当然，总统的郊外别墅与普通人家不可同日而语。近几年由于莫斯科的交通拥堵状况越来越严重，甚至影响到了总统和总理的出行。据说总统和总理大部分时间都在郊外别墅工作，很少去克里姆林宫和总理府。

我们在阿里克谢的助手叶弗盖尼娅的陪同下，一起从克里姆林宫出发，驱车大概半个小时，穿过了莫斯科郊区大片大片的森林，到了高尔克9号总统官邸。总统官邸并不是想象中的富丽堂皇、高大宏伟，它是用水泥高墙包围起来的一大片森林，从远处根本看不到里面有任何建筑物。

进入总统官邸，首先要通过一道重兵把守的铁门，卫兵全部荷枪实弹，冲锋枪斜挎在肩头，仿佛随时准备射击。这里的卫兵不像礼兵，他们是真正的哨兵，目光警觉，四处游动，不摆pose。俄罗斯除了克里姆林宫边上的无名烈士墓那里永远站着3名礼兵之外，其他重要机构包括总统府、总理府、国家杜马等部门，不设礼宾哨，所有的警卫人员都是挎着枪站在大门内外，一副随时应对突发情况的架势。这些都随时提醒我们俄罗斯面临的安全形势。

总统官邸的卫兵对我们进行了十分严格彻底的安全检查，除了通过安全检查门之外，还要将携带的所有设备一一进行核查，摄像师要将每台摄像机开机拍摄一下方可。包括我们身上携带的香烟，都要打开烟盒，腰带也要解下来查看，女士们用的化妆盒也要打开，检查得非常仔细。

进入总统官邸的围墙后，我们自己乘坐的采访车被禁用，要换乘内部专用的车辆，然后驶向总统办公和居住的地点。一路上所有的摄像机和照相机都禁止拍摄。行驶了五六分钟，到达了一幢被森林环抱的独立房子前面。这幢看上去并无特别之处的乳黄色的平房，就是俄罗斯总统的郊外官邸。

进入总统别墅后，我们在休息室等候了一会儿，总统的新闻官跟我们再次确认了采访流程，包括采访时间、赠送礼品、合影等细节。专程从俄罗斯外交部赶来的高级中文翻译，还跟主持人张羽就采访内容进行了细致交流，提前进行了充分的准备。但是，就在采访快开始时，还是发生了一件让我们感到意外的事情。因为小梅总统在接受我们采访之前，正在会晤一位外国元首，结果超出了预定的时间。所以总统的新闻官出来跟我们说，对不起，你们采访总统的时间从预定的45分钟压缩到了30分钟。新闻官一再道歉说，总统接受完你们的采访之后，还有一场重要的活动，所以只能请你们缩短时间了。

一下子砍掉了宝贵的15分钟采访时间，这对我们的专访非同小可，这意味将要损失四五个采访的话题！我们恳请新闻官再向总统秘书通融一下，他答应了，很快进屋但又很快回来，非常坚决地对我们说：没有办法，没有商量的余地。我很无奈，只

这个小门是进入总统别墅的唯一人行通道，所有来宾必须在此接受严格的安全检查。叶弗盖尼娅小姐，正在跟卫兵办理采访组的入门手续。

进入俄罗斯总统宽大的办公室，才发现我们并不是唯一的来宾，俄罗斯的记者们正在忙着准备采访设备。

好安慰同事们: 好在总统府配备了同声传译系统,我们采访时节奏快点,争取完成预定的采访内容。

　　一会儿,总统秘书出来告诉我们,可以进总统办公室了,赶快进去架好摄像机。当我们走进总统办公室一看,吃了一惊,办公室非常大,有将近半个篮球场那么大。整个办公室分为三个功能区,一个是总统的办公区域,一个是采访和会谈区域,一个是小型会议区域。奇怪的是,在我们尚未进来之前,总统办公室里已经提前架好了四台摄像机、两台照相机,后面站着摄影师、灯光师、音响师等二三十人!

　　我们非常纳闷,他们来干什么? 今天难道不是中国中央电视台采访梅德韦杰夫总统吗? 总统的新闻官看到我们满脸疑惑,连忙解释: 这是惯例,俄罗斯总统接受外国记者专访时,必须有俄罗斯国家电视台、总统府摄影师同时进行拍摄,因为俄罗斯电视台也要播发新闻,总统府还要留存资料。

　　听新闻官这么一解释,我才弄清楚这满房间的人原来都是俄罗斯同行,他们干的活儿很像中央电视台"新闻联播"时政记者干的事。不过让人不解的是,虽然他们是因公行事,但也不能不分主次啊! 今天我们中国记者是采访主角,但他们却把最佳的拍摄位置通通占领了,我们的摄像机往哪儿架啊? 这不是本末倒置吗? 我当即向新闻官表示: 俄罗斯记者这种做法对中国记者、对中国中央电视台不够尊重,今天是我们专访俄罗斯总统,他们应该把最佳的拍摄位置让给我们。我觉得,在这种时刻不能谦让了。总统新闻官对我的不满表示理解,点头称是,马上走过去跟总统秘书和俄罗斯的记者们嘀咕了一会儿,接着他们很快就开始挪动摄像机位置,给我们让出了地方。不过话说回来,我们也得了便宜,人家在我们进去之前,把现场采访用的灯光、同传线路全部调试完毕了,这也给我们节省了不少时间,帮了我们的忙。

　　通过这件事情,我发觉许多俄罗斯人身上都有的一个特点: 喜欢自作主张,自行其事,办事不商量。在我们后来的采访中,多次发现配合我们采访的俄罗斯工作人员会自作主张更改采访安排,尽管他们并无恶意,主要还是出于好心,但却让我们陷入进退两难的境地。不听他们的安排觉得人家白辛苦了; 听他们的安排又无法实现我们既定的采访意图。无奈之下,我们只好提前更多的时间,把采访意图尽可能详细地向俄罗斯人说明,避免给他们太多主观发挥的空间。

小梅总统印象

当中俄双方记者们把各种采访设备架设完毕后，我又纳闷了。在采访区域，靠墙放了两把椅子，主持人张羽坐了一把椅子，另一把椅子留给总统，周围所有的摄像机、照相机、灯光和录音设备，加上工作人员，将中央的两把椅子围成了一个严严实实的弧形。我想，怎么不给总统先生

没有人事先提醒我们，梅德韦杰夫总统很轻巧地从摄像机后面钻了进来，突然出现在我们身后。

留条通道呢？他怎么走进采访区域呢？正想着，个头不高的梅德韦杰夫总统突然从另一个房间悄然走了出来，贵为总统，他竟然从容地从摄像机后面钻了进来！这是小梅总统留给我的第一印象。

梅德韦杰夫出生于1965年，如今风华正茂，走起路来左右摆动的幅度很大，显得很有生气和精神。也许年龄相近的原因，加上小梅总统很随和，一见面大家都很放松。张羽对总统的采访几乎从两人一握手就开始了。第一个问题也很轻松，先问了一个比较私人的话题：您保持体形和精力的奥秘是什么？是不是每天早晚坚持游泳？据说您每次都游1500米，是真的吗？小梅总统听了哈哈大笑，他大概也没想到中国记者一开场，居然会问如此生活化的问题。他说："我确实每天早晚都游泳，早上游得远一点，晚上距离短一些，需要纠正的是，我平均每天游1500米，而不是每次都游1500米。要不然，别人会认为俄罗斯总统在吹牛。告诉您一个秘密，我现在对中国的传统医学也非常感兴趣，我觉得它对健康非常有帮助。"

俄罗斯媒体对我们这次总统专访表现出了异乎寻常的兴趣，许多媒体都纷纷予以报道，其中俄新社第二天发表评论，还特别强调了开场的这个问题。它评论道：中国中央电视台记者采访总统时，提出的第一个问题非常有趣，询问总统的充沛精

力是不是因为每天坚持游泳，这是一个很轻松的开场。

不过我们采访总统的大部分问题并不是轻松的。

对小梅总统的专访，在内容上涉及中俄关系、俄美关系、国际安全、金融危机、职工失业、反腐败、梅普关系，等等。小梅总统口齿伶俐，思维敏捷，一边口若悬河，一边用各种手势强化语气，即使面对有些他不喜欢的话题，也面带笑容从容回答。比如，谁都知道他不喜欢别人拿他跟普京比较，但是由于他与普京的个人关系过于特殊，全世界的媒体都坚持要拿他跟普京比较，比较两人的观念、能力、魅力、施政方式，等等。因为普京太强悍了，而小梅总统也越来越表现出自己施政的个性化一面，这使得全世界对俄罗斯这两位当权者充满猜测和好奇。所以在采访中，我们还是向他提出了这个问题：您与普京总理的合作已经一年多了，磨合期过去了吗？潜台词谁都听得明白：现在俄罗斯你俩谁说了算？问题刚一提出，坐在记者后面的总统秘书直摇头，并用俄语跟旁边的新闻官说：这个问题不好！

但总统回答得很得体，他说：我们没有磨合期，我们合作得非常好，合作很默契。翻译使用了中文"默契"这个词儿，我想梅德韦杰夫对我们这个提问一定早有准备，精心挑选了用词。而这个问题，是小梅总统在所有问题中，回答时间最短的，

触摸俄罗斯

只用了几句话就算交代了。可见,他不太喜欢回答这个问题。

但有一点无法回避,尽管普京现在是总理,名义上俄罗斯的第二号人物,普京自己非常低调,每每都把梅德韦杰夫推在前面,但他的影响力和权力依然是很大的。有一个现象很说明问题,所有外国元首访问俄罗斯,见了梅德韦杰夫总统之后,一定会再去见普京总理,似乎不见到普京心里就不踏实。2008年梅德韦杰夫竞选总统的广告也很有趣,画面上是他和普京一起走在大雪飞舞的红场上,下面一行字:让我们带领你走向未来! 我说这些,丝毫没有贬低小梅总统的意思。其实,小梅总统的支持率从当选之日开始,一直处于高位,即使在金融危机的今天,也没有出现明显下降。尤其在对外关系、反腐败、社会保障、民主化等问题上,深受民众好评。最近的俄罗斯民意调查,他的支持率首次超过了普京,这是很少有的情况。但谁都知道,对他有利和对他不利是同一件事情,那就是他跟普京的关系。他俩从圣彼得堡开始,就读同一所大学,在同一所大学共事,从此结为政治盟友,后来在普京的提携下,小梅总统进入克里姆林宫。他俩都当过总统办公厅主任,最后都当了总统。政治道路如此相似,个人关系如此密切,以至人们说起其中一人,必然会说到另一个。有次我跟俄罗斯朋友聊起对这两个人的印象,他们幽默地说:他们难道是两个人吗?

从个性上来看,我觉得小梅总统与普京还是有很大的区别,小梅更像一个平民知识分子,观念上更加倾向自由主义,行事作风显得更民主一些,比如他能够包容和倾听不同政见,能够容忍对总统和政府的各种批评,这与普京的硬朗作风是大不一样的。小梅总统甚至自己在网上开了博客,抽空儿会在网上跟网友们聊天讨论,谈自己对国内外问题的看法。俄罗斯民众好像已经开始习惯并喜欢这位温文尔雅的领导人。小梅总统还是一个工作狂,他有一句名言在俄罗斯很流行:不忘我工作是不道德的。尽管他的许多俄罗斯同胞根本做不到这一点。

在采访小梅总统的过程中,我觉得他特别愿意谈的话题,都集中在改革上,改革俄罗斯不合理的经济结构,改变俄罗斯社会的不良风气。他特别对俄罗斯的"能源结构、官僚机构腐败、工作效率低下"这些现象给予毫不留情的批评。他强调俄罗斯必须实行"全面现代化",包括政治领域、经济领域、外交领域,必须全面改革,实现建立在民主价值、科技创新基础上的"全面现代化"。他还特别说到了中

小梅总统

▎小梅总统在办公室与中国中央电视台采访组、驻俄使馆官员和中国总商会负责人合影。

国，他认为中国经济多样化、市场化的做法，非常值得俄罗斯借鉴。盛赞中俄关系达到了历史上最好的时期。

很显然，小梅总统强调的俄罗斯"全面现代化"战略，与普京任总统八年所形成的国家战略相比有了新变化。他更加注重多样化、市场化，不赞成行政化、垄断化，这是在后金融危机时代，在俄罗斯"能源战略"遭遇重大挫折之后，国家发展战略发生了调整。

小小的"报复"

采访中，小梅总统谈的内容很广泛，涉及国际关系、亚洲安全、防恐反恐、经济合作等许多问题，可以说是对俄罗斯政府内政外交的一次全面的阐述。我们很快将采访的素材传送回国，中央电视台在黄金时间播出了对小梅总统的专访。播出的第二天，中国国家主席胡锦涛开始访问俄罗斯。

后来我们到达俄罗斯中部城市叶卡捷琳堡，报道上海合作组织元首峰会和金砖四国元首峰会，当时在新闻中心的大屏幕上，居然看到了我们对小梅总统的全程采访内容。后来了解到，这是俄罗斯方面刻意在峰会期间播放的，俄罗斯政府将我们对小梅总统的这次专访，作为俄罗斯对外政策的全面阐述，将它提供给各国记者使用。我这才想起阿里克谢在克里姆林宫与我们会谈时，多次说到这次采访的内容由中俄两国共同享用。原来，人家是早有准备，既满足了中国中央电视台的要求，也满足了自己的需要。毕竟采访小梅总统也不是一件容易的事情。

在那天采访小梅总统临近尾声时，还发生了一个小插曲。因为采访中小梅总统谈兴盎然，尽情发挥，现场气氛也很愉快，结果规定的30分钟采访时间不知不觉就要用完了，可是我们计划中的采访问题还有好几个没有来得及提问。这时候，总统的秘书就开始在背后催促我们赶快结束采访，我装着没听见，希望能让小梅总统多谈几分钟，想在"不知不觉"中延长一点时间。后来这位秘书越催越急，甚至在背后用俄语大声说：结束！结束！这时，现场突然响起一声"嘟"，就像中止比赛的哨声！我们都吃了一惊，原来总统办公室里居然安装了"时间提示器"。小梅总统一听到"嘟"声，面带微笑把同传耳机摘了下来，示意采访结束了，并用中文跟记者张羽说了声"谢谢"。张羽只好跟着站了起来，我想他大概是不甘心吧，居然站着又问了小梅总统一个问题，内容是有关中俄能源合作的前景。现场的翻译直接给总统翻译了，小梅总统就站着回答起来了，侃侃而谈。可能这一"越规"举动把总统秘书惹急了，等总统刚一说完，她就大声用俄语对我们说，超时了，合影取消！

总统的秘书立竿见影"惩罚"我们。我们自带的随行翻译悄悄把总统秘书的话翻译过来，现场气氛顿时压抑起来，我们只好抓紧时间收拾设备，准备撤离。没想到，小梅总统善解人意，径直走到我们跟前，笑着说：我们为什么不可以一起照相呢？我们的翻译非常机灵，马上回答：我们非常乐意与您合影！小梅总统双手一摊说，那我们还等什么？于是，大家赶紧站成一排，小梅总统还招呼让中国摄影师也一起过来合影。这时，陪同我们采访的中国大使馆的老朱，用俄语对那位总统秘书说：您看，总统自己都想跟我们合影，您还有什么可说？老朱这句话，把现场的俄罗斯人也都逗乐了，顿时刚才那点不愉快便被冲散了。

与小梅总统相处时间虽然不长，但他身上表现出来的某种气质，我还是很喜欢的。他既有学者的儒雅、谦逊和随和，又有领袖的洞察、坚定和克制。他平和但不失个性，善于自我表现但丝毫不显做作。与他交谈时，他更像一个好朋友而不是一位大国领袖，完全没有高高在上的架势，你可以问他任何问题而不用担心他会不会生气。所以俄罗斯人认为他跟过去的苏联和俄罗斯领袖完全不一样，是一个具有自由主义思想的政治家，有民主价值观。这一点，我们在采访中也有明显的感受。

　　告别了小梅总统，我们又坐总统官邸的专车驶出大院，然后换上我们自己的汽车返回莫斯科。当车队穿行在莫斯科郊外的森林中时，我一直在回忆刚才的采访，小梅总统给我们留下了许多印象，比如他毫不限制我们的采访内容；比如他非常自我而不被周围的幕僚们所控制；比如他对媒体和记者表现出来的真诚和尊重等等。人们喜欢称呼他小梅，看来不仅仅是因为他年轻，更包含了一种亲切、亲昵的成分。当然，我们对他的印象还比较表面，俄罗斯民众之所以能够给予他较高的支持率，除了他的个人魅力之外，更重要的一点是认为小梅总统能够像普京执政八年那样，继续带领俄罗斯走向全面现代化。

触摸俄罗斯

红色的遗迹

　　说到俄罗斯，无法不提到苏联。苏联曾经是世界上最强大的国家之一，它存在了70年，不仅改变了俄罗斯的历史，也改变了世界的政治格局，许多国家在它的巨大影响下成为了社会主义国家，这其中就包括中国。苏联给中国的影响实在太深了，以至于今天许多中国人来到俄罗斯，都仿佛有一种故地重游、故人重逢的复杂感觉。当然不仅仅是中国人，大量的外国游客来到俄罗斯，都会不由自主地留意那些红色苏联的遗迹。尽管往事不再，但昔日的痕迹依然给人带来许多回忆和遐想。

红场上的故人

　　刚到俄罗斯，第一次让我想起"苏联"，是在莫斯科红场遇到的一桩事情。

　　到了莫斯科，我头一件事情就是想去红场，想去看克里姆林宫，它是这个国家的文化和历史地标。就像许多外国人到北京先去看天安门广场一样。很巧，刚到莫斯科就接到了俄罗斯总统府新闻局的邀请，请我们去协商采访梅德韦杰夫总统的相关事项。这样，我们到莫斯科的第二天，就直奔红场和克里姆林宫。

　　我刚走到红场的入口处，便看到两位容貌酷似列宁、斯大林的人，穿着我们极为熟悉的列宁装和大元帅服，笑眯眯地站在红场边上。我心里一惊，天啊，实在太像了！只见这两位"世界革命的伟大导师"不停地向游人们招手致意，不过他俩不是为了政治宣传，而是为了挣钱——跟游客合影。

　　这是超级"真人秀"，他们不仅容貌和着装与列宁、斯大林相似，一举一动，全

红场前的"列宁"和"斯大林"，他俩一年四季风雨无阻地在这里迎候来自世界各地的游客，一位小伙子正在同两位"大人物"交谈。

都是老电影和老照片中的招牌动作，比如"斯大林"手持大烟斗，列宁双手抓着胸前的吊带……

我留心观察了一下，跟"列宁"、"斯大林"合影的基本上都是外国人，以东亚人和中亚各国（前苏联加盟共和国）的人居多，其中不少是中国人。可能中国人是"列宁"、"斯大林"接待的常客，他俩居然都会说几句中国话："你好"、"谢谢"、"对不起"……

后来我去红场次数多了，发现原来"列宁"、"斯大林"并不是固定这俩人，有好几对"列宁"、"斯大林"，他们轮流出现在红场边上，招呼游人合影。偶尔还会冒出一个"捷尔任斯基"、"拿破仑"什么的。

红场上多了这些"真人秀"，给这个传统的政治场合增加了几分生动，增加了游人的兴致和笑声。同时让人们也由衷感到，虽然苏联已经不存在了，但红场还是红场，克里姆林宫还是克里姆林宫，列宁和斯大林依然是这个国家无法被遗忘的历史人物。但是，俄罗斯确实不是过去的苏联了，时代变了，政治人物的形象不再是禁忌了，可以随意拿"他们"来挣钱了。

在"真人秀"的旁边，是一幢红色典雅的古老建筑——历史博物馆，这里在沙俄时代曾经是国家杜马所在地，苏联时代是列宁博物馆，今天改为历史博物馆。我们通过历史博物馆巨大的拱形大门，就进入了红场。放眼望去，克里姆林宫，列宁墓豁然出现在眼前。用红色大理石建造的列宁墓与克里姆林宫的红墙浑然一体，不

触摸俄罗斯

走近看还真分辨不出来。拱形大门距离列宁墓只有100多米，这100多米的两端呈现的是两个时空，一头是列宁的墓地，肃穆而庄严，一头是列宁的"真人秀"表演，有趣还有点滑稽。

走近列宁墓，发现这里的游客不像我想象中那么多，而它一旁的克里姆林宫里游客倒是不少。后来才知道，出于对列宁遗体保护的原因，每个星期列宁墓只开放两次，每次只开放两三个小时，而且规定到列宁墓参观的人都不得携带照相机和录像机等具有发光和放射性物质的器材。另外，减少开放时间还有一个不太好说的原因，那就是经费问题。从1992年之后俄罗斯政府已经不再为列宁墓提供维护经费了，所需经费全部来自俄罗斯社会团体的赞助。对此俄罗斯政府认为，对一位已经去世的国家领导人的墓穴，政府不应该继续提供庞大的财政开支，况且在列宁之前或者之后的所有俄罗斯领袖人物，都没有享受这种待遇，列宁也不应该例外。

列宁墓面临的困境不仅仅是维护经费，自从苏联解体之后，关于要不要保存列宁墓，在俄罗斯一直就有争议，这种争议至今仍在民众中和国家杜马里继续。原来在列宁墓前有卫兵站岗，每次换岗都是一次精彩的礼兵表演，吸引着大量的游客驻足观看，几年前这个礼兵岗哨已经被移到了无名烈士墓前。

在列宁墓的后面，有一个"红场墓群"，那是苏联时代仅次于列宁墓的高级墓地，是安葬党和国家重要领导人的地方，其中最有名的就是斯大林墓了。斯大林原先与列宁安葬在一起，苏共"二十大"之后，苏共中央认为他没有资格与列宁合葬，遗体被移出列宁墓，安葬在克里姆林宫红墙边。在这里还安葬了其他11位著名苏联领导人，包括伏龙芝、捷尔任斯基、加里宁、伏罗希洛夫、勃列日涅夫、契尔年科等，最后一位入葬者是戈尔巴乔夫的前任安德罗波夫。他们每人的墓前都有一个半身塑像，每座塑像前都摆放着一些鲜花，可见经常有人来探望他们。我想，今后不会再有人安葬在那里了，因为这种安葬方式用今天俄罗斯人的说法是："不符合俄罗斯的传统"。苏联之后俄罗斯的首任总统叶利钦逝世后就另寻它处，安葬在莫斯科著名的"新处女公墓"里。"红场墓地"和"列宁墓"一样，是俄罗斯"红色遗迹"的一部分。

有不少俄罗斯人，特别是老年人，对红场上的这些墓地主人还是很有感情的。每年的11月7日是俄罗斯的"民族和解日"，就是过去苏联的"十月革命节"，到了这

■ 红场上的列宁墓，一年当中的大部分时间里是静悄悄的，守卫列宁墓的是两位警察。原先这里设有克里姆林宫卫队的岗哨，被称为"苏联第一岗"，现在被移到了距离这里只有几百米的无名烈士墓。

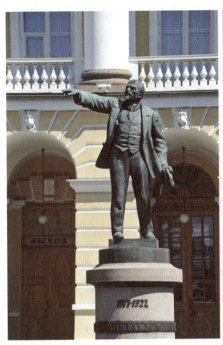

1	2
	3
	4

▎斯莫尔尼宫，多么熟悉的地名，凡是看过老电影《列宁在十月》的朋友一定还会记得，列宁在此号召起义的工人和士兵去攻占冬宫。就是在这里，当年布尔什维克领导武装起义的总指挥部，列宁发表了"告俄国公民书"，宣布一切政权归苏维埃。

▎莫斯科大剧院对面的革命广场上，马克思的雕像依然矗立，俄语碑文是"全世界无产者联合起来！"作为一位伟大的思想家，马克思依然受到应有的尊重。

▎在莫斯科红场的列宁墓后面，有一长排苏联领导人的墓碑，其中有一张世人熟悉的面孔：斯大林。他的遗体原本与列宁一起安葬在巨大的列宁墓中，但在他去世后的第八年，苏共中央决定将他的遗体移出列宁墓，入土安葬在红场边上。

▎捷尔任斯基，这个曾经响彻全球但如今却被人们渐渐淡忘的名字，苏联中有"契卡"的创始人，"克格勃"的鼻祖，被称之为"钢铁般的革命者"，他的雕像如今依然矗立在圣彼得堡。

一天，红场上都会有一些集会活动，大多是由俄共或者其他左翼组织发起的，许多俄罗斯民众都会自发参加。这一天，列宁和斯大林的墓前会摆满鲜花，那是许多俄罗斯人对一个时代、一段历史的怀念。不管今天对苏联是什么态度，让俄罗斯人彻底忘记苏联几乎是不可能的。

克里姆林宫的红星

莫斯科的克里姆林宫，当年是苏联的政治中心，红色苏联立国70年，曾经在这里留下过许多痕迹。在红场上最有代表性的符号除了列宁墓，恐怕就是克里姆林宫尖顶上的红星了。

克里姆林宫由高大的红色围墙包围着，它有4座城门，19座尖耸的塔楼，其中最宏伟、最著名的是斯巴斯基塔楼、尼古拉塔楼和特罗伊茨克塔楼。在历史上，克里姆林宫这些高耸入云的塔尖上，安装的都是俄罗斯国家和东正教的象征：双头鹰。在"二战"之前，斯大林下令用红五角星取代了双头鹰。于是就有了"纳粹军队逼近莫斯科，都可以看到克里姆林宫的红星"的说法。

克里姆林宫塔楼尖顶上的红星，是造价极高的工艺品，是真正的红宝石五角星，是由一块块巨大的红宝石镶嵌而成的，周边是镀金的框架。每颗红星有4米多高，重量将近2吨！红五星下面是特制的轴承，如此巨大沉重的五角星竟然能够随风旋转，起着风向标的作用。

听俄罗斯朋友说，前段时间，俄罗斯不少人包括东正教社团提出，要"摘掉克里姆林宫红星，恢复历史本来的面貌"。东正教社团在一份声明中这样写道："我们希望能够尊重大多数东正教教徒的感受，让俄罗斯国家的标志双头鹰重新回到克里姆林宫钟楼的顶端。因为直到100年前，克里姆林宫钟楼的顶端一直有象征俄罗斯的双头鹰标志。我们认为，包括大门和钟楼，克里姆林宫所有组成部分都是神圣的，但是后来共产主义者用红星替换了双头鹰，这个共产主义的标志，长久以来一直困扰着东正教教徒们的心灵。现在俄罗斯正在复兴，对东正教的信仰也在不断恢复。我们认为，共产主义者们也应该可以理解我们的呼声。"东正教现在已经恢复为俄罗斯国教，俄罗斯一半以上国民信仰东正教，它在俄罗斯社会中具有巨大的影

克里姆林宫的红星

克里姆林宫内的宗教场所都恢复了革命前的功能，报喜教堂内每天都进行着东正教的各种活动，悠扬的赞美歌不绝于耳

如今俄罗斯人的生活，又重新与东正教紧紧联系在一起。正像普京所说的，东正教"是国家和全体人民精神世界的核心，在俄罗斯复兴的伟大事业中，东正教起着特殊的精神作用"。

触摸俄罗斯

响力，他们的呼吁引起了俄罗斯社会的广泛关注。

　　但从这份声明的字里行间，不难看出在俄罗斯也有许多民众并不赞成拆除红星，他们认为这种"去苏联化"的做法是不尊重历史。现在的克里姆林宫博物馆负责人阿列科谢·列维金就表示："在1994年，克里姆林宫已经成为了联合国公布的世界文化遗产之一，根据规定，当时的一切建筑、装饰都不能被改变，这也是俄罗斯的国际义务。从我的角度讲，我不会去动克里姆林宫的任何一样东西。在钟楼顶端安置红星，不论从艺术还是建筑的角度来讲，都是神奇的作品，不应该去毁坏。"

　　围绕着克里姆林宫尖顶上的红星要不要拆除，这场争论正在考验着俄罗斯人，是以意识形态观念为主导，还是理性面对历史遗产？因为无论从艺术、文物还是历史角度来看，克里姆林宫的红星已经是克里姆林宫的一部分了，对文物改来改去，就像对历史改来改去，总是令人遗憾的事情。当年斯大林用红五星取代双头鹰固然是意识形态的原因，那么今天用双头鹰换下红五星，难道不是意识形态的原因？时至今日，人们对前人的态度已经变得理性和宽容多了，拆除红星难道不是一件很固执和愚蠢的做法吗？

老年人的怀恋

在圣彼得堡采访时，我们经常经过美丽的涅瓦河。经过了漫长而阴冷的冬季之后，6月份正是圣彼得堡一年一度的黄金季节："白昼"，阳光普照，气候宜人。涅瓦河两岸通宵达旦游人如梭，歌舞升平。每次经过涅瓦河，总会有一些情景印在脑子里：瓦西里岛上的海神柱，高耸入云的彼得保罗大教堂，大叶卡捷琳娜女皇为彼得大帝铸造的青铜骑士像，雕刻在河边的普希金赞颂彼得大帝的诗篇，秀丽的冬宫，喋血大教堂……圣彼得堡所有的一切，好像都凝固在俄罗斯最辉煌的年代——罗曼诺夫王朝。

记得过去看到过斯大林的一句名言，有人问斯大林：列宁同彼得大帝相比，谁更伟大？斯大林回答说："如果说列宁是大海的话，彼得大帝就是沧海一粟。"今天看来，俄罗斯人未必都会同意斯大林这句话。

在涅瓦河两岸，历史好像又翻回到了沙俄时代，曾经存在了70年的苏联好像突然消失了。每次经过涅瓦河时，我都想寻找到那艘著名的"阿芙乐尔号"巡洋舰，但总是看不到它的影子。毛泽东说过："十月革命"一声炮响，给中国送来了马克思列宁主义。这一声炮响，就是"阿芙乐尔号"巡洋舰在1917年打响的。在中国许多老年人心里，"阿芙乐尔号"巡洋舰已经成为了"十月革命"的象征，成为了武装革命的象征。布尔什维克掌握政权之后，"阿芙乐尔号"巡洋舰就永久地停泊在涅瓦河畔，供人参观。

我问同行的俄罗斯朋友，怎么一直没有看见"阿芙乐尔号"巡洋舰？有一次我们坐船在涅瓦河中行驶，他们指给我看："那就是阿芙乐尔号！"我这才发现这艘著名的巡洋舰其实个头并不大，跟其他一些高大的舰船并排停靠在河边，毫不起眼，如果没有人指给我看，还真不容易发现它。

"十月革命"在今天俄罗斯人心里，更像一个历史名词，不再具有激动人心的政治含义。到"阿芙乐尔号"巡洋舰上参观的也都是些好奇的外国人，本国人很少。他们是选择了遗忘，还是选择了淡漠？我真的无法判断。俄罗斯是一个比较善变的民族，有时很难琢磨。

但是，在离圣彼得堡150多公里的一个乡村里，我们看到听到的事情，跟圣彼得堡很不一样。这里的农民，选择的是"记住"。我们去的村庄名叫"涅日诺娃"，这个村庄由好几个过去的集体农庄组成，非常分散。陪同我们的翻译说，涅日诺娃在俄罗斯乡村中既不算贫穷也不算富裕，选择它，是为了让难得到俄罗斯乡村采访的中国记者看到真实的俄罗斯农村现状。

这个既不算贫穷也不算富裕的乡村，让我们看到了今天俄罗斯乡村面临的困境。

俄罗斯乡村现在的"空壳化"现象非常严重，大多数的农田和房屋都荒废了，农村人口骤减，使得原本人口就非常稀少的乡村，如今只剩下一些老年人，而绝大部分都是妇女，他们靠政府提供的数额不多的养老金度日，他们也许是这个国家中生活最为贫困的一个社会阶层，而且精神上也十分寂寞和无望。

我们到一位名叫安娜的妇女家做客。安娜已经67岁了，先后结过两次婚，两位丈夫都因为酗酒过度去世，孩子们都在城市工作，很少回到乡村。她子然一身居住在农村，家里有很大的房子，很大的院子，院子之外是辽阔的原野，空空荡荡，平时连一个人影都见不到。俄罗斯乡村的农舍外观看上去比较简陋，内部装修也比较简单，但整个建筑看上去非常结实，很低矮但墙壁很厚，这可能与地处寒带有关。

安娜像许多俄罗斯人一样，非常热情好客，听说中国记者要来，她提前炖了一

夜幕正在降临圣彼得堡，涅瓦河上阿芙乐尔号巡洋舰安然入梦。1917年11月7日，阿芙乐尔号巡洋舰率先打响第1炮，拉开了俄国十月革命起义的序幕。今天这艘爷爷级的战舰是海军博物馆的一部分。

在莫斯科的红场边，著名苏联元帅朱可夫的骑马雕像于1995年"二战"胜利50周年时矗立在此，这位伟大的红军元帅一生大起大落备受荣辱，但作为莫斯科的保卫者，这座城市始终没有忘记他。

锅牛肉汤招待我们。翻译悄声告诉我，这是当地农民盛情待客的一种习俗，把他们最喜欢吃的牛肉切成条状，装在一个圆形的铁锅里，一早就放在炉子上炖着，一直等到客人进门。我们喝着牛肉汤，心里被安娜的淳朴和热情所感动。安娜告诉我们：虽然自己年纪大了，但家里家外的活计还得自己去干，没有办法，家里没有别人了。村里的邻居们也帮不上多少忙，因为家家都缺少人手。男人们不是去了城里，就是去了坟墓。所以，非常想念苏联时代的集体农庄生活，那时候人丁兴旺，社会秩序也很好，日子过得有希望、有滋味。

我们只在安娜家里坐了半个小时，而她却为我们的到来忙活了一上午，让我们很过意不去。临别时我们把车上带的备用食品，酸奶、巧克力、水果什么的，通通留给了安娜，因为她年纪大了，出门采购一次食品也不容易。

在乡村里，我们听到最多的一句话就是：过去我们集体农庄如何如何……农民们很怀念集体农庄，人力资源充足，生产繁忙，大家有一种国家主人翁的感觉。而如今，俄罗斯实行全面的市场化和私有化，中青年大量拥向城市，去寻找新的生活和机会，而留下来的都是走不出家门的老年人，这使原本人口就极为稀少的乡村，变得地荒屋空，仿佛被生活遗弃了。望着这些靠政府养老金生活的孱弱老人，他们凄凉的心境我们完全可以体会得到，尽管过去集体农庄的生活似乎不如今天富足，但不会让人如此寂寞、如此无望。

普京与红色苏联

在俄罗斯，人们比较关心普京对红色苏联的看法。这种关心一方面源于普京的威望，他执政八年，是俄罗斯经济和国力开始复苏和振兴的八年，民众普遍对他抱有好感甚至崇拜，自然也关心他的想法。另一方面，普京是苏共培养出来的优秀人才，是克格勃的精英，人们普遍认为他有浓厚的"苏联情结"。更重要的是，在梅德韦杰夫总统即将卸任之后，人们普遍认为普京将重掌总统大印，他将主宰俄罗斯的未来。

从外表上看，普京身上的确有许多的苏联烙印。除了他曾在苏联安全核心部门克格勃任职之外，他的家庭也十分的"苏联化"，爷爷在苏联时代曾经当过克里姆林宫的厨师，父亲曾参加过苏联红军并在卫国战争中负了重伤，那在当年都是很值得骄傲的事情。

早在10年前普京第一次竞选总统期间，就说过一句俄罗斯家喻户晓的话："谁不为苏联解体而惋惜，谁就没有良心；谁想恢复过去的苏联，谁就没有头脑。"这句话曾经给许多人一种印象：认为他怀念红色苏联，骨子里向往强权政治。其实这种看法并不全面，因为普京说上述这番话时，前面还有一段话被有些人故意省略了，如果完整听这段话，才能理解一个真实的普京："我们在近70年的时间里走入了一条死胡同，偏离了人类的康庄大道，无论承认这一点有多么痛苦。经济意识的理想化扭曲了最基础的财产关系，导致我国远远落后于发达国家。谁不为苏联解体而惋惜，谁就没有良心；谁想恢复过去的苏联，谁就没有头脑。"这是普京的原话。

普京既反对右派为苏联解体而兴高采烈，也反对左派要求"恢复苏联"。

普京既经历过苏联强盛时的辉煌，也目睹了红色帝国衰落，对苏联自有一番爱恨交加的复杂心情。在许多时候，普京身上体现了俄罗斯人内心的纠结和复杂，一方面对苏联时代国家地位的强大始终难以忘怀；另一方面认为俄罗斯必须坚持走

1	4
2	
3	5

在俄罗斯到处可见红色苏联的痕迹，在这幢居民楼上画着一面巨大的苏联国旗，数十年过去了依然鲜艳。

在圣彼得堡的涅瓦大街的这幢建筑物的墙上，也有一幅列宁的雕像，示意列宁当年经常在这家图书馆读书。

在圣彼得堡街头一家名叫"苏维埃"的咖啡馆。

俄罗斯外交部大楼的顶端，象征苏联的雕塑依然十分醒目。

在莫斯科精美的地铁站里，现在还保留着许多列宁的画像和苏联时期的标语口号。

私有化、民主化和市场经济道路，别无出路。

2002年1月，普京在接受采访时说："斯大林是一个独裁者，这毋庸置疑。但问题在于，正是在他的领导下苏联才取得了伟大的卫国战争的胜利。"当年，普京还坚持沿用苏联国歌的旋律，说苏联国歌曲调激昂、振奋人心。在面对"苏联解体"这个俄罗斯伤口时，普京曾明确表示说："苏联解体是全民族的重大悲剧"，"大多数公民一无所获"。当有人问他："你什么时候退出'苏共'的？"普京的回答："我没有退出，苏共不存在了，我就把党证放在抽屉里。"这些表白，是对往日"强大的祖国"的哀悼，这种感情如今在许多俄罗斯人心里依然存在，但这不等于许多俄罗斯人愿意回到苏联时代。

另外，普京也反复强调：俄罗斯属于"欧洲文明"，应"回归欧洲"，应该建立"欧洲式"的政党体系，采用欧洲的市场经济模式，这样俄罗斯才能真正走向复兴。

普京的执政风格可以归纳为两点："不择手段"和"强悍"。对此，人们褒贬不一，很容易联想到彼得大帝和斯大林。最典型的事情就是10年前在普京刚刚上台时，正好爆发第二次车臣战争，当时俄罗斯民众被车臣恐怖分子的袭击折磨得很痛苦。那个时候，普京总统亲自驾驶战斗机飞赴前线，并放下狠话："把车臣匪徒通通溺死在茅坑里！"俄罗斯许多民众就是从那个时候开始欣赏甚至崇拜普京的。

近年来国内外不少媒体在谈论普京的"苏联情结"，认为他未来如果再次执政当总统，俄罗斯的国内外政策会"向左转"。其实我觉得这些看法太过片面，未必如此。普京是一个非常现实的政治家，他对意识形态的东西不太感兴趣，他希望自己能够像彼得大帝一样，用最为有效的办法，带领俄罗斯走向强盛富足、受世人尊敬。在这条复兴俄罗斯的道路上，怎么有利就怎么去做，既不会给自己贴上"左派"或者"右派"标签，也决不会被历史限制手脚。苏联也好，斯大林也好，不过是他的一个历史参照罢了。所以普遍的看法是：普京执政的特征是"新威权主义"：在民主政体的框架内，通过强化中央政权来治理国家。

回顾普京执政的8年时间，一个显著的事实是，俄罗斯经济开始明显恢复，民众信心开始明显提升，社会秩序开始明显好转，经济体制改革和政治体制改革都取得了十分显著的成果。最大成果就是宪法确立了私人财产神圣不可侵犯，促成了现代市场体系的形成和发展。俄罗斯在理顺了经济关系后，经济发展的速度是非常快的，但是这一点往往被我们有意无意地忽视了。现在国内有不

在圣彼得堡的涅瓦大街上，两百年历史的沙俄时代建筑比比皆是，而大街奔跑的却是当代欧美的豪华轿车。

少人对俄罗斯的印象还停留在叶利钦执政的"休克疗法"时期，还以为全俄罗斯仍然处于民不聊生的噩梦之中，这种看法是不真实的。从2002年开始俄罗斯经济逐步回暖，GDP增长逐年加快。到了2008年人均GDP达到11806美金，而同一年中国的人均GDP是3315美金，相差3.56倍。由此可见，俄罗斯经济振兴的速度、民众的生活水准都远远超越了中国人的印象。

经济实力的增强，使得俄罗斯政府有能力执行一系列的社会福利政策。社会养老金大幅提高并保证及时发放，公民11年制的义务教育和免费医疗得以保障，等等。这么说吧，俄罗斯的城市居民除了住房还比较拥挤之外，其他的社会保障都做得很好。普京当总统期间，多次声明："国强首先要民富。政治家们活动的价值不在于自己的声誉和小集团的权利，而在于千方百计大幅度提高民众的生活水平上。"尽管在这次金融危机的冲击下，俄罗斯经济也遭受重创，失业率高居不下，但俄罗斯民众的生活水平已经与苏联解体时期不可同日而语了。

给我们做翻译的尤丽雅是一位年轻的母亲，女儿三岁，在圣彼得堡上幼儿园。我依照中国人的惯性思维，问道："孩子上幼儿园负担一定很重吧？"因为中国大中城市的幼儿园收费让许多年轻的父母叫苦不迭。但尤丽雅回答我："负担不重啊，不用花什么钱。"原来俄罗斯从幼儿园一直到高中，实行的是全程免费教育。

2007年世界银行曾经发布了一份报告，称"俄罗斯的经济增长是符合穷人利

益的经济增长"。1999年至2006年，俄罗斯GDP年均增长6%，经济总量增加了70%。在此期间，俄罗斯工资和人均收入增加了500%，扣除通胀因素，人均收入实际增长200%，高于GDP增长速度的二倍多！国家财政和地方政府财政的三分之一用于教育、医疗、救济等社会公共领域。俄罗斯各地的平均"最低生活标准"，高于中国各地4至6倍。也就是说，俄罗斯民众充分享受到了国家经济发展的好处。

但是我们也看到，俄罗斯在巨大的政治和社会震荡之后，整个政府机构的官僚习气依然比较严重，权力腐败依然很普遍。但是，宪政民主的基石已经打下，三权分立、相互制衡的现代权力机制，已经初步形成。这种体制的建立为俄罗斯经济长期、稳定、持续地发展奠定了基础。

普京执政8年期间，他和政府所做的这一切事情，已经不能用"左"和"右"的"苏联思维"来判断了，他开创了俄罗斯历史的一个新的时代。普京的榜样永远是彼得大帝，一个通过实行"西方化政策"，用"鞭打慢牛"的强硬手段，把俄罗斯从落后的农奴制国家变成世界强国的伟大君主。普京自己不止一次重复过彼得大帝的一句名言："给我20年，还给你一个奇迹般的俄罗斯。"

长明的圣火

　　在小学课本中就知道了莫斯科红场,知道了无名烈士墓。这次虽然是第一次来俄罗斯,却莫名地有一种"近乡情怯"的复杂感觉,似乎担心它不是我想象中的样子。还好,克里姆林宫的塔楼依然那样巍峨,用石块铺成的红场依然让人浮想联翩,无名烈士墓依然那么神圣高贵。在莫斯科这个核心区域里,历史并没有中断。

　　因为工作和采访,在莫斯科期间我曾多次来到红场和无名烈士墓。每次来到这里,我都会在无名烈士墓附近,包括亚历山大花园一带,一个人静静地走上一段路,

红场边上的亚历山大花园一角。

品味一下历史的味道，感受一下俄罗斯民族的气质，我非常喜欢它给我带来的那种历史的凝重感。

2009年6月17日上午，我们又一次来到红场边的无名烈士墓。这一天我们的任务有两个，首先是报道中国国家主席胡锦涛向无名烈士墓敬献花圈的过程，之后还要在此进行一场现场直播，介绍无名烈士墓的历史和环境。因为要对中国观众进行直播，俄罗斯国家电视台和欧洲广播联盟（EBU）都很重视，派来了直播车和工程技术人员。克里姆林宫总统府新闻局还专门派安娜女士前来为我们进行现场协调。

无名烈士墓

莫斯科的无名烈士墓，位于红场的西北侧，紧靠在克里姆林宫红墙的墙根儿下，占据了著名的亚历山大花园的一角。它建成于1962年苏联卫国战争胜利纪念日前夕。这座用深红色大理石建成的陵墓，顶端是钢盔和军旗的青铜雕塑，造型简洁，蕴意深长。在墓前，最吸引游客目光的是一个五星状的火炬，这个火炬从1962年无名烈士墓建成之日，一直燃烧到今天，从未熄灭过，它成为了俄罗斯民族坚强不屈战无不胜的象征。在火炬前方的青色大理石地面上镌刻着全俄罗斯几乎家喻户晓的一句铭文："你的名字无人知晓，你的功勋永垂不朽！"

在俄罗斯，尽管国家经历动荡，社会出现分化，国旗改变颜色，但是对卫国战争的崇高敬意，对为国捐躯的成千上万的俄罗斯儿女的深切怀念的民族感情，从来没有改变过。在俄罗斯，我明显感觉到，这个民族的内心有两样特别自豪的事情，几乎成为了民族强大的精神支柱：一个是彼得大帝带领俄罗斯实现了强国之梦；一个是卫国战争打败了纳粹德国。

在俄罗斯采访时，我们每到一座城市，甚至每一个村镇，都可以看到"二战"烈士的纪念碑，而每个纪念碑上面都会密密麻麻地镌刻着无数的人名，这些在卫国战争中牺牲的俄罗斯儿女没有被今天的俄罗斯人遗忘，这样怀念和尊敬一直具体到每一位牺牲者的头上。而那些没有留下姓名的烈士，则享受最高礼遇：无名烈士墓。我听俄罗斯朋友说，在卫国战争中，几乎每一个俄罗斯家庭都有人员死亡，

莫斯科的无名烈士墓建成于1962年卫国战争胜利纪念日前夕，全部使用红色的大理石建成。如今，这里是俄罗斯人民心中的一块圣地。

从每天早晨8点至晚上8点，这里由克里姆林宫总统卫队的士兵守卫，每隔一个小时换一次岗。这是俄罗斯最高级别的礼兵岗哨。

红色大理石陵墓上，是钢盔和军旗的青铜雕塑，造型简洁明快，蕴意肃穆深长。墓前有一个凸型五星状的火炬，五星中央喷出的火焰，从建成之日起一直燃烧到现在，从未熄灭，它象征着烈士的精神永远不死。

在无名烈士墓的左右两侧，有两座玻璃岗亭，总统卫队的士兵在此持枪守灵，这便是俄罗斯著名的"全国第一岗"。原来"第一岗"设在列宁墓前，在叶利钦执政时期，"第一岗"移到了无名烈士墓。

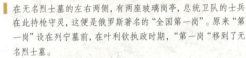

无名烈士墓西侧有12座大理石碑，依次刻着卫国战争中12座英雄城市的名字。两名莫斯科儿童在"刻赤纪念碑"前走过。

全国伤亡的数量极为惊人，当时全苏联的成年男性有一半以上非死即残！全国有2700多万人民死于这场战争！这个死亡数目比中国在八年抗战中死亡的军民总数多了近1000万！正因为这一巨大的牺牲关系到俄罗斯的每一个家庭，所以每年的5月9日"胜利日"，便成为全体俄罗斯人民的重大节日。无论政治观点、社会地位多么不同，只要说到卫国战争的胜利，每个俄罗斯人都会从内心流露出光荣和自豪。所以有人说，卫国战争的巨大牺牲和胜利，是今天俄罗斯民族团结的基石，无论国家发生什么变化，这个民族不会允许出现国家分裂。

为什么要叫它无名烈士墓呢？因为在卫国战争中牺牲的2700多万苏联军民中，许多人都没有留下自己的姓名，许多人全家都牺牲了。在"二战"胜利后，苏联各地连续发现了许多在战争中牺牲的军民遗体，但都无法确认姓名。为了不给民族历史留下遗憾，为了向这些为国捐躯的无名烈士们表达敬意，苏联政府决定在红场边上修建这个纪念全国无名烈士的场所——无名烈士墓，还专门将一具在莫斯科郊区发现的无名苏军战士遗体移葬到这里。从此，这里是俄罗斯每年必须进行隆重祭奠的场合，50年前点燃的无名烈士墓圣火从来没有熄灭过，这里成为了俄罗斯人民心中的一块圣地。

我很喜欢红场边上的这座无名烈士墓的设计，最感动我的是它的简朴。它不是那种高大雄伟的纪念碑式的建筑，它没有任何华丽和夸张的成分，它是一座低矮的红色大理石建筑，就像一片鲜血流淌在大地上。整个建筑由一块平铺的墓地，还有一组矮矮的象征着各个英雄城市的墓碑群组成。这些英雄城市碑

无名烈士墓前每隔一小时进行一次的哨兵换岗，是莫斯科的一大景观，许多外国游客都慕名前来观赏。哨兵行进的一招一式都十分规范，特别是正步前进时踢腿高度超过了90°。

的高度只有一米左右，与克里姆林宫的红墙浑然一体。在墓地的台阶前，永远都摆放着许多鲜花，这都是络绎不绝的游人们敬献的。

刚到俄罗斯时，常常在各地的烈士纪念碑周围见到一对对身着婚纱的新人，前来向无名烈士墓献花。凡是我们到过的每一座城市，只要天气晴朗，都会看到这种感人浪漫的情形，似乎是当地的一种婚礼习俗。一开始觉得有些奇怪，俄罗斯人为什么结婚时都喜欢到烈士墓来献花呢？中国也有许多烈士纪念碑，欧美也有许多"二战"烈士墓，都没有出现这种情况，毕竟那场战争已经结束很久了。后来，当了解到俄罗斯在"二战"中付出的巨大民族牺牲，而这种灾害几乎殃及每个俄罗斯家庭，我理解了。他们不仅仅是向抽象的英烈献花，也是通过这种特殊的方式向牺牲的前辈献花。他们是想告知那些为国捐躯的亲人们：我们现在生活得很好，谢谢你们！

许多俄罗斯人除了来献花，还有一大兴趣，就是欣赏礼兵换岗。在无名烈士墓

长明的圣火

前，最吸引人们眼球的，是烈士墓的礼兵。据说，这些为无名烈士墓昼夜持枪守灵的礼兵，都是从克里姆林宫卫队中精心选出来的，是全俄罗斯最棒的礼仪哨兵，被俄罗斯人称为"全国第一岗"，有点像中国的国旗护卫队。无名烈士墓刚刚建成时，这里并没有高规格的礼兵守卫，这支"全国第一岗"原先是守卫在列宁墓前的。后来，俄罗斯政府做出一个决定，将这支高规格的礼兵岗，从列宁墓转移到无名烈士墓前，让这些年轻的军人为自己牺牲的父辈们永远站岗。我理解这种"移动"的意义，2700多万为国家捐躯的同胞，他们理应受到最高的尊敬和礼遇，是他们守护了俄罗斯民族的生存和尊严。

　　如果你在无名烈士墓前多停留一会儿，就会有幸看到精彩的换岗仪式。礼兵岗每小时换一次岗。每次换岗，是游人使用照相机频率最高的时候。换岗时三人一组，三名英俊的士兵，呈三角形沿着克里姆林宫的围墙正步走来，嚓、嚓、嚓……一直走到烈士墓前，面向陵墓行注目礼，肃立片刻，然后开始轮换哨位，整套动作干净漂亮，令游人们咂舌。

中国国家主席墓前阅兵

　　2009年6月17日上午8点30分钟左右，胡锦涛主席一行来到无名烈士墓，开始了敬献花圈仪式。俄罗斯军乐队演奏着低缓的乐曲，礼兵迈着正步，带领着胡锦涛主

卫兵行礼，动作也很漂亮。在俄罗斯的军事仪式中，每个动作都体现出至高无上的英雄主义精神。

席一行从亚历山大花园的深处缓缓走来，一直走到无名烈士墓的长明圣火前。这时音乐止，胡锦涛主席缓步走上烈士墓台阶，敬献花圈，向烈士致意，整个过程十分肃穆，悄然无声。之后，胡锦涛主席转身面向亚历山大花园，高昂明快的音乐突然响起，阅兵开始了。

俄罗斯陆海空三军仪仗队，高举着三军的军旗，依次从胡锦涛主席面前大步走过，之后压阵的是军乐队。过去在电视中多次看过红场阅兵，觉得俄罗斯的阅兵式很有气势，而今天站在胡锦涛主席的身边，近距离地观赏了俄罗斯的三军仪仗队，觉得特别过瘾。俄罗斯三军仪仗队的行进姿态跟中国三军仪仗队不一样，他们腿踢得特别高，几乎跟身体成为直角，步伐极为夸张，频率也很快。而且他们的下巴是高高扬起的，整个头部向上高昂，向贵宾行注目礼。当仪仗队从我们身边大步走过时，给人一种积极昂扬、战无不胜的感觉，强烈的激情冲击着观赏者。阅兵的音乐特别激扬，节奏特别明快，让人们顿时热血沸腾！跟在三军仪仗队后面的军乐队，边演奏边行进，也很有感染力。

整个阅兵式给我的感觉是充满激情、动感十足！这种阅兵式也体现了俄罗斯人的艺术气质，他们非常注重阅兵的气势之美，注重观赏效果，而不仅仅把阅兵当做一种欢迎规格。

在无名烈士墓举行的这场敬献花圈仪式组织得非常讲究，每一个细节都很到位，自然流畅，没有生硬的败笔。据说，凡是外国元首来红场向无名烈士墓敬献花圈时，俄方都会派出军乐队和三军仪仗队伴随，并接受外国元首的检阅，从而一步步将现场气氛推向高潮。这既体现了俄罗斯对贵宾的尊敬，也体现出了俄罗斯民族特有的浪漫和艺术气质。

阅兵结束，胡锦涛主席一行离开后，我们又开始在无名烈士墓进行现场直播，向中国观众介绍这座俄罗斯人心中的圣坛。按照无名烈士墓的管理规定，外国元首离开后，应该立即恢复常态，解除警戒，向游人开放。但当时我们的直播还在进行之中，现场设备很多，无法移开。我只好向克里姆林宫卫队的指挥官解释，希望暂缓开放无名烈士墓，再留给我们15分钟时间。这位将军考虑了一会儿，郑重点头说：

"你们的工作很重要，我们可以破例一次。"

俄罗斯总统府新闻局的安娜说，许多外国电视台都想在红场的无名烈士墓进行直播，从来没有获准过，你们是第一家，因为无名烈士墓是不向外国电视台开放的，对你们确实是一次例外。显然，是因为胡锦涛主席的光临，所以克里姆林宫的安全部门对中国记者给予了特别照顾。后来我又去过红场采访，证明安娜说得一点不夸张。红场一带是禁止摄像机拍摄的，只要你架起摄像机，立刻会有安保人员上前制止。如果需要进入红场采访，必须到克里姆林宫办理一系列非常复杂的申请手续。

这次电视直播由于时间的限制，准备仓促，只是简单地介绍了墓地的环境和历史。将来如有机会，我还想到无名烈士墓再进行一次内容更丰富的电视报道，把礼兵换岗仪式，献花的新婚夫妇，无名烈士墓的设计风格，十二座英雄城市的来历，一一向中国观众

无名烈士墓前的阅兵结束后，我们与军方指挥官协商，马上在此进行电视现场直播。

俄罗斯士兵们非常友好，为了加强现场直播的效果，正在帮助我们移动无名烈士墓前的花圈。

张羽成为了中国第一位在红场无名烈士墓进行现场直播的电视新闻主持人。

介绍。了解了这座无名烈士墓,就可以从它那里了解俄罗斯的一段特殊的历史,了解这个坚强自信的民族的灵魂和精神。

亚历山大花园

有一天我们去莫斯科的柴可夫斯基音乐学院采访,下午6点多钟采访结束后,当时太阳依然高照,因为夏天的俄罗斯白天十分漫长,到了晚上九十点钟天色还是亮堂堂的。走出音乐学院大门后,我们利用这段难得的空闲时间,漫步在莫斯科的大街上。这时远远地就看见了克里姆林宫的尖顶,于是我们就朝着克里姆林宫的方

触摸俄罗斯

▎与无名烈士墓相连的亚历山大花园,是莫斯科人非常喜欢的休闲之地,尤其是在短暂的夏季。

向走过去，走进了一个十分漂亮的花园，喷泉四射，许多孩子在喷泉池里玩耍，有的男孩干脆脱了衣服，在喷泉边上玩起了高难度的跳水。我问一位中国留学生这是什么地方，她说：你不知道啊，这就是亚历山大花园。

对亚历山大花园，许多中国人并不熟悉，它的位置有点像北京故宫的御花园，不过要比御花园面积更大，更开放更热闹。它就像克里姆林宫的后花园，位于克里姆林宫的西侧，以沙皇亚历山大一世的名字命名，是为了纪念打败拿破仑而兴建的。现在，亚历山大花园是莫斯科人平时休息游玩最喜欢去的地方之一。在花园里，古树参天，绿草如茵，喷泉和雕像随处可见，环境十分优美。

亚历山大花园是长方形的，面积并不算太大，紧贴克里姆林宫的围墙。它的出名还有一个原因：走到它的尽头，就是著名的无名烈士墓。亚历山大花园现在是莫斯科中心区域的一个公园，它与红场、克里姆林宫、莫斯科大剧院、阿尔巴特大街相邻。你如果来莫斯科红场一带旅游，可以把亚历山大花园当做出发地和休整地，从这里出发四处转转，漫步在莫斯科最著名的街区里，累了就回到花园的草坪上坐一会儿，或者躺在这里睡一小觉。

我喜欢亚历山大花园，它让人特别放松，走到这里脚步都会放慢，悠然自得。这里的喷泉池变成了男孩们的跳水池，翠绿的树林变成了情人们倾诉衷肠的地方，大片大片的草地成了人们晒日光浴的场所。许多莫斯科人路过这里，都会情不自禁地在草地上躺上一会儿，享受阳光。夏日的时光是高纬度的俄罗斯最美丽的日子，阳光明媚，气候宜人，也使得这个花园变得更加迷人。

而更多的外国游人，则是一边观赏着亚历山大花园的风景，一边漫步走向无名烈士墓，去欣赏那永不熄灭的长明火，欣赏俄罗斯士兵精彩的换岗仪式。

长明的圣火

"光头党"：爱国主义的异化

当下今日俄罗斯面临着一些突出和棘手的社会问题，民族冲突和盲目排外就是其中之一，而"光头党"现象则是这个矛盾的最明显表现。

俄罗斯的"光头党"人数不多但名气很大，许多在俄罗斯生活过的外国人，特别是一些亚裔人、犹太人，一说到"光头党"都不寒而栗。其中不少人都遭遇过"光头党"的袭击，这些案件在俄罗斯和世界各大新闻媒体中常有报道。前不久，就在我们到达莫斯科的几天前，一位在莫斯科大学留学的中国学生，傍晚竟然在莫斯科大学门口被一群"光头党"不分青红皂白捅了二十多刀，差点送了命。现在，听说许多在俄罗斯特别是莫斯科学习的中国留学生，晚上根本就不敢出门，甚至还有携带武器才敢出门的怪事。

莫斯科的社会治安原本就不太好，加上"光头党"这么一闹，更是雪上加霜，使得俄罗斯的国家形象大打折扣。

谁是"光头党"

我们这次到俄罗斯采访，早早就给自己定下了一个任务——采访"光头党"。我们很想看一看俄罗斯的"光头党"到底是一些什么样的人？他们为什么总是袭击外国人？他们的动机和目的到底是什么？当然我们也心存担忧，偌大的俄罗斯，我们到哪里去找"光头党"？难道要到街头上去寻觅他们的行踪？即使找到他们会接受我们的采访吗？身为外国人，我们自己的安全有保障？也有朋友劝我们别自找麻烦了，别人躲"光头党"还来不及呢，你们居然送上门去。但我想"光头党"现象毕竟是俄罗斯的一个突出的社会问题，凡是外国人都很关心，我们应该有勇气去直面它、报道它，否则谈不上向中国观众介绍一个真实的俄罗斯。

　　一到俄罗斯，我们首先发现过去对俄罗斯"光头党"的认识并不准确，"光头党"其实不是一个政党，也不是一个团体，而是泛指一个数目庞大的青少年群体。他们年龄很小，在十五六岁，依附于各个极右的或者偏激的民族主义党派周围，是他们的外围组织。在俄罗斯期间，为了了解"光头党"的情况，我们收集了许多俄罗斯的报纸，上面一幅幅照片让我们触目惊心。我们看到许多剃光头（也有不剃光头的）的青年人在街头殴打外国人，砸商店，烧汽车，真是无恶不作。有时还跟警察对着干，在街头跟围捕他们的警察对打，场面很血腥。他们经常集会，行德国纳粹的举手礼。原本我想将这些照片介绍给读者们，但由于版权的原因，我无法在此陈列"光头党"的"事迹"。不要以为"光头党"都是些流氓地痞，其实他们的恶行都是出于某种自以为崇高的"国家目标"。

　　俄罗斯社会学家亚历山大·达拉索夫告诉我们：虽然他们叫"光头党"，但它不算是政党，而是一种俄罗斯特有的社会现象。"光头党"没有统一的中心组织，没有统一的首领，他们是无数个大大小小的团队，横行于街头巷尾。他们受到"大俄罗斯主义"的影响，搞民族歧视，认为人是不平等的，这种不平等与生俱来。而俄罗斯民族是白种人的民族，是高贵的民族。所以"光头党"只要在街头看到非俄罗斯族的人，就会认为这些外族人在这里的存在是不合法的。那么用什么方式让这些外族人知道自己的存在是不合法的呢？就用暴力。

　　"光头党"迷恋街头暴力，用拳头和匕首说话，以此去张扬那些右翼党派的政治主张。譬如：反对外国移民，反对跨种族婚姻，捍卫俄罗斯民族的纯洁性，捍卫俄罗斯人的就业权利等等。尤其在深受金融危机影响的今天，这种主张在俄罗斯很有市场。那些政党经常向俄罗斯青少年宣传：知道你们的父母为什么失业吗？工资为什么会降低吗？因为外国人抢去了你们父母的饭碗。你们要想过上好日子，要想让父母不失业，就必须勇敢地捍卫俄罗斯人的权利，跟外国移民战斗，把他们赶出俄罗斯！于是，很多来俄罗斯找工作的外国人，特别是来自相对贫穷的中亚、西亚和东亚的外国劳工，便成了这些"光头党"的出气筒，遭受皮肉之苦甚至杀身之祸。

这些加入"光头党"的青少年，大多数是由于各种社会和家庭的原因，偏离了正常生活的轨道，用中国术语来说，就是"问题少年"。那些操纵"问题少年"的政党或者团体，都是一些以狂热爱国主义、极端民族主义面目出现的组织，本身就具有草根性、暴力性的特点，操纵青少年，则是他们的拿手戏之一。

据俄罗斯媒体报道，仅2009年1月份，在俄罗斯就发生了32起"光头党"制造的暴力事件，其中有16人被打死、32人受伤。最恶劣的一起是一位塔吉克人遇害事件，他的头颅竟然被"光头党"割了下来！这些"光头党"制造的暴力犯罪案件，不仅给在俄罗斯的外国人造成了极大的恐慌，也给俄罗斯在国际社会带来了极为负面的影响。

近两年在全球金融危机的影响下，俄罗斯的失业率居高不下，"光头党"的暴力活动明显增多。普京把"光头党"形容为长在俄罗斯身上的一个"毒瘤"，曾经发誓要彻底清除这个毒瘤。但从目前的情况来看，"光头党"的活动丝毫没有减少。

惊险采访"光头党"

要想找到采访"光头党"的机会，就无法绕过那些极右翼的政党，因为这些政党是"光头党"的灵魂和导师。所以我们到了俄罗斯之后，就想通过各种线索，找到一个有影响力的极右翼政党，一是采访这个政党的领导人，二是通过这个政党，采访到"光头党"成员。我们觉得这种方式可能比较安全，因为作为一个政党，他们的行为方式应该相对比较理性。如果我们自己直接去找"光头党"，一是不安全，二是不好找。

我们通过俄罗斯联系人谢尔盖先生，联系了俄罗斯很著名的一个极右翼组织"斯拉夫联盟"。这个政党据说在俄罗斯影响比较大，在全俄甚至在乌克兰、白俄罗斯有几十个分支组织，成员有几十万之多。一开始，联络工作没有进展，谢尔盖通过自己的人脉关系跟"斯拉夫联盟"多次联系未果。直到我们到达俄罗斯的第八天，谢尔盖先生一早就急匆匆来告诉我："斯拉夫联盟"方面有消息了，它的领导人同意接受我们的采访，并且同意带一位"光头党"成员一起来会见我们。

得到这个消息让我们振奋起来，获得这个机会十分难得，俄罗斯的极右翼政党

和 "光头党" 是很少接受外国媒体采访的，他们的 "庐山真面目" 很少暴露在公众面前。一方面因为他们自己的身份本来就不太合法，加上自己的言行饱受社会批评，所以处于半地下状态。另一方面他们觉得外国媒体都是不友好的，尤其对亚洲国家的媒体很反感，觉得这些媒体对他们怀有敌意。那么他们为什么最后同意接受中国媒体的采访？我想也许他们是好奇吧，过去从来没有接触过中国媒体，想试探一下中国人的态度？或者想借此机会向中国人宣扬一下自己的主张？

采访是在莫斯科一个居民区的草坪上进行的，因为 "斯拉夫联盟" 根本没有自己固定的办公场所，他们是搞 "街头政治" 出身的，擅长集会和 "战斗" 而不习惯坐办公室。2009年6月4日下午的5点多钟，我们见到了这两位如约而至的采访对象。一位是 "斯拉夫联盟" 的领导人基姆什金·德米特里，他的大名和形象常常出现在俄罗斯报纸犯罪版的版面上。另一位20多岁的男子，身材非常高大，剃了光头，他就是传说中的 "光头党" 成员，名叫伊万·鲍里斯维奇·斯米尔诺夫。

■ 摄影师阮红宇为伊万佩带采访专用的胸式麦克风，站在高大的伊万面前，显得非常矮小和无助。

■ 伊万在讲述自己肚子上那条伤疤的来历，很有自豪感。

"斯拉夫联盟" 的领导人基姆什金·德米特里40岁左右，看上去跟普通的俄罗斯男人并无多大区别，但在他的言谈举止间，有一种特别自信甚至近似蛮横的气质。这种气质我们并不陌生，在许多中老年俄罗斯男人身上或多或少都有这么一点。基姆什金·德米特里一打开话匣子就滔滔不绝，一上来先说，他并不赞成手下的青年人用武力去袭击外国人，因为这样做效果不太明显，不仅没有阻止大量外国移民进入俄罗斯，反而被媒体抓住把柄。不过他又说：现在还没有找到更好的办法去阻止外国移民，他们还只能用暴力这种不得已的办法，去制造社会事件，去唤醒民众，去影响政府的移民政策。

这位"斯拉夫联盟"的首领一再向我们强调："纯粹的斯拉夫民族就是俄罗斯、乌克兰、白俄罗斯这三个国家的人，它占据了这个地区84%的人口，他们是人口结构中最重要的民族。可以说是斯拉夫民族组成了我们的国家，我们拥有自己的文化、习惯以及独特的生活方式和思维模式，我们所要保卫的正是这些民族的特性。"

当谈到外国移民问题，德米特里很坚决地说：其他地方的人都不应该来到俄罗斯，不然俄罗斯就会失去自己的文化和人种纯洁，斯拉夫民族就会成为少数民族，甚至就会消失。所有俄罗斯的男人应该像战士一样，捍卫自己的家园，保护自己的女人和孩子。他认为现在俄罗斯政府的移民政策是错误的，俄罗斯人必须自己行动起来。我们问他用什么方式行动？他耸耸肩，居然从口袋里掏出一把匕首说：我用它来保护自己。还说，我的汽车就停在路边，车里还有两把自动步枪，我用它们保护自己的家园！

他一边说一边用匕首比画着，刀锋直对着采访他的记者张羽。我在一旁看着身上直冒冷汗，他们的政治主张和思维方式，距离我们熟悉的世界是如此遥远。陪我们一起采访的一位中国女孩，她在莫斯科大学留学，当时面色惨白。我问她怎么了，她说这个人说的绝对都是真的，不是吓唬人的，他们真的会杀人，因为她的一位同学就是被"光头党"杀害的，至今她还记得遇害同学那件被鲜血浸透的衣服！过去她对"光头党"唯恐避之不及，今天居然近距离面对，心里非常不适应。

不要以为极右翼政党都是些草莽之辈，作为政党他们有自己鲜明的政治主张和奋斗目标，他们对自己的立场从不遮遮掩掩。德米特里说："我们热爱自己的民族，我们是爱国主义者。可是请看看俄罗斯最近10年的人口比例，再看看现在中小学与幼儿园的情况，几乎一半的人都来自高加索和中亚地区，难道这不算一种威胁吗？所以俄罗斯才发生了各种各样的抵抗活动（指光头党）。"

在谈到"光头党"的街头暴力时，德米特里耸耸肩说："确实有一部分青年非常激进，他们杀人，进行袭击活动，我不否认这一点。但是这是对社会现状的回应，因为除了武力，找不到其他解决的办法，其根本原因就是我国政府移民政策之错。"接受完采访之后，他很主动地要求我们采访他身边剃光头的伊万·鲍里斯维奇·斯米尔诺夫。这位"光头党"青年一开口，更是语出惊人。采访还没有开始，他就当着我们的面脱下圆领汗衫，换上了一件印有"斯拉夫联盟"的红色汗衫。在换衣服时，我们大家不约而同地发现了他的腹部有一条很长的刀疤！记者张羽随口问他这条刀疤的来历，他说是跟来自中亚的外国人打架时留下的。张羽接着问他，有没有打过其他的外国人，他耸耸肩说：这是个秘密。言下之意就是"还用问吗？"

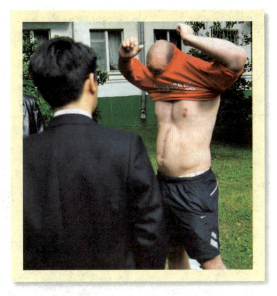

▌ 伊万在接受采访时，先换上了一件印有"斯拉夫联盟"标志的汗衫，我们看见了他腹部那道长长的刀疤。

这位伊万·鲍里斯维奇·斯米尔诺夫，身高在1米9以上，十分强壮，很容易让人联想到美国大片里的黑社会打手。据说当今混迹于北美的许多黑社会保镖、打手，大多原产于俄罗斯。在采访中，这位俄罗斯青年恶狠狠地对我们说：当看到我们漂亮的俄罗斯姑娘被外国人搂着，我就很气愤，这是绝对不能容忍的事情！

在采访当中，还发生了一个小插曲。距离我们采访地点十几米有一幢五六层高的居民楼，楼上有一扇窗户突然打开了，一个男人用俄语冲着我们高喊了一声。我不懂是什么意思，马上问身边的那位女留学生，她低声说，这是一句很脏的骂人的话，意思是让"光头党"滚开！显然这里的居民很不欢迎这两个人。隔了两三分钟，楼上的男人又开始骂了起来。这一次，"斯拉夫联盟"的党魁基姆什金·德米特里先生回过头来，直盯着楼上窗户的方向，突然高声大喊了起来！女留学生赶紧告诉我说：他骂了一句更加难听的脏话，威胁楼上那个人！这一来，楼上的男人就没有再出声了。

很显然，这些右翼政党和"光头党"虽然高举"民族主义"大旗，但并不被俄罗斯人普遍接受，在这个居民社区他们显然就不受欢迎。这场令人不安的采访大约进行了一个小时，我非常担心时间长了会惹出麻烦，因为这个社区的居民不太欢迎这

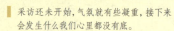

采访还未开始,气氛就有些凝重,接下来会发生什么我们心里都没有底。

在采访现场的树荫后面,有一幢居民楼房,有位居民打开窗户,冲着下面高声大喊:"滚开!"

基姆什金接受我们采访时,伊万像卫兵一样站在他的身边。在采访当中,基姆什金突然从口袋里掏出一把锋利的匕首开始比画,这个意外情况让在场的人紧张起来。

两位不速之客，同时对外国记者采访"光头党"也很不高兴。要是引发冲突，天晓得会是一个什么后果。我提醒张羽尽快结束了这场采访。

告别时，"斯拉夫联盟"的领导人基姆什金·德米特里突然发出了一个"邀请"，请我们周日去参观"光头党"的营地训练，就是那种射击、刺杀和格斗训练。接着又提出了另一个要求：请我们在节目播出后，将这期节目复制一份，用光盘寄给他们。基姆什金·德米特里特别强调：过去有好几家外国电视台来采访他们，有美国、意大利、波兰等国记者，都答应寄节目光盘，可最后都没有了音讯。我说，你们可以直接登录我们中国中央电视台的网站，可以下载到所有的节目，我还把中央电视台的网址给了他们。不过，我们实在不想再去"参观"他们的格斗训练了，对他们的主张和行为方式，我们已经很清楚了。

"我们是爱国者"

离开了这两位特殊的俄罗斯人，我们心里踏实了一些，不过心里还是有疑问。当今的俄罗斯政府应该说是一个很强势的政府，譬如他们铲除国内实力强大的经济寡头时毫不手软，打击车臣恐怖势力时普京会亲自驾驶战斗机飞往前线，处理南奥塞梯冲突时手段果断凶悍。可是面对给自己脸上一再抹黑的"光头党"，却总显得力不从心，软弱无力。

后来多次跟俄罗斯朋友们聊起这件事情，才感觉到，这确实是一个非常复杂的问题。简单地说，俄罗斯所有极右翼的政党，包括"光头党"，它们的根基都来自于民间的朴素而盲目的爱国情绪，来自于俄罗斯历史上保守封闭的民族传统，再加上一些人对社会现实的失望和不满，这些因素相加，使得俄罗斯社会中的民粹意识不断滋长，逐渐汇聚成一种社会力量。这些正是极右翼政党和"光头党"生存的社会基础，俄罗斯政府打击无力的原因也在于此，只能用冷处理的办法去慢慢化解。如果政府一旦对"光头党"下手太狠，反而会适得其反，甚至会激怒一些右翼政党和拥护他们的民众，弄不好还会造成政府与民众对立的尴尬局面。这也是所有民族国家和政府在处理极端民族主义团伙时，都可能遇到的棘手问题：放任不管危害国家，坚决打击可能引火烧身。

6月12日是俄罗斯的"独立日",莫斯科红场举行大型音乐会,此刻也是俄罗斯警方和内卫部队最紧张的日子之一,红场各个路口层层设防,严密检查,以防闹事。

要说爱国主义,它在俄罗斯的确有着深厚的、独特的传统,这跟俄罗斯的历史和地理是分不开的。俄罗斯地处东欧大平原,没有战略屏障,被称为没有"边界"的国家。在18世纪以前屡遭外族入侵,其中最长一次是被蒙古人入侵和统治长达240年之久。从14世纪到19世纪的525年当中,有329年俄罗斯是在战争中度过的。由于没有一道安全的地理"边界",俄罗斯民族自古以来对外界就有一种恐惧,由此形成了一种"不安全"的民族心理。所以历代以来俄罗斯的爱国主义最主要的表现之一,就是崇尚领土扩张。尽管它的国土面积曾经达到过2240万平方公里,是世界陆地总面积的六分之一,但他们的不安全心理却一天也没有消除过。爱国主义和民族主义,在俄罗斯是无法分割的,它们就像血液一样与生俱来,流淌在俄罗斯人的血管里。

普希金有句诗是俄罗斯人的名言:"甚至祖国的烟尘,我们也觉得香甜可亲。"爱国主义在俄罗斯是衡量一个人的品德的基本标准之一,如果谁被戴上一顶"不爱国"的帽子,是一件很丢人、很可怕的事情。

在历史上，俄罗斯人的爱国意志常常震撼许多外来的入侵者。19世纪初拿破仑远征俄国，占领了莫斯科。当时由于兵员缺乏，法国士兵开始抓捕一些俄罗斯农民，强迫他们在法国军队服役。为了防止他们逃跑，法国人用滚烫的烙铁，在这些大字不识的俄罗斯农民手臂上打上了战马的烙印。有的农民不懂这种标志的含义，法国人告诉他们，这意味着你们已经是法国皇帝的士兵了。顿时，这些俄罗斯农民惊呼："什么？我们成了法兰西皇帝的士兵了？"说着，竟然都用斧头把打上烙印的手臂砍了下来，扔到了法国士兵的脚下，对他们说："拿去吧，这就是你们的标志！"这些普通农民

"独立日"在莫斯科红场上执勤的俄罗斯女警。

的惊人之举，让拿破仑的军队看到了俄罗斯人的爱国情感有多么强烈。

可是，俄罗斯民族朴素而纯洁的爱国主义感情，今天在另一些人身上正在发生异化，它正在跟"大俄罗斯主义"、"斯拉夫民族主义"开始搞到了一起。的确，民族主义、民粹主义都包含了爱国主义的基因，但是，这种过火的爱国主义必然会走向狭隘的民族主义，古今中外概莫能外。爱国主义从来就是"双刃剑"，它既可以凝聚人心成为社会发展国家强盛的动力，也可以超越理智成为极端民族主义的狂潮，将国家引向灾难。希特勒的纳粹德国是从民族主义走过来的，日本军国主义也曾经大肆宣扬"大和民族的优越性"……爱国主义和极端民族主义有天然的联系，这两者如果放在一口大缸里发酵，再添加上一些妄自尊大，很有可能会催发出一种邪恶可怕的力量，这个时候，离民族灾难恐怕不远了。

大多数俄罗斯人是理性的，有教养的，他们心里很清楚，爱国主义一旦走向民族自我崇拜、排斥外族文化，它的归宿一定是极端民族主义，一定是法西斯。这种力量一旦主宰社会，最终会断送自己的国家和民族。俄罗斯"光头党"的泛滥，让许多

俄罗斯人清醒过来，对极端民族主义，永远要保持足够的警惕，一定不能纵容它，一定要让民众倾听到理性的声音。因为"光头党"崇尚的这种"爱国主义"，在蒙蔽迷惑大众的同时，会用最快的速度让一个国家和民族灵魂麻木，生命窒息。它除了给少数心怀鬼胎的政客带来利益之外，只会给国家和民族带来麻烦。

俄罗斯的"光头党"现象，现在全世界都在关注，已经成为俄罗斯的耻辱。这些青少年将街头暴力愈演愈烈，盲目排外、排犹、排少数民族，让俄罗斯政府很头痛。最近，俄罗斯对"光头党"的头头脑脑也抓了不少，但似乎没有什么明显的效果，被关押在监狱的"光头党"头目反倒被视为"英雄"，这是目前俄罗斯政府面临的最棘手的社会问题之一。

在这里也顺便提醒一下要去俄罗斯的同胞们，在俄罗斯晚上最好少出门，最好选乘出租车或者私家车，避免步行，最好少去那些可能受到滋扰的公共场合，比如地铁站、公交站、人员稀少的城区等，最好远离成群结队的青少年。请注意，"光头党"并不一定都是剃光头的。还有，外出时一定要结伴而行，"光头党"的袭击规律是"以多打少、以强打弱"，如果四五个人以上结伴外出，其中有会说俄语的人，相对会比较安全。要是真的遇上了"光头党"怎么办呢？是祸躲不过，要沉着对付。别人曾经传授给我两个办法（我没有机会尝试），也许可以帮助你：一是告诉他们你是中国人，是来旅游而不是工作的，很热爱俄罗斯的传统文化。再给他们大侃一番俄罗斯的芭蕾舞、油画什么的，他们也许会很受用，也许会手下留情，因为他们觉得你不是打击对象。但前提是，你必须跟懂俄语的人一起出门。二是遇到这种情况，让一起出门的女士走到前面去，跟他们慢慢纠缠，缓解紧张气氛，寻找脱身机会。一般情况下，他们不会动手打女士的。这种办法也许不够男人，但可能有用。这两种办法，是我的朋友曾经成功尝试过的，在万不得已的情况下，可以贸然一试。总而言之，要利用各种办法赶快脱身。注意一点，千万不要以为可以破财免灾，这是中国人的思维，对他们可能无效，他们拿了你的钱还会暴打你一顿。因为"光头党"不是一般的街头小流氓，他们的目标不是偷，不是抢，不是骗，而是暴力排外。

想念房子想念孩子

　　我认识一些俄罗斯朋友，他们不仅在北京工作，而且大部分人都在北京买了房子，这一点跟其他的外国人不太一样。外国人在北京一般都是租房，工作期满回国时就把房子退了。我曾问过几位俄罗斯朋友，北京的房价这么高，为什么要在北京买房呢？他们给出的答案大致都含有以下三层意思：第一，北京的房价比莫斯科便宜很多，花相同的钱在莫斯科只能买一间房子，在北京可以买三间房子，而且质量和配套设施比莫斯科好不少；第二，北京的生活质量总体上比莫斯科高，物价低、治安好、民众很友善，除了空气质量比莫斯科差一些；第三，在北京可以找到比莫斯科更好的工作，待遇更优厚。

　　我说的是2008年的事情，正是北京的房价居高不下的时候。

吓死人的莫斯科房价

　　到了俄罗斯，特别是到了莫斯科之后，我才发现那些在北京生活的俄罗斯人真是聪明透顶，他们的选择百分之百正确。莫斯科的房价的确非常高，是北京平均房价的四至五倍！我们刚到莫斯科时，住在中国总商会的一幢公寓楼里，这幢高楼30层左右，位置在莫斯科的大环边上。莫斯科的大环是一条贯穿于城乡接合部的环城高速公路，相当于北京的五环与六环之间。而这幢公寓楼所在的位置，相当于北京北部郊区的"回龙观"住宅区。大楼新建不久，但内部格局和装修档次在我看来很一般。我一问价格还是吓了一跳，当时出售价格每平方米相当于人民币4万多元！而莫斯科中心区域的房价起码还要翻一倍！所以俄罗斯人乐意在北京购房，当年买下的房子，如今变成了一笔高收益的投资。

莫斯科的高房价让我很想不通。无论从经济发展还是居民收入来看，两个城市并没有如此悬殊的差别，况且莫斯科失业问题还非常严重。而莫斯科的土地资源极其丰富，市区人口虽然和北京相当，但市区面积比北京大出一倍！在这种条件下，凭什么房子卖得这么贵？谁买得起啊？后来我发现，这种社会学思维根本解释不通经济现象。

首先是刚性需要。莫斯科的户籍人口总数是（不包括外来人口）1100多万，跟北京的户籍人口总数相当（不包括外来人口）。但是由于俄罗斯地广人稀，全国大约十分之一的人口都集中在莫斯科，全国的人口优势、资源优势、资金优势都集中在了莫斯科。而且，莫斯科跟北京还有一个很大的不同之处：新建的居民楼盘非常少，整个莫斯科一年中开工的新楼盘，还不如北京的一个朝阳区多。我不知道这是什么原因造成的，一个土地资源如此丰富的城市，城里都有大片大片的原始森林，为什么不可以多建一些新房子呢？是出于环境保护的原因，还是出于对房地产的严格限制？但无论出于什么原因，造成了房价的奇高这是事实。一方面有巨大的住房需求，一方面却极少有新房供应，高房价自然就产生了。

我们在莫斯科采访时，专门去拜访了当地一家很大的房屋开发商，名叫"米拉克丝集团"，参观了他们正在建设的一个楼盘。新楼盘的位置就在城里，环境非常美，周围都是树林。不过这在莫斯科也不稀罕，因为城里到处都是树林、花园，环境跟北京比好太多了。这家房地产开发商盖的新房，跟莫斯科的老房子相比，客厅、居室、卫生间、阳台都非常宽敞，面积也很大。而且平均层高达到了3.9米，这比中国的新房高出许多。我们问起价格，"米拉克丝集团"的负责人说：现在正是金融危机，人们不太愿意花钱买房子，所以我们价格降了两三成，每平方米大约10000美金。我一听还是很吃惊，降了价还每平方米10000美金，相当于六七万人民币啊！而且这个楼盘无论位置还是品质，在莫斯科都算不上是一流的楼盘。

我们问这位公司负责人，莫斯科人买得起这么贵的房子吗？他回答得非常干脆：99%的莫斯科人根本买不起，但我们的房子是给少数有钱人造的，普通人不是我们的出售对象。

围绕这个话题我们讨论起来，我们说北京现在的房价也比较高，舆论普遍批评房屋开发商把房子卖得太贵了，市民们都买不起房子了，你们是否也遇到这种批评？这位负责人听了大笑起来，一耸肩说：不，为什么要批评我们呢？我们是企业，不是慈善机构，穷人的住房应该由政府去解决，跟我们有什么关系？

我也问过许多莫斯科人，你家买了新房吗？从来没有一个人回答说"是"。对绝大部分莫斯科人来说，买新房如同做白日梦，凭他们的收入一辈子也买不起。跟北京相比，莫斯科人购买新房的比例低很多。绝大部分年轻人结婚成家，要不就跟父母挤在一起住，要不就租一间小房子住，几乎没有属于自己的新房子。

简陋而拥挤的住房

在莫斯科、圣彼得堡期间，我曾经到一些艺术家、工程师、退休工人、教师家里采访或做客，对他们的住房条件感触颇深。他们绝大部分人都住在苏联时代分配的老房子里，面积狭小、设施简陋，许多人家是两三代人同住。

莫斯科和圣彼得堡的旧房子，按年代分为几类，当地人称为"斯大林建筑"、"赫鲁晓夫楼"、"勃列日涅夫楼"。所谓"斯大林建筑"，是指斯大林时代设计建设的那种高耸入云的宏伟建筑。北京人其实很熟悉这种建筑风格，北京的军事博物馆、北京展览馆等就是"斯大林建筑"的仿制品，不过"型号"缩小了不少。这种建筑在俄罗斯数量极少，在莫斯科一共只有七座，人称"七姐妹"。主要提供给国家机关使用，只有一两处提供给当时著名的艺术家、科学家、作家居住，普通老百姓根本住不进去。"斯大林建筑"是那个时代意识形态在建筑上的典型代表，象征着共产主义强大而至高无上的精神。而"赫鲁晓夫楼"是在20世纪50年代至70年代期间，苏联政府为普通民众大量建设的一种"安居工程"，其数量之巨大，几乎满足了城市每个家庭的居住需求。

自斯大林去世之后，苏联开始了"解冻时代"，从对民众生活漠不关心开始转向关心民众疾苦，解决住房严重不足。所谓"赫鲁晓夫楼"，就是用工业化方式迅速生产民用住宅。用大量的在生产线上制造出来的预制件，拉到施工现场快速按照图纸拼装而成。这些"赫鲁晓夫楼"一般都是五层的预制板楼房，根本不需要精心设计，甚至不需要建筑设计师，所以全国建造出来的房子，仿佛是一个模子"铸"出来的，其造房速度之快令人咂舌！当时苏联政府确定的"赫鲁晓夫楼"的标准是：每人居住面积为9平方米，楼层高度为2.5米。那些俄罗斯传统的拱顶、回廊、塔楼等花样都被一律禁止，就连建筑物之间的空地、走廊等辅助建筑面积都做了全国统一的硬性规定。为了降低施工成本和加快工期，这些用预制板结构搭建起来的住宅楼，都没有电梯和垃圾通道，并严格控制厨房、卫生间、门厅和过道的面积。传说，赫鲁晓夫本人对狭小的卫生间设计非常得意，他说只要能容得下我，其他人都不会有

触摸俄罗斯

这座位于莫斯科河边上的"斯大林建筑"，是现今的外交部大楼。这些建筑气势磅礴，高耸雄伟，布局对称，装饰富丽堂皇，以显示共产主义的激情与荣耀。只不过这种建筑投资巨大而使用效果不佳，全莫斯科一共只建设了七座，人称"七姐妹"。

问题。就这样，苏联用大跃进的方式迅速解决了民众的住房困难。

当时全莫斯科只用了三四年时间，就让所有莫斯科人从工棚、合住的破房子、防空洞里，搬进了单元式的"赫鲁晓夫楼"里。可以想象当时民众是多么的激动，对党和政府是多么的感激不尽！不过这些千篇一律的"赫鲁晓夫楼"也闹出不少笑话，经常发生走错人家的现象，因为所有的楼房和单元都是一个样子。有一部苏联电影说的就是这个笑话：一个莫斯科人坐错了火车，到了圣彼得堡，在一条完全相同的街道上，走进了相同的楼房，进了相同的门牌和单元，才发现这并不是自己的家，而是在另一个城市里。

"赫鲁晓夫楼"在苏联时期被大量推广，甚至作为样板推广到其他社会主义国家，如中国、朝鲜、南斯拉夫等国家都有它的踪迹。在我国尤其是东北地区，20世纪五六十年代也大量兴建，被称为"筒子楼"。随着时间推移年久失修，加上功能缺失，"赫鲁晓夫楼"已经难以适应现代生活的基本需求，但今天许多俄罗斯人还不得不住在其中。

尽管俄罗斯人今天对"赫鲁晓夫楼"有诸多的抱怨，但梅德韦杰夫总统对"赫鲁晓夫楼"有过一个中肯的评价：应该给予赫鲁晓夫这个决定应有的表彰，因为在四五十年前的苏联，民众事实上根本没有个人住房，国家为所有国民提供了住房，让大家搬进了这种楼房，虽说居室窄小，舒适度低，但毕竟有了属于自己的房子。

我到一些俄罗斯朋友家中做客时，就觉得特别不舒服，每套单元房只有三四十平方米，每个房间只有七八平方米，客厅实际上就是过道，只能放下一张餐桌。卫生间更小，一个人进去就觉得转身都困难。最难以忍受的是住房内各种设施简陋陈旧，不够人性化。就是在这种条件下，许多俄罗斯家庭孩子结婚，还不得不挤住在父母家里。每当我看到一个个美丽无比风情万种的俄罗斯姑娘，从一幢幢简陋的"赫鲁晓夫楼"里走出来，我居然会想到一个词儿：暴殄天物。

"赫鲁晓夫楼"是苏联时代民众生活的一个缩影，今天的俄罗斯政府，已经无法像当年的赫鲁晓夫那样大刀阔斧地为国民解决住房困难，无论从经济体制、财政状况，还是房地产市场运行准则，都无法使用行政命令的方式去造房子了。我不由得想到生活在北京的那些俄罗斯朋友们，他们用在中国挣的钱买中国的房子，而且价值成倍增长，真是很聪明。

想念房子想念孩子

为祖国做爱

在俄罗斯采访时，当地朋友告诉我一件近似天方夜谭的事情。在俄罗斯有一个青年组织名叫"Nashi"，意思是"我们的人民"，它是一个亲普京的激进青年团体，号称是普京的"青年近卫军"，他们对普京简直到了崇拜的地步。前不久，这个青年组织在莫斯科郊外发起了一个有一万多人参加的露营活动，主题是"为祖国做爱"。这主题乍一听挺吓人的，仔细了解后让人觉得还很有必要。所有参加这次活动的青年都必须身穿统一的制服，活动期间禁止喝酒，鼓励做爱。组织者对所有参加活动的青年说：你们知道猛犸为什么灭绝的吗？是因为它们做爱不足，这种事情绝不能发生在俄罗斯。我们要为祖国做爱，为祖国多生孩子！据说，在活动期间禁止使用避孕套，女孩子们禁止穿丁字裤等可能导致不孕的内衣裤。在组织者的鼓励下，许多青年男女很快就在露营地结为连理。

俄罗斯民族的繁衍，寄托在年轻人的幸福之吻中。

"Nashi"发起这个活动，是为了响应普京的号召，增加国民人口，提高生育率，反映了目前俄罗斯人口下降给社会带来的极度焦虑。

现在俄罗斯全国总人口约1.4亿，比"二战"开始时的1.9亿下降了5000万！特别是苏联解体以来，俄罗斯的人口每年以70万至100万的速度递减，许多乡镇和小城市正逐渐空壳化，甚至消失了。根据俄罗斯专家最坏的估计，到2050年，俄罗斯人口可能下降到7700万人！所以俄罗斯从上到下，大家都在惊呼，如果人口状况继续恶化，俄罗斯将来的大国地位将不保，将会沦为世界上的"少数民族"，工厂将会无人生产，辽阔的疆土将会无人把守，俄罗斯将会被周围国家蚕食掉！

出生率下降已经开始给俄罗斯带来了深刻的社会危机，最明显的就是劳动力严重不足。尽管普京和梅德韦杰夫执政期间，出台了许多鼓励生育的政策，甚至在住房、医疗、食品方面给予多生育的家庭令人羡慕的激励，但人口出生依然没有明显增加。我们在俄罗斯各个城市乘地铁时，几乎在每个地铁站里都看到同样的一幅广告：一对俄罗斯夫妇领着三个孩子。广告词是：两个不多，三个更好！到社区采访时，居民们也说政府鼓励生育的措施很优厚，生孩子不仅补助现金，而且连孩子吃的奶粉都包了。如果生得多，还有住房补助。这么多的奖励措施，并未阻止人口出生率往下掉的趋势。

有人说，俄罗斯人口出生率低跟它所处寒带有关。天气寒冷的地区出生率本来就偏低，再加上俄罗斯现在经济发展比较迟缓，许多城市冬天供暖严重不足，所以导致人口下降。我不知道这种说法有没有科学根据。如果"寒带说"能够成立的话，为什么"二战"前苏联的人口达到了1.9亿？战后曾经突破2亿？所以，我觉得从地理位置的角度解释俄罗斯人口下降难以服人。

客观地分析，造成俄罗斯人口危机的主要原因还是来自于现实。就我在俄罗斯看到的听到的，有这么几种说法比较靠谱。

一是俄罗斯人口的男女比例严重失调，育龄女性结婚难。俄罗斯的男女比例是86：100，女人比男人多出1000多万，尤其一些小城市和乡镇，比例失调的情况更加严重。我曾经去过圣彼得堡附近的乡村，走了四个村子，只见到了三个男人，其余都是年老的妇女。问她们村里的男人都去了哪里？她们说一些人进了坟墓，一些人进了城里。目前俄罗斯是世界上男女比例失调最严重的国家，巧妇难为无米之炊，女人少了男人怎么生孩子啊！

不过俄罗斯男女比例失衡也引出了另一个社会现象，就是"情人现象"。俄罗斯男人因为爱喝酒、脾气暴躁、家庭责任感不强，加上女多男少，导致俄罗斯姑娘想找到一个好男人很不容易。所以，一些有钱有地位的"好男人"就成了抢手货，就有机会同好几个女性保持实际上的"婚姻关系"。俄罗斯的一份统计报告显示——

想念房子想念孩子

■ 结婚和生育，是今天俄罗斯民族头等重要和光荣的事情。这是在莫斯科一座教堂前拍摄到的一个俄罗斯家庭的婚礼。

2002年全俄人口普查, 声称已经结婚的女性居然比男性多出6.5万人。这就意味着, 至少有好几万男人跟一个以上的女性保持着实际的"婚姻关系"。这是令人不可思议的事情。

　　俄罗斯还有一个现象, 就是"未婚妈妈"比比皆是。给我们做过翻译的三位俄罗斯女性, 其中两位就是"未婚妈妈"。需要说明的是, 并不是所有的"未婚妈妈"都是婚姻破裂所致。其实许多女性根本就没有结过婚, 她们只是为了有一个孩子, 并不奢望有一个完整的家庭! 因为男人太少, 能够"达标"的男人就更少。

孩子啊孩子, 俄罗斯民族未来的安全和希望所在。

想念房子想念孩子

　　二是男性的生存质量不高, 过早"凋谢"。男人酗酒是第一大祸害, 梅德韦杰夫总统公开说: "酗酒是俄罗斯民族的灾难。" 俄罗斯每年男性的死亡人口中, 有30%跟酗酒有关, 现在俄罗斯男人的平均寿命还不足60岁! 俄罗斯男人酷爱烈酒伏特加是全世界出了名的, 连许多国家领导人都酗酒, 像勃列日涅夫经常喝醉了还照常做报告, 讲话颠三倒四, 大家照样恭敬聆听。无论沙皇, 还是苏联政府, 还是今天的俄罗斯政府, 都曾经想解决这个社会顽症, 限制酒类制造和销售, 像赫鲁晓夫、戈尔巴乔夫等人都试过, 但根本限制不住俄罗斯人对伏特加的迷恋, 所有的措施最后都成为了废纸一张。男人迷上酒精, 早颓早逝, 怎么能够给女人播下生命的种子?

　　三是生活压力太大要不起孩子。房价如此之高, 吓得青年人都不敢结婚了, 结了婚住哪儿啊？既买不起也租不起房子，难道永远跟父母住在一起吗？还有，物价如此之高，失业率甚至爬到了世界前列，这一切都使得生孩子、养孩子的成本变得难以承受。

据俄罗斯的专家测算，要保持现有的人口总数不再下降，那么从现在开始，每位俄罗斯育龄妇女，必须生育2.2个孩子。这个目标，对今天的俄罗斯姑娘来说，实在是一个极大的考验。她们能为祖国完成这个光荣而神圣的任务吗？当然，对俄罗斯的小伙子也是一个极大的考验。于是"为祖国做爱"成为了一种公民的"政治责任"。

为了增加人口，俄罗斯政府十分鼓励青年人结婚和生育，然而结婚率并没有明显上升，离婚率却直线上升。据说在莫斯科平均每天有两对新人结婚，同时又有一对夫妇离婚。酗酒和缺少住房，则是引发俄罗斯离婚率上升的主要因素。我们在俄罗斯的媒体中还看到，莫斯科每年都要搞一次别开生面、声势浩大的"新娘大游行"，许多美丽的新娘身穿各种漂亮的婚纱，既展示自己的美丽，也表达出对幸福婚姻的期待。这个美丽的"大游行"活动也是为了鼓励结婚和生育，是政府和社会团

在圣彼得堡郊区的一座幼儿园里，刚刚午睡起床的孩子们在花园里做游戏。俄罗斯的幼儿园都由政府出资建设，列入国家免费教育的范畴，家长负担很轻。幼儿园里的环境优美，设施齐全，看不到人满为患的情形。

体精心策划组织的。

现在俄罗斯也有许多人呼吁像美国和西欧那样,用移民的办法来解决人口不足的问题。但是愿望不能代替现实,高素质的外国人,谁会愿意迁居到一个工作机会少、收入低、社会治安堪忧的国家?况且这个国家的不少民众还有非理性的排外情绪。而周围中亚、西亚一些较为贫困的国家,有许多人愿意进入俄罗斯就业,因为收入比本国要高不少,但也有麻烦,因为这些国家的移民普遍文化程度不高,大部分人到俄罗斯后只能从事低端岗位的劳动,这不太符合俄罗斯引进优质人口的移民政策,同时还因为宗教、种族的一些历史原因,这些移民还会受到俄罗斯社会的歧视。

我在俄罗斯接触过十几位中国留学生,他们分布在莫斯科、圣彼得堡和叶卡捷琳堡等大城市。我问他们,毕业以后打不打算留在俄罗斯工作?他们的回答几乎都一样:第一条路,最好去中国驻俄罗斯的大企业里工作,文化背景相通,有安全感,收入也不菲。第二条路,回国就业。我问为什么不考虑到俄罗斯的企业去就业呢?他们坦言:俄罗斯社会法制不完善,企业管理不够规范,裁员解雇极其随意,没有安全感,而且收入也不高,与自己承担的风险不成正比。

所以,从目前的现状来看,俄罗斯尚不具备吸引大批优秀外国移民的条件,提高人口出生率是唯一现实的出路。

想念房子想念孩子

看见警察绕着走

触摸俄罗斯

在俄罗斯采访的30多天时间，绝大多数俄罗斯人留给我们的印象是彬彬有礼修养很好，但有一群人除外，那就是莫斯科的警察。凡是跟莫斯科的警察打过交道的人，无论是本国人还是外国人，对他们大多印象欠佳。莫斯科的警察派头大、脾气大、胃口大，谁都惹不起。我们这次在莫斯科采访，也算是略有领教。

警察大哥很牛气

刚到俄罗斯时，每次上街，只要遇到俄罗斯警察，带路的中国朋友早早就领着我们绕道而行。开始我们还不明白，为什么要绕开警察呢？我们身份清白，又没有干违法勾当。但当地的中国人总是说：离他们远点，少惹麻烦。还给我们绘声绘色说了许多俄罗斯警察故意刁难外国人的故事。

很快，我们自己也有了切身体会。

有一天，我们的采访车队从莫斯科出发，前往托尔斯泰的故乡图拉市。我们的采访车队一共是四辆黑色的"长城"牌越野车，车身上都贴着醒目的标志，用中俄文写的："中俄建交60年——聚焦俄罗斯"。标志做得很漂亮，也很气派。当时贴上这些标识有两个目的，一是为了拍摄节目的效果，二是减少在俄罗斯可能遇到的麻烦。因为此前在北京时，许多俄罗斯朋友就提醒我们，小心莫斯科的警察！贴上这些代表官方色彩的东西，想必警察找麻烦的概率会低一些吧。

当我们的车队还没有离开莫斯科市区，突然看见一位大个子警察出现在大马

▎这是在红场执勤的俄罗斯大名鼎鼎的特种安全部队——内务部的精英特种警察"奥摩",当地华人称之为"阿蒙",他们主要承担反恐、打击黑社会犯罪等特殊任务。

路的内侧,冲我们的车队一挥手,做出一个"停车"的手势。给我们开车的俄罗斯司机立即减速停车。我们不知道出了什么状况,只见开车的阿廖沙慌慌张张下了车,向路边的警察大哥跑了过去,我们在车上忐忑不安地等着回信。不一会儿,阿廖沙回来了,还笑嘻嘻的。我们问他怎么回事,他说没了。我们更奇怪了,没事警察拦住我们车队干吗?阿廖沙说:这位警察只是好奇,把我叫过去问问,"聚焦俄罗斯"是什么意思?我们一听哭笑不得,就为了满足自己这点好奇心,居然在车水马龙的大街上,把外国人的车队拦下来?!坐在一边的中国留学生跟我说:不习惯了吧?你慢慢就习惯了,人家莫斯科警察大哥就是这么"大牌",就这么牛,想干什么就干什么!我说原来以为中国警察很牛,跟俄罗斯警察一比,简直太小儿科了。

　　这件小事让我觉得,莫斯科的警察比较缺乏纪律约束。

　　不几天,我们又跟警察发生了一次遭遇战。这次遭遇战,发生在莫斯科机场。那天,我们采访组一行10人要从莫斯科飞往圣彼得堡采访。在莫斯科机场进行安检的时候,进展速度非常慢,因为除了我们携带的所有行李、设备要一一检查之外,

在俄罗斯，外国人在大街上一般都会躲开警察，虽然你并没有做错事，但难保警察不找麻烦。

盘查身份证明，这是俄罗斯警察找外国人麻烦的常用手段，他们对外国人尤其是亚裔人种特别有兴趣。也许是社会治安不好，俄罗斯街头警察的数量很多，即使在一些小城市也是如此。问题是警察多了麻烦也多了。

"一只蚂蚁"大市场关闭后，俄罗斯警察在市场周围盘查商人检查护照。

每个人还要把自己的腰带、鞋子等全部脱下来,逐一检查。在漫长的安检过程中,一位穿着制服挎着手枪的俄罗斯警察就站在我们的身后,手中不停摆弄着我们所有人的护照。陪同人员悄声告诉我们:小心点,他是机场的海关警察,这些人很黑的。

安检结束后,这位警察先生走到我们跟前,告诉我们:你们不能去圣彼得堡了!我们大为吃惊,为什么?他说:你们的护照有问题。这怎么可能?我们拿的都是中华人民共和国外交部颁发的公务护照,入境手续齐全,并且还持有俄罗斯外交部颁发给我们的采访许可证件,怎么会有问题呢?

这位挎着手枪的警察大哥不紧不慢地说:你们是不是曾经去过叶卡捷琳堡采访?我说:是啊,我们刚刚从叶卡捷琳堡回来,是去那里采访上海合作组织召开的元首峰会。

这位警察接着又说:那你们从叶卡捷琳堡回到莫斯科之后,为什么没有及时办理落地签证?这是违法的,知道吗?!

我们一听更蒙了。在俄罗斯境内,我们从一个城市到另一个城市采访,每次都要重新办理"落地签证"?因为不懂俄罗斯法律,我们赶紧询问随行的俄罗斯朋友和中国留学生,他们告诉我,这位警察是在故事找茬,所谓"落地签证"确实有这种规定,是苏联时代延续下来的,要求外国人在苏联境内每去一个城市,都要到当地的警察部门办一次签证,目的是为了管制外国人的流动。这种限制外国人行动的规定,不仅不合理,也很麻烦,所以早已事实上废止了。

陪同我们的俄罗斯朋友说:"我接待了许多西方国家记者,从来都不需要办理这种'落地签证',也没有遇到过什么麻烦,这个警察看你们是中国人,肯定想要你们的钱!"

我心里有了底儿。你想黑我们的钱可不行,反正我们今天去圣彼得堡也没有采访任务,延签一个航班也没有什么了不起的。我跟同事悄声道:他想折腾我们,我们也要折腾他一下。输赢是小,面子为大嘛。

我们先通过翻译告诉这位警察,请他拿出俄罗斯的现行法律来给我们看看,有没有外国人必须"落地签证"这条规定。这位警察大哥很愕然地看着我们,他可能也觉得奇怪,怎么会遇上这么几个不懂事的中国人,居然还要看法律?他磨蹭了半

看见警察统着走

067

天，才从旁边的房间里拿出来一张像布告一样的大纸，翻来覆去在上面找规定，嘴里还嘟嘟囔囔自言自语，始终没有找到这条规定。可气的是，他拿着护照不还给我们，也不再答理我们。显然，他知道我们乘坐的航班快要起飞了，在故意跟我们比耐心。

一旁的中国留学生说：他们都是这样的，不跟你讲理，只认钱，就给他点钱得了。我说："不行，那不中了他的计？他知道我们急着登机，故意要挟我们。"

这位警察大哥看出我们不好惹，但又不想轻易放过我们，让猎物跑掉，所以也开始焦虑起来，在我们旁边踱来踱去。我让翻译告诉他："我们现在要给俄罗斯外交部打电话，说中国记者在莫斯科机场受到了非法扣留！"我还拿出了一张照片递给他，这张照片是我们前两天采访梅德韦杰夫总统时的一张合影。我对他说："我们是俄罗斯总统府的客人，你要是继续扣压我们的证件，马上就会成为重大的外交事件，你自己决定吧！"

接下来情况大变，这位警察一看这张照片，又分别跟我们几个人的面孔对照了一下，表情立即阴转晴，连说"对不起"，马上把护照还给了我们。他还积极表现，一直把我们送到了登机口。

还好，没有耽误航班。陪我们的中国翻译调侃说：这位警察大哥今天一定很郁闷，本以为我们一定会给他塞钱，没想到钱没到手，还让我们数落了一顿，心里够难受的。

采访组的另一位记者不以为然道：有几个中国人手里有"总统合影"？他没准儿会变本加厉去讹诈其他的外国人，把今天的损失补回来。

警察大哥"偏爱"中国人

到了俄罗斯，警察讹诈中国人的故事听得太多了。俄罗斯警察，特别是莫斯科警察对中国人一直"情有独钟"，特别喜欢"检查"中国人。他们一见中国人眼睛就发光，最常见的做法就是检查证件和护照，然后找出一个莫须有的理由进行刁难。因为他们笃信，最后中国人一定会拿钱出来摆平。尤其在一些中国商人比较集中的地区，经常会发生这种事情：警察检查护照时，明明护照是有效的，他却拿着护照不还，睁眼说瞎话，非说护照过期了，你想不想要？想要拿500美金来！许多中国人怕惹麻烦，只好吃哑巴亏，忍痛交钱，拿回护照赶快走人。

在莫斯科有一个俄罗斯最大的商品集贸市场，名叫切尔基佐夫斯基市场，中国人习惯叫它"一只蚂蚁"市场，是俄语谐音。关于这个市场的详细情况，我在后面还会专门介绍。我们在莫斯科采访时，这个市场已经风声鹤唳，传说俄罗斯司法部门准备关闭这个市场，原因是"偷漏关税、秩序混乱"。果然，在我们离开俄罗斯没几天，这个有数万名中国商人经营的大型商贸市场，一夜之间就被俄方查封了，这是后话。在关闭之前，确实有许多中国商人在那里发了大财，也让许多跟中国人做生意的俄罗斯人、中亚人、越南人也发了财。不过，还有一些人在这里也发了，那就是在"一只蚂蚁"市场执勤的莫斯科警察。据说，能够到"一只蚂蚁"来执勤，是莫斯科警察都十分向往的"肥差"，是要通过关系才能到那里干上一年半载，最后个个捞得盆满钵流。捞谁的钱？中国商人。

尽管在"一只蚂蚁"经商的不全是中国商人，还有中亚人、西亚人、越南人等，但中国商人身上好像有种特质，火眼金睛的莫斯科警察一眼就能认出来，大概是中国人一见警察就发慌吧。只要看见中国人，警察就会拦住"检查证件"。面临这种情况，中国商人往往都是破财免灾、息事宁人，当场给警察塞钱，从不敢据理力争。这种事情发生多了，莫斯科的警察大哥也就摸透了中国商人的心理，养成了专吃华人的习惯，中国人就成了他们的"摇钱树"、"财神爷"。

我们在莫斯科时，还专门到这个市场暗中采访过。所谓暗中采访，就是找几位在市场里经商的中国人带路，使用旅游者常用的"掌中宝DV"偷偷拍摄，如果使用电视记者的专用摄像机，可能会惹来麻烦。因为，一是大市场里面各国商人混杂，帮派林立，经常发生械斗，中国记者突然闯进别人的地盘肯定不受欢迎。二是如果我们申请到市场内部拍摄，莫斯科警方肯定不批准，他们认为这个市场管理混乱，让外国记者进去拍摄会给俄罗斯脸上抹黑。所以，我们是在未向莫斯科市政当局申请的情况下，暗中到"一只蚂蚁"市场里面拍摄中国商人的经营状况的。进入"一只蚂蚁"市场后，我们一方面被它巨大的规模所震撼；另一方面也对市场里的紧张气氛感到吃惊，多次看到荷枪实弹的警察在周围巡逻。我们在跟一些中国商人交流时，许多人向我们诉苦说，当地警察经常突袭市场，名为查抄"非法货物"，实为敲诈。

"警察一进门，就把我们值钱的货物抄走了，回头我们就不得不去求情，暗中给警察好处，才能把货物要回来。"许多中国商人这样说。

有位名叫刘涛的小伙子，几年前他曾在莫斯科学习语言，当时常到"一只蚂蚁"市场给中国人打工当翻译。刘涛说，中国商人都非常厌恶警察，又很害怕他们，因为他们十分粗鲁和贪婪。"他们经常欺负中国商人，尤其是那些俄语不好的人。警察在市场上碰见中国人，经常要你拿出护照检查，然后看一眼就往兜里一塞，等着你拿钱。有的甚至连护照都不看一眼，直接要钱。你如果不给，他们就用警车把你拉到莫斯科郊外去，让你自己走回来。"说到这些，刘涛很是愤怒，"你们知道俄罗斯警察管中国商人叫什么？叫'中国银行'、'提款机'。不过这也有中国商人的责任，中国人总有一种思想，就是破财消灾，所以慢慢把俄罗斯警察惯坏了。"

全世界恐怕很难找到像俄罗斯警察这种做法，动不动就在大街上拦截外国人，检查护照。按理说，外国人进入俄罗斯，入境时检查过护照了，没有特别的情况就不应该莫名其妙地重复检查护照。但莫斯科的警察完全没有这种概念，他们天天游走

在莫斯科和圣彼得堡街头经常可以见到这种反腐败内容的广告，这幅上面写着："遇到腐败官员了吗？请打电话576—77—65"。

在大街上，眼睛一旦盯上外国人，可能就要检查护照。要鸡蛋里挑骨头，想方设法挑出点毛病来，目的就是要钱。所以在莫斯科，外国人一看到警察，尽可能都会离他们远一点儿。

2009年6月29日，莫斯科"一只蚂蚁"大市场因为"灰色清关"的原因，突然被俄罗斯政府强行关闭了。这一来，也让许多警察和海关官员断了财路，但他们在最后时刻，又黑了中国商人一次。因为市场被政府查封了，许多中国商人的货物来不及运走，被警方扣押在市场里面。更惨的是，有些中国商人平时不敢把钱往银行里存，怕露富，偷偷将大笔现金藏在装货物的集装箱里，有的数目高达几十万、上百万美金，这些都是他们几年来辛辛苦苦挣到的血汗钱。俄方突然查封了市场，结果中国商人被赶出了市场，而货物带现金全部被封在里面了！当时，许多中国商人急得如同热锅上的蚂蚁，到处托关系、找门子，想把自己的货物和钱财取出来。怎么办？想要进入市场取货连门儿都没有，大门口有莫斯科的武装警察把守着。当然，还有另一条路可走，就是行贿。只要悄悄给警察交上几万美金，他们就会网开一面，让你进去把自己被扣的货物拉出来，把藏在货柜里的现金取出来。在这里，没有用钱办不成的事情。

莫斯科警察的贪婪和腐败，的确臭名远扬，即使对俄罗斯民众也是如此，不送钱许多事情根本办不成，这一点连梅德韦杰夫总统也公开承认。他在接受我们采访时说："俄罗斯的腐败问题已经严重伤害到了社会公平和经济发展，必须坚决治理。"我们在俄罗斯街头，还经常看到内容相同的一幅宣传画，一只巨大的拳头砸向一只黑色的皮包，上面用醒目的俄文写着："遇到腐败官员了吗？请打电话576-77-65！"挺吓人，也挺夸张。不知道这些四处张贴的宣传画到底能起多少震慑作用。我们看到的是，在这些宣传画下，许多莫斯科警察依旧自行其是，公然索贿。

也有俄罗斯朋友给了我另一种解释：俄罗斯警察的工资收入很低，与其他公务人员相比，属于中等偏下的水平，所以许多警察就想着法儿"捞外快"，让自己家人的生活能够过得好一些。我不知道这种说法是否属实，不过我觉得一个国家的执法人员如果收入太低的话，肯定会出问题。

据说，俄罗斯这几年情况已经有了明显的好转，许多中国商人也感觉到警察公开敲诈勒索的行为收敛了许多。这是因为，一方面俄罗斯政府加强了对执法人

看见警察绕着走

员的管理；另一方面是增加了他们的工资。近些年来，俄罗斯的经济状况开始复苏，"能源收入"的快速增加推动了国民经济的发展，公务人员包括警察的收入也提高了不少。有意思的是，许多中国人现在也学会了如何对付贪婪警察。我们在俄罗斯时，有不少当地华人向我们"传授经验"：如果遇到警察故意刁难你时，你一定要装傻，装作一句俄语也听不懂，任凭警察说什么都冲他傻笑。这样他对你也没办法，他总不至于手伸到你口袋里抢钱。只要你有耐心，跟他磨到底！最后也只能放你走。不过，真要碰上个别坏警察，把你拉到莫斯科郊区让你自己走回来，那只能认倒霉了。

迷雾之中的高考之路

2009年6月7日，我和同事们一起去莫斯科一所名叫"健康"的11年制国立义务教育学校采访。此前，我的同事已经来过这所学校两次了，他们觉得在这所学校里，看到了许多很有趣的教育现象，同时也遇到了一个全俄罗斯人都关心的问题：高考。

走进"健康"学校

原来以为"高考的烦恼"、"残酷的竞争"是中国特有的现象，来俄罗斯后才知道他们也出现了这个令人头疼不已的问题。

俄罗斯是实行11年制义务教育的国家，也就是说，孩子从小学一直到高中的11年教育，都由国家实行义务教育统一埋单，法律要求每个家庭也必须完成对孩子的11年义务教育责任。在俄罗斯，许多学校通常采用"全程式义务教育"，就是从小学开始到11年级（相当于高三），所有的课程都是在一所学校里完成的，从小学到中学不需要换学校。在这11年当中，老师和学生简直是"亲如一家"，熟悉得不能再熟悉了。加上俄罗斯11年制学校的规模都不大，一个年级也就是一两个班级，一个班级最多30个孩子。他们认为，学校的小型化有利于加深师生感情，有利于因材施教，有利于各个学校形成自己的教学特色和校园文化。政府也一直鼓励各个学校采用不同的教育方法，培养出多样化的学生。

这一点与中国的情况不尽相同。中国的小学、初中、高中大部分都是分开的，师生磨合期比较短，加上学生数量众多，所以很难做到因材施教。而俄罗斯小学、初中、高中一体化办学，在同一个教育场所的教育周期延长了，可以培养孩子对学校、对老师、对同伴很深的感情认同。同时，学校和老师对每一个孩子、家庭也有很深的了解，这对孩子的教育和全面成长是非常有好处的。

我们采访的这所"健康"学校，并不是莫斯科市政府特意安排的，是我们请俄罗斯朋友联系的，这是一所非常普通的学校，校方也乐意让中国记者走进校园，体验他们的办学活动。客观地说，这所学校在莫斯科并不算办学条件特别好的学校，既不是收费高昂的私立学校，也不是位于市中心的历史悠久的学校。当然，在莫斯科也找不到中国各个城市都有的"市重点"、"区重点"学校。他们学校之间校舍虽有差异，但师资力量相对平均。

莫斯科这所名叫"健康"的学校，是一所11年制的国立义务教育学校，孩子们在这里从小学一直念到高中。学校平日实行封闭式管理，大门一关连家长都不许进去，里面运动场所、食堂等一应俱全。

我们在"健康"学校参观时，发现这所学校只有400名学生，如果按照11个年级来计算，每个年级最多两个班级，每个班级也就是15至30名学生。我们去采访的时候，正好赶上了俄罗斯漫长的暑假开始了，他们的暑假好像比中国早一个多月开始，绝大部分的孩子们都跟随家人到乡间别墅去度假了，所以我们无法看到孩子们上课的情形。不过，这所学校的环境、教学方法、对高考的态度，还是给我们留下了很深的印象。

　　"健康"学校的校舍比中国大多数公立学校的面积都要小得多，实行"全封闭"管理，除了课外体育活动，其余大部分时间学生们都在校内封闭的环境中活动，学校大门永远是紧闭的。这样一来，校园内部的生活和学习，与社会就相对隔

绝了。这种"全封闭"式的校园管理方法，一方面是为了保障教育活动免受社会干扰；另一方面也是为了校园的安全，因为俄罗斯已经发生多起针对校园的恐怖袭击，校方不得不严加防范。

情操来自艺术

虽然实行严格的"全封闭"式管理，但孩子们的校内生活却是非常丰富的。在这所不大的学校里，有学生们自己办的博物馆、美术画廊、手制工艺品陈列、花卉展览等，这些都是学生们在老师的辅导下自己办起来的，给人感觉这是一所非常有艺术氛围的学校。另外，学校还有一个能容纳全校师生的室内小剧场，学生们经常自己排演小话剧，也经常请家长们来观看孩子们的演出。后来我们接触了更多的学校，发现崇尚艺术、培养艺术修养是俄罗斯学校里普遍的教育倾向。也难怪俄罗斯出现了那么多世界级的大艺术家，就像巴西出现了那么多大球星一样，完全是基础打得好。俄罗斯有一个很有名的女歌手，就是从这所"健康"学校毕业的，她现在还经常回来参加学校的各类演出活动。

据校方说，我们是第一批来"健康"学校采访的外国记者。这所学校名不见经传，对我们的来访也没有做任何刻意的准备，采访完全是"原生态"的。

我们在这所学校的二楼，看到长长的走廊两侧挂着上百幅学生画的油画作品，有的作品在墙上已经挂了十几年甚至几十年了，当年的学生早已成了中年人。陪同我们参观的校长，是一位40岁左右的男性，他自己就是这所学校毕业的。他居然能详细地说出每一幅作品是哪个年级的某某某同学在哪一年画的，画中的人物与学生是什么关系，等等。我们惊奇地发现，有些油画作品很有水平，已经不像是普通中小学生的画作，跟中国美术专业的大学生可有一比。可见在这所11年制的学校里，有不少学生在老师的影响下，很早就培养起了美术兴趣。

还有一点也让我们好奇，在上百幅美术作品中，除了风景画就是人物画，而人物画的对象，大部分都是学生自己家里的亲人，比如父母、祖父母、兄弟姐妹等，也有画同学老师的，基本上没有陌生人。我们在欣赏学生们作品的时候，不由地产生了一种亲切的家庭般的感觉。我想，让学生们给最亲近的人作画，他们一定会把最深

触摸俄罗斯

入的观察、最深厚的感情融入进去，这恰恰是艺术创作最重要的方法。

给"健康"学校留下这些画作的学生们，今天真正成为画家的可能很少，但他们对艺术的迷恋会陪伴他们一生，这也许正是"健康"学校的教育初衷：美好的人生离不开艺术的修养。

在三楼，有一个学生们自己创办的小博物馆，其实就是一间教室。里面陈列着学生们从校外收集来的各种物品，有"二战"时残留的武器、弹片，有历史照片，还有一些年代久远的书籍。陪我们参观的女老师，能说出每一件展品的来历。有一件展品是苏联卫国战争中遗留下来的钢盔，上面还有弹孔，这是几位同学在莫斯科郊区发现的，辅导老师马上把这几位同学的姓名说了出来，尽管这些学生已经毕业多年了。对历届学生留下的展品，学校如此细心保护，对它的来历如此熟悉，这让我很感慨。

在这所"健康"学校里，我看到了什么叫用心办教育、办学校，我觉得这才是

这是"健康"学校低年级学生挂在教室里的习作。

这是学生们自己收集到的卫国战争的遗物。

衡量一所学校教育水准和质量的核心尺度。一所学校的老师如果连学生的个人兴趣爱好、家庭情况都不甚了解，你怎么相信它能够做到因材施教？能够帮助孩子全面成长？我自己的孩子在北京读过小学、初中、高中，我感觉这些学校除了考试，除了抓学习成绩之外，对学生其他方面的培养几乎漠不关心。兴趣培养、人格教育等，在考试名次面前都无足轻重。这样的教育，到底能够给学生带来多少终生的教益，我很怀疑。

一所学校的办学质量，光看升学率是远远不够的。

这是圣彼得堡著名的俄罗斯博物馆，即便不是周末，来这里参观的孩子也是成群结队，大多是由老师带领来的。这是学校教育的一部分。

高考的烦恼

说了俄罗斯的11年制义务教育，该言归正传，说说俄罗斯的高考了。

这是一件很奇怪的事情，中国为了矫正高考制度"一刀切"的缺陷，让更多有天分的学生进入大学，这些年开始引入欧美大学的一些做法，教育部开始给许多大学打开了"自主招生"之门。但是在俄罗斯，他们却开始做了一件与中国恰恰相反的事情。

高考在中国恢复了30多年，目前还没有更好的办法取代它，它所衍生的弊端也是大家公认的。在高考的指挥棒下，整个国家的教育体系成了"应试教育"的机器，老师和孩子们难能可贵的创造力和想象力，都在高考的重压之下被窒息了。当然，这在中国也是没有办法的事情，我们的大学校园如此稀少，师资如此贫乏，而每年拥向高考"独木桥"的孩子又如此众多！僧多粥少，大家只能去拼分数了。在这种险恶的竞争之下，爱好的养成、兴趣的培育、人格的培养、艺术的修养等，都只好通通给分数让路。在未来的十几年中，中国的这种状况恐怕难有实质性的改变。这些年，我国一些知名大学逐步开始"部分自主招生"，其目的也是为了稍微躲开一下高考这根"高压线"，引进一些学校看好的有特殊天分的学生。

俄罗斯跟中国的情况不一样，它的高等教育资源非常充足，绝大部分希望上大学的孩子都能满足愿望。从苏联时代开始，他们的大学就一直实行自主考试招生，国家只规定考试大纲。每年，结束11年制义务教育的孩子们，参加了本校的毕业考试之后，就去参加自己选中的各个大学组织的招生考试。俄罗斯这种自主招生考试非常个性化，经常是招生老师与应试学生1对1进行面试，考试内容也是因人而异，五花八门，学校拥有完全独立的招生权力。俄罗斯的这种大学自主招生方法，保证了各个大学能够找到符合自己教育定位的学生。

但是，这种情况从前年开始出现了戏剧性变化，俄罗斯政府决定，也要实行"全国统一高考"。俄罗斯为什么要取消大学自主招生考试，而用全国统一高考取而代之呢？俄罗斯国家教育部给出的理由是：

第一，学生负担太重。俄罗斯11年制义务教育的毕业生，必须参加两次考试，一次是11年级毕业考试（相当于我国的高三毕业考试），另一次是各个大学组织的入学考试（不少学生可能要参加不止一所大学的考试）。俄罗斯教育部认为这两次考试的范围很不一致，增加了学生的负担，给学生造成了巨大的精神压力，必须合二为一。所以在新的统一高考制度下，中学毕业考试和大学入学考试变成了一次考试，然后各个大学根据学生的志愿，按考试分数高低来录取新生。这种考试方法跟中国现行的高考录取制度非常相似。但不同的是，俄罗斯把"毕业考试"和"入学考试"合二为一了，而中国不仅中学毕业考试与高考分开进行，而且高中毕业生还要参加"一模"、"二模"、"三模"考试，这负担不知比俄罗斯孩子要重多少倍。

第二，造成教育腐败。俄罗斯由于中学毕业考试由任课教师命题评分，而高考是由各高校自主命题，没有全国统一标准，因而缺乏有效监督，同时也增加了考试的随意性和主观性，为高考腐败的滋生提供了温床。这一条理由是站得住脚的，俄罗斯的腐败问题本来就十分突出，在大学招生中也很严重，影响了社会公平，统一高考在一定程度上可以保证平等性。

第三，考试成本太高。俄罗斯考生必须亲自到所报考高校参加入学考试，这对俄罗斯这么一个幅员辽阔的国家来说，尤其对那些处于偏远地区家庭困难的孩子来说，确有难处。如果一个学生报考了好几所高校，那就更加不容易了，要在不同的学校之间疲于奔波。另外，俄罗斯许多著名的大学，在考试前几个月都会开办一些考前培训班，开设有针对性的课程培训和模拟考试，如果考生不参加这些考前培训，就很难考进名牌大学，这对偏远地区的学生来说，也是很难做到的，因为付出的成本太高了。

第四，教育质量缺乏国家标准。由于没有国家统一考试，俄罗斯成千上万所大学自主考试，自主招生办学，教育质量自然就会参差不齐。俄罗斯教育部认为这不利于提升俄罗斯国家整体的教育水准。

基于上述原因，俄罗斯从2006年就开始在一些地区试行"全国统一考试"，并于2008年在全国正式实施。但让俄罗斯政府没有想到的是，这一考试制度的改革起步极其艰难，遭到的批评声远远多于赞扬声，甚至一些著名高校的校长们、国家杜马的议员们也高唱反调。比如著名的莫斯科大学校长萨多夫尼奇院士，就是坚决的反对者之一。

2008年俄罗斯第一次举行全国范围的统一考试，结果发现长期在多样化教育

触摸俄罗斯

每年的六月份是俄罗斯的高考月份，连续一周左右的全国统一高考结束之后，毕业的中学生们就开始进入了狂欢的日子，到处可以见到身上系着红丝带的青年男女们举行各种各样的派对，尽情享受美好青春。这种狂欢到"红帆节"之夜达到了高潮。

环境中成长的学生，根本不适应这种统一高考，绝大多数学生的考试成绩不令人满意，全国大约有20%的考生成绩不及格！而且在高考前还发生了泄题事件，俄语的试题与答案在考试前就开始在网上流传。此事引起各方议论，许多人认为泄题事件暴露了统一考试制度存在重大弊病，呼吁重新回到高校自主招考制度上。全国的民意调查也显示，支持统一高考的比例只占31%，大部分国民对统一考试持否定态度。

对统一高考持反对意见的人们担心的是："新的制度不能有效照顾学生特长"、"统考对知识的考查会形式化和表面化"、"俄罗斯的中学会因统一高考而失去特色"、"抹杀学生特长和降低教师对学生知识考查作用"，等等。这些担心的理由也是非常充分的，尤其在我们中国人看来，这些担心恰恰在中国都变成了不争的事实。

最有意思的是，俄罗斯作家协会最近也加入到了"高考之争"中，作家大会居然通过了一项决议，呼吁俄罗斯政府尽快取消对俄语和俄罗斯文学课的全国统一

在俄罗斯的许多博物馆里，经常看到一批批学生在老师带领下参观，这是学校教育的一部分内容。这是一群学生在圣彼得堡滴血大教堂里参观。

考试，重新回归原来的作文和口试体系。作家们认为，统一高考制度使中学生越来越"愚蠢和肤浅"。

俄罗斯作家协会理事会甚至发布声明说："俄罗斯作家协会坚持要求恢复原来的考试制度，是因为现在的统一考试制度就像用'咖啡渣来算命'，只需要在答案上画对错钩。具有世界性传统的俄罗斯文学需要认真地去研读，统一考试制度剥夺了中学生掌握俄罗斯文学精髓的权力，文学的精华逐渐消失。全世界曾高度评价形成于19至20世纪的俄罗斯中学教育体系，这一体系造就了一大批杰出的学者、作家和艺术家。今天，我们已不能以此为荣了。"

现在，俄罗斯的全国统一高考已经全面实行，伴随而来的争论也越来越激烈。俄罗斯的国家统一考试，将来的结局如何现在还难以定论。

莫斯科的"健康"学校，也是一所公然跟国家教育部唱反调的学校，它坚决反对国家统一考试，坚持走自己的素质教育之路。在这所学校我们还遇到了这样一件事情，几位今年将要参加全国高考的学生和家长，居然将国家教育部告上了法庭，诉讼的理由就是，"全国统一高考扼杀了学生的学习兴趣和想象力"。我们去采访的时候，这起官司已经判决，法庭判决家长和学生们败诉。参与状告教育部的一位家长对我们说：我坚信自己的看法，教育部做了一件错误的事情。

据了解，在俄罗斯就全国统一高考一事，状告国家教育部的事件已经发生了好几起了。

我之所以对俄罗斯推行全国统一高考有兴趣，是因为在这个问题上，中国与俄罗斯可以互为借鉴的东西太多了。"统一高考"和"自主考试"各有利弊，教育既要保证公平，也要保证质量和效果。

俄罗斯目前推行的高考改革，尽管在国内颇有争议，但他们

我们在"健康"学校采访了一对母子，这位男孩子即将11年级毕业，面临全国统一考试，但他们非常反对全国统一考试。他的母亲和其他几位家长联名，居然将国家教育部告上了法庭，理由是"全国统一考试"妨碍了孩子的全面发展。

有的做法我们应该参考。特别在大力减轻学生负担这一点上，俄罗斯敢于大刀阔斧改革，甚至通过立法加以推行，让我们都很有感触。他们强行把中学毕业考试和高考合二为一，大幅度减轻了学生的学业负担和考试压力。相比俄罗斯，我们也天天说要减轻学生负担，可是成效并不明显。我们能不能把高中毕业考试和高考这两个考试合二为一呢？我们能不能强制取消高三那些要命的"一模"、"二模"、"三模"考试呢？在减轻学生负担方面，俄罗斯政府敢说敢做，一道法令取消了全国所有的中学毕业考试。而我们却只说不做，强调"减轻学生负担"已经20多年了，结果是学业负担越来越重，甚至连家长都跟着遭殃！

　　说到减轻学生的学习负担，我们在俄罗斯还有另一番体会。无论是节假日还是工作日，在俄罗斯的各种公共场合，包括一些博物馆、画廊、广场，到处可以看到大批青少年学生在参观、游玩，以至于我们产生一个疑问：俄罗斯的孩子们难道不用上课？怎么天天都跟放假似的？到学校去采访时，才发现在课程安排中，起码有三分之一的课程不是文化课，而是艺术、体育、参观之类的兴趣课程。看到这些，我们不免有些伤感，同样都是孩子，同样都是国家的未来，为什么中国孩子的学校生活如此的沉重和乏味？

俄罗斯，以人为本少了点

我对俄罗斯的油画十分着迷。它构图优美，笔触细腻，体现了这个民族丰富而细腻的内心感情。可是，当你来到这个国家，生活在这个国家，你会发现现实中的俄罗斯与艺术中的俄罗斯距离很大。现实中的俄罗斯很不细腻。

洗澡事件

说一件生活中的小事情。有一次我住在莫斯科新建的一幢比较高档的公寓里，它的卧室、卫生间、客厅都比莫斯科的普通公寓大好几倍。入住后第一天，晚上工作结束后去卫生间洗澡，在旧式的俄罗斯住宅里，卫生间与洗澡间是分开的，空间

莫斯科红场上的瓦西里升天大教堂与克里姆林宫遥遥相对，色彩斑斓，美丽夺目。

都十分的狭窄，而我们住的公寓因为是新建的高档住宅，卫生间与洗澡间合二为一，空间很大。在这个大卫生间里，有一个半圆形的宽大的浴盆，这在俄罗斯也是不多见的，俄罗斯普通公寓里的卫生间很少有浴盆。当我面对眼前这个大浴盆时，却发现使用起来很不方便，浴盆四周没有挡水帘，沐浴时水都溅到了外面。没办法，我只好小心点，心想即使溅出一些水来，也会通过排水孔流走的，最多用毛巾擦一擦地板就是了。可是我洗完澡后，发现判断失误，这个卫生间里根本就没有排水孔。更要命的是，这个浴盆下面的排水管正在漏水，洗澡水正在往地板上流，然后源源不断地流向卧室！这可真要命，洗澡间里居然没有下水孔！万般无奈，我只好叫公寓管理人员"施救"，用大量的干毛巾把流进卧室的水一点点吸干，整整忙活了两个多小时，房间才脱险，结果睡意全无。

触摸俄罗斯

我想不通的是，这么大一个卫生间里，怎么会没有安装下水孔？

我问这幢公寓管理人员，你们平时怎么清洗卫生间，污水往哪儿排？公寓管理人员很奇怪地看着我说："当然没有排水孔啦，不仅我们这里没有，别的公寓里也没有，莫斯科都是这样的。我们清洗卫生间都是用抹布擦洗的。"她还一再提醒我："你以后洗澡应该小心一些才是。"

我觉得这件事情难以理解，原本安装一个下水管道就可以解决的事情，难道设计房子的人从来没有想到过这个问题？还是他们从来就不去想？

后来在俄罗斯住的时间长了，发现在日常生活中处处都有这类"不方便"的小事，这是典型的俄罗斯特色。俄罗斯好像是一个只考虑大事从不考虑小事的民族，用我们今天的流行语来说，就是不够以人为本。他们可以跟你滔滔不绝地谈论政治、哲学、艺术、时尚话题，而对生活琐事带来的烦恼则不屑一顾，能忍则忍。所以许多人从中国来到俄罗斯，刚开始会感到生活中许多细枝末节的事情不尽如人意，住久了，也就麻木了。

上网的烦恼

生活不便之处在俄罗斯比比皆是。比如电脑上网，这本来是现代生活中非常普通非常必须的事情。况且我们是新闻记者，每天要传送大量文稿和视频，所以无论

▌我们入住在圣彼得堡的波罗的海花园大酒店，面对芬兰湾，当时正是"白夜"期间，到了晚上10点多钟芬兰湾边上仍然游人如梭，夕阳映照。但这家酒店每小时要支付600卢布的上网费，让我们感到十分愕然。

在什么地方居住和工作，这都是必备条件。在俄罗斯时，我们每去一个城市，都会事先向接待部门反复强调必须有上网条件，网速必须要快。可是我们这个最普通的要求，在俄罗斯却经常难以得到满足。

我们在莫斯科住过两处高档的公寓，室内均没有安装网线，什么宽带上网、光纤上网通通没有。我们不得已，只能请当地的朋友买来一个远程无线上网接收器，架在房间里，通过它进行无线上网。可是莫斯科的无线信号非常弱，电脑常常打不开网页，还要专门有人举着无线接收器，在房间里到处找信号，别提有多烦恼了。听说在莫斯科，大部分家庭都是用这种方式上网。

网速太慢根本无法向国内传送视频文件，流量太小了，后来实在无法忍受，我们只好专门赶到莫斯科的中国总商会办公楼去工作。总商会的办公条件在莫斯科算是相当现代化了，具有宽带上网条件。可是，它的网络速度也很慢，打开一个网页需要等不少时间，传送稍大一些的照片文件就更慢了。我问电脑工程技术人员这

俄罗斯能够建造出世界上最美丽的教堂、地铁，其精美和宏伟举世无双，由此可见这个民族的想象力和创造力无与伦比。但是俄罗斯又是一个生活非常不方便的国家。

是怎么回事？他说莫斯科的网络都是这个条件，流量严重不足，根本快不起来。最后，我们不得不请中国总商会将全公司内部所有电脑一律停用，只保证我们一台电脑上网，这才勉强将一些图片传回了北京。

公寓和公司的上网条件如此差，那么涉外的高级酒店上网条件如何呢？我们在圣彼得堡和叶卡捷琳堡住过两家条件非常好的大酒店，这里上网的速度显然要比其他地方快许多，酒店工作人员说这里的网络有专线保障，外国记者都喜欢住在这里。但是，酒店工作人员马上又告诉你：上网是要收费的。我们说收吧，上网能花多少钱啊。结果说出来的价格还是让我们吓了一跳，在圣彼得堡的"波罗的海花园大酒店"，在客房里上网每小时要交600卢布的上网费，相当于150元左右人民币！一天下来，上网的费用比房费还贵！我快晕了，这种事情简直匪夷所思，高档酒店适当收一点上网费可以接受，但不至于这么贵啊。

如此昂贵的上网收费，只能说明一点，在俄罗斯上网并不是一件平常的事情。在中国，现在江浙一带的农民家里都已经实现了"村村通宽带"，上网对于中国民众来说就像家里装一部电话一样，小事一桩。可是在大国俄罗斯，在世界级城市莫斯科和圣彼得堡，上网还如此不便，实在让人不解。

天使不拉屎

地铁是莫斯科人一直引为自豪的公共场所，宛如地下宫殿，有高大的长廊，精美的雕塑，充满了历史和艺术的气息，这一点我们确实感同身受，所以在莫斯科坐地铁，一直是我的最爱。每坐一次地铁，我似乎都会有一些关于历史、社会和时尚的新发现。但是乘坐地铁前，有一项功课要提前做好，就是上厕所。

在莫斯科无论是"二战"前建设的老地铁站，还是近些年刚刚建成的地铁站；无论是小地铁站，还是有三四层线路叠加的大型枢纽地铁站，你如果想找厕所方便一下，那你就惨了，因为根本没有。这件事情我也难懂，上厕所是人类无法控制的生理要求，如此大型的公众场合，不提供厕所，这简直是无视人性啊！就这件事情，我问过在俄罗斯电视台工作的一位资深同行，他用一种近乎调侃的口吻回答我："你难道不知道我们俄罗斯人是天使吗？天使是不拉屎不撒尿的！"我听了简直乐喷了，对他说："我希望你们活得平凡一些，不然我们再也不敢来了。"

地铁是莫斯科的面子，所以他们认为"肮脏的厕所"是不可以出现在那里的。可是俄罗斯人毕竟不是天使啊，他们的生理需要怎么解决呢？于是，就在地铁站外面，出现了一些极其简易极其肮脏的临时厕所，一排一排的甚为壮观。我在莫斯科乘地铁出来，就不得不使用过这样的厕所，而且还是收费的。这些简易厕所就像一个个碉堡建在地铁站外面，一开门里面臭气熏天，满地污水，而且都没有冲洗设备，大量的粪便和尿液都集中在一起，令人作呕！

种种生活的不便，让我纳闷，俄罗斯真的很矛盾，一个科技如此先进、教育如此普及、艺术如此繁荣、国力如此强大的国家，为什么会出现生活细节如此粗陋和落伍的状况？他们几十年前就把载人的太空站送到了宇宙，他们的芭蕾舞和油画让世界为之倾倒，他们兼有西方文明的优雅和东方文明的细腻……可是他们为什么不会为卫生间设计一个小小的下水孔呢？为什么不为自己美丽的地铁建几个干净的厕所呢？

富丽堂皇宛如地下宫殿的莫斯科地铁站，是世界上运量最大的地铁系统，每天运送乘客达到1000多万人次。然而在这个庞大的地下宫殿里，休想找到应急之用的厕所，人的这种"细小琐碎"的需求在这里完全不被重视。

想到俄罗斯朋友那个充满反讽的玩笑：我们俄罗斯人都是天使，我们不拉屎不撒尿！真是入木三分啊，天使是不平凡的，他们不需要人性的关爱。

习惯等待的俄罗斯

如果说生活质量的"硬件"落后一些，还可以让人理解，因为俄罗斯还处于社会转型之中，经济状况和社会服务还处在完善之中。但是，还有许多"软件"，比如政府部门、服务行业，他们的工作效率和服务质量，也很难令人满意。

我们在俄罗斯去过多个城市采访，基本上是乘坐俄航客机。我发现每次在飞机落地后，俄罗斯的乘客们都会习惯地鼓掌。但是，这掌声仅仅是俄罗斯乘客的习惯而已，并不代表俄罗斯的民航服务水平是优秀的。

有一次我们从莫斯科乘飞机前往叶卡捷琳堡，是下午五点半的航班。我们按俄罗斯的规定，提前两个小时到达莫斯科2号机场，在机场接受了一系列慢吞吞的安全检查。我们在俄罗斯对此都已经习以为常了。最终，我们按时登上飞机。但是，另一场漫长的等待开始了，一直在客舱里坐等到傍晚七点半，飞机才终于启动了。

飞机到了起飞时间不起飞，更要命的是不给任何解释，让所有乘客在飞机上就那么傻乎乎地坐着，一坐竟然就是两个多小时。这种情况在我们看来很荒谬，你总

圣彼得堡机场和所有俄罗斯机场一样，不给旅客提供免费行李车。据说现在有所改善。

■ 我们采访组的行李比较多，每次进出机场都很犯愁。抵达圣彼得堡机场后，因为没有行李车，我们只好临时"征用"了一辆拉货的小车。

该给乘客一个解释吧？中国的航空公司虽然也有这种情形，但总会给一个解释，不管是真话还是假话。

　　不要以为这是偶然情况，飞机起飞误点在俄罗斯民航业是一种常态。我们在俄罗斯国内一共乘坐了四次飞机，次次晚点。每次都没有人向乘客作出任何解释，好像根本无须解释。奇怪的是也没有乘客去要求解释，他们好像对此习以为常了，没有一丝躁动，平静地坐在那里等着，或者看书，或者闭目养神。开始我还纳闷，俄罗斯人怎么就没有维权意识呢？怎么就不生气呢？后来我反问自己，如果长年累月总遇到这种事情，我还会生气吗？俄罗斯人长久以来在这种拖沓、怠慢中生活，早已养成了逆来顺受的习惯。他们从苏联一直等到俄罗斯，似乎一生都在等待。

　　不仅航班不正点，而且民用机场的设施也很陈旧，为旅客服务的意识很不够。说出来中国人可能不相信，在莫斯科和圣彼得堡机场里，居然不提供旅客使用的手推行李车，大家只能凭自己的力气，大包小包扛着、提着进出机场。好在俄罗斯的机场候机楼面积都不大，要是像北京首都机场三号航站楼那么大，非把旅客累倒在途中不可。要说找不到手推车，也不是绝对没有，偶尔也能看到一两辆，不过对不起，那是有人把守的，是要收取服务费的。我没想到在机场里也有"黑车"，送一件行李箱进机场，他们要向旅客收取200卢布，折合人民币四五十元！我们因为摄像设备多，每次都有十几个大箱子，用他们的手推车送一趟，就要花掉四五百元人民币，真心疼啊！我也弄不清楚这些掌控"黑行李车"的是何许人也，反正他们进出机场十分自由，一看便知与机场的关系非同一般。有一次我们抵达圣彼得堡机场后，甚至连一辆"黑行李车"都找不到，一大堆设备和行李无法运出机场。情急之下，我们在机场里找到了一辆工作人员用来运机器设备的工具车，总算把行李从机场里拉了出来。奇怪的是，我们擅自动用俄罗斯的"国家财产"，也没有人过问。

机场不为旅客免费提供行李车，这在世界上恐怕是少有的。话说回来，如果机场提供免费行李车的话，那些牟取暴利的黑车岂不活不下去了？那么机场管理人员岂不少了许多外快？这大概就是俄罗斯的"潜规则"吧！

另外，俄罗斯机场工作人员的效率低也是出了名的，检查一个乘客，起码要10分钟至15分钟，慢并不是因为安检严格，而是安检人员动作慢，他们个个慢条斯理，对旅客一副爱答不理冷若冰霜的样子。查验一个身份证件，要花上好几分钟。反正俄罗斯人排队已经成为习惯，旅客们也不着急，每一个安检口都排着长龙。每次过安检时，我们不仅要将身上的杂物全部掏出来，而且要把腰带、鞋子等全部脱下来，放在一个大塑料盒子里，然后自己端到安全检查仪器上送检。我们的摄像机都要打开镜头盖检查，如果遇到那位安检人员心情好，他还会要求我们用摄像机拍上一段画面，证明我们拿的是真家伙。别认为这是工作细致认真，其实是在"磨洋工"。

行贿受贿"蔚然成风"

俄罗斯的政府部门和垄断行业，不仅服务质量不高，而且行贿受贿成风。一位俄罗斯朋友告诉我，在他们国家，他敢保证每一个俄罗斯人都行过贿。因为在俄罗斯办许多事情，不行贿根本就办不成。比如办驾驶执照等各类证件、办企业各种手续、办出入境各种签证，如果当事人不塞钱，根本不可能按时办妥，逼得民众不得不行贿，这已经成为一种普遍的风气。说起这些，俄罗斯人个个义愤填膺，却又无可

触摸俄罗斯

奈何。

　　说起行贿，我们在俄罗斯也不能脱俗，我就亲历了两次，真的"行之有效"。一次是在莫斯科机场，我们采访组返回中国时，为我们送行的朋友向俄罗斯海关和机场工作人员行贿，据说这是很正常的，是"必须的行贿"。听听这词儿，"必须的行贿"。因为我们回国时，每个人都买了几幅俄罗斯的油画。俄罗斯油画很美，价格又比较便宜，是许多中国人青睐的"俄罗斯特产"。当时购买油画时，我们都按照俄罗斯的相关规定，获得了文化部门发给的证明文件，证明此油画"非俄罗斯文物，可以出境"。按理机场海关应该正常放行，但你如果这么想就太天真了，俄罗斯海关人员可不是这样思考问题的。他们什么证明也不看，只要是油画，哪怕是一张印刷品也一律扣下，理由是"俄罗斯文物不许出境"。如果你还"一根筋"跟他们去讲理，对不起，没有人会理睬你，你只能欲哭无泪。当然，如果你出具有效证明也可以放行，但这种有效证明必须是现金，最好是美金。我们当时给了大约200多美金，俄罗斯国际机场的海关人员非常自然地将钱往口袋里一塞，马上态度热情、效率很高地为我们办理了出境手续，并且优先托送了我们的行李，然后跟我们热情握手话别。

　　还有一次，是我们从圣彼得堡返回莫斯科，我们的车队到机场来接机。当我们坐上车刚刚驶出机场，领头车就被路边一名警察截住了。开车的俄罗斯司机立即下车，跑到警察跟前，说了几句话，接着将几张钞票塞给警察，然后两人乐呵呵地挥手告别。司机回到车上，我问怎么回事，他说：我忘记系安全带了。我问怎么处罚？司机说：给钱就行了。我好不奇怪：你怎么公开行贿警察？旁边这么多人都看见了。司机说：看见了有什么关系？大家都这样做，公开的秘密。他还告诉我：在莫斯科如果驾车轻微违章，都是给警察塞钱了事，这是规矩。如果你不用这种方式解决问题，要公事公办也可以，那你就惨了，要到警察局去处理，一拖就会拖很长时间，只有傻子才会那样做。

　　这就是俄罗斯，但凡有些权力的部门，据说都是这个样子，行贿办事，大家方便。我经历了多次"必须的行贿"，后来也觉得习惯了。指责这些海关、警察人员又有什么用处呢？他们无非是按潜规则办事，社会风气使然。

　　像俄罗斯这种服务态度、这种行贿受贿现象，其实我们也不陌生，中国在20世纪末不也是如此吗？差别只是程度轻重而已。相比之下，中国这些年在商业上、在执法上、在人性化服务上的进步，确实要比俄罗斯明显许多。最重要的是，中国市场经济的规则比俄罗斯健全，服务业在竞争之中发展，谁也不敢贸然得罪消费者。

俄罗斯人的个人修养

前面说了那么多俄罗斯社会的不尽如人意之处，但有一点我们不得不称赞，那就是绝大多数俄罗斯人的个人修养。我们在俄罗斯工作的30多天时间里，绝大部分俄罗斯人表现出来的良好的个人修养，自觉的社会公德意识，给我们留下了很好的印象。

比如酒后驾车，这是国内经常出现的现象，严重到了公安部必须开展全国专项打击的程度，尽管如此，许多人依然如故。一年前交警部门在广州开展夜查时，警察居然一个夜晚抓到1000多名酒后驾车的司机! 简直令人毛骨悚然! 那不等于广州夜晚的大街如同"凶手"恣意横行的场所吗? 1000多个"马路杀手"在大街上穿行，这是一种多么恐怖的情形! 我敢肯定，广州这种情况在我国所有大中城市里都存在。

而在俄罗斯，虽然这是一个世界闻名的酗酒国家，"酒鬼"众多，民众喝酒的比率比中国高出许多。但跟中国不一样的是，只要沾了酒，俄罗斯人一定会改坐地铁或者出租车。我曾经问过好几个给我们开车的俄罗斯司机，有没有酒后驾车的经历，他们都非常愕然地看着我说：这怎么可能? 这是不可能的事情! 我故意说：少喝一点，警察也发现不了的。他们听了都直摇头：不行不行，绝对不行，你的想法很可怕! 不酒后驾车，在俄罗斯不仅仅是一个守法的问题，也是公民的一种自觉意识。要知道，俄罗斯家庭的汽车拥有量，远远比中国高，加上这个民族天生爱喝酒，如果没有这种自觉的公民意识，那后果将不堪设想。

说到公民素养，我再举个例子。在俄罗斯开车问路，你不用担心俄罗斯人不理你或者不热情，反而有时会热情得让人受不了。常常遇到这种情况，我们在问路时，站在路边上素不相识的俄罗斯人，会专门从车辆右侧绕到驾驶员一边，热情地给你指路，反复说明路线，末了还会来一句：你真的明白了? 你真的不需要我了吗? 有时还会出现更有趣的情况：向一个俄罗斯人问路，他自己不知道，他就会热情地帮我们去找另一个俄罗斯人问路，直到帮我们把路线搞清楚为止。

俄罗斯人普遍很热情，也很有修养。如果在大街上问路，都会得到热情的回应。我们在叶卡捷琳堡采访时曾经多次迷路，每次停车问路，总有人热情相助，这位俄罗斯姑娘正给我们指点迷津。

在地铁或者公交电车上，我们多次看到这种情形：一位妇女刚上车，四周会有七八位男士一同站起来让座，然后这位女士很坦然地挑一个离自己最近的座位坐下，回头向让座的男人点头致意。一个男人如果不给女士和孩子让座、让路，在公共场合对女士表现出不尊敬，在他们看来是一种很丢人很羞耻的行为。莫斯科、圣彼得堡在上下班高峰时，地铁、电车的拥挤程度跟北京、上海差不多，但绝对不可能出现北京、上海那种夺门而入、互相抢座的情形，更不会出现男人坐着女人站着的情况。如果真有这种情况发生，那男人大概是一个喝醉了的酒鬼。

一位女士如果到剧场听音乐会或者看演出，她几乎不用动手推门入内，旁边的男人都会主动给她开门、让路。刚到俄罗斯时，我们采访组的几位女士每每遇到这种"待遇"，还很不好意思，连连致谢，后来她们也变得很坦然了。我就提醒她们，可别养成了这些"毛病"，你们还想不想回北京啊？

俄罗斯就是这样一个处处充满矛盾的国家。它的许多物质生活细节十分落伍，它的许多公务人员显得懒散甚至贪婪，它的各级政府对民众也不够"以人为本"……但同时，俄罗斯人又十分善良和热情，优雅而有教养。这真应了俄罗斯一位

在莫斯科河畔，在救世主大教堂的对岸，耸立着彼得大帝和古罗马战舰的巨型雕像。这座雕像有60米高，彼得大帝站在高大的战舰上，默默地俯瞰着俄罗斯。

▌莫斯科红场上正在举行一个关于预防艾滋病的集会，参与集会的都是青年人。

哲人说过的一句话：俄罗斯民族是一个充满矛盾的民族，既文明又野蛮，既慷慨又贪婪……

　　彼得大帝在300年前开始了俄罗斯的改革之旅，那是用"鞭子抽打慢牛"式的严厉改革，才使俄罗斯艰难地走出了封建农奴社会，迅速融入欧洲文明，成为世界强国，只是这种历史进程并没有延续下来。今天，俄罗斯依然步履维艰，它依然是一个内部充满矛盾和焦虑的国家。彼得大帝现在唯一能够做的事情，就是站在莫斯科河上那艘铜铸的战舰上，默默地注视着今天的俄罗斯。

艺术俄罗斯

艺术是上帝对俄罗斯的特殊恩赐，它给这个经常显得有些鲁莽的民族，安装上了一颗温柔而浪漫的心脏。

俄罗斯是一个充满艺术气息的国度，如果要把俄罗斯历史上出现过的伟大作家、诗人、画家、音乐家、建筑艺术家们列出来的话，那将是一个很长很长的令人仰慕的名单。这张名单里，许多名字让中国人如雷贯耳：托尔斯泰、屠格涅夫、果戈理、契诃夫、普希金、舒宾、索尔仁尼琴、陀思妥耶夫斯基、莱蒙托夫、柴可夫斯基、格林卡、斯坦尼斯拉夫斯基、列宾、马雅可夫斯基、高尔基……他们像天上的星辰一样，密布在俄罗斯的夜空中如繁星点点。当下，尽管俄罗斯社会历尽动荡，市场经济和金钱主义对这个国家产生了巨大的冲击，然而在俄罗斯人的生活里，依然给艺术留出了很重要的席位。正是整个社会崇尚艺术，每个家庭热爱艺术，才让俄罗斯人在平凡而艰辛的生活中，找到自信和尊严。

我曾经感到迷惑，100多年来俄罗斯社会是全世界最动荡的国家之一，它的民众承受过的苦难无比深重，但为什么同样在这片物质生活并不富足的土地上，却孕育出人类最美丽的精神之果？这真是一件很神奇的事情。这个国家的民众曾经为生计苦苦挣扎、为精神苦闷而无路可寻，为什么却涌现了这么多辉煌的艺术？为什么全民对艺术能够保持经久不衰的热情和痴迷？这让人不能不去思考生活与艺术的关系。

我们在俄罗斯的一个月时间里，深切地感到，面对生活的不堪，俄罗斯人用两种办法来解脱自己：一个是酒精，一个是艺术。

俄罗斯油画

在我家中，现在挂着好几幅从俄罗斯带回来的油画。许多去过俄罗斯的中国人，都会带回几幅油画，这几乎成了去过俄罗斯的一种标志。

中国人对油画的喜爱其实并不普及，而在俄罗斯人的家中，一般都会挂几幅油画，就像中国人的家里挂年画一样普遍。即使走到俄罗斯一些十分偏僻的乡村，走进农庄老大妈的家中，都会看到墙上挂着油画，柜子上摆放着造型各异的艺术品。俄罗斯人喜爱油画的传统由来已久，这些年来在市场经济的影响下，油画作品的交易市场也越来越多，受到了许多外国旅游者的青睐。最近几年，俄罗斯油画开始在中国慢慢流行起来了，在北京就有好几家专门经营俄罗斯油画的画廊。与西方油画相比较，俄罗斯油画似乎更加符合中国人的审美习惯，尤其是它的风景画，风格写实，画面优美，笔触厚重。比如夏天的草原、秋日的白桦、冬季的雪景，都是中国人非常喜欢的景色。当然还有一个原因，就是俄罗斯油画价廉物美，价格比欧美油画作品便宜得多。如果在巴黎街头买一幅普通画家的小画，同样的价格，在莫斯科可以买到一幅小有名气画家的大画了。"价格洼地"，这是俄罗斯油画的另一个特征。

在俄罗斯，大大小小的油画市场遍布街头。其中油画作品数量最多、中国人去的最多的，就是莫斯科河边上著名的"河岸油画市场"。这个地方风景如画，河对岸矗立着高大的金顶建筑——闻名于世的"救世主大教堂"。在河边的码头上，彼得大帝的巨型雕像高高屹立在一艘古代战船上。

"河岸油画市场"分成两部分，露天市场和室内市场，每天都摆放着成千上万幅油画作品进行现场交易。交易方式也很有意思，一般都是画家本人在现场卖画，大部分是不太出名的画家，他们通常会带着自己近期创作的三四幅作品，在现场展示和出售。如果你看上了他的某幅作品，可以跟他讨价还价，通常先砍价三分之一甚至二分之一，然后买卖双方再慢慢议价。根据油画作者名气、油画大小规格、创作时间等因素，价格高的作品一般在1000至2000美金之间。知名度较高的画家作品，可以卖到4000至5000美金。而大部分油画，只需要200至300美金，甚至更低的价格就可以成交。

在这里的油画市场上转一转，真的会令人感叹，俄罗斯的画家真是太多了，从二十多岁的年轻人到七八十岁的老画家，一群一群画家在出售自己的作品。他们通常是夏季在俄罗斯各地写生，这是俄罗斯最美丽的时节，鲜花盛开，阳光灿烂，整个国家就像一个大花园。到了秋冬季节，画家们一般是在画室里工作，一年下来多产的画家可以画出十几幅作品，能够为自己创下一大笔收入，不仅可以养家糊口，还

可以大大改善生活条件，并为来年的外出创作积蓄资金。

俄罗斯的美术专业学院非常多，人才济济，最出名的莫过于圣彼得堡的列宾美术学院。每年，大量的美术创作人才从学校里走出来，他们和许多老画家一样，要靠自己的作品谋生。在苏联时代，画家们分散在国家的各个部门中，靠工资收入养活自己，虽然收入微薄但旱涝保收生活有靠。而如今，画家们要靠自己在市场上打拼。少数优秀的画家当然衣食无忧，赚得盆满钵满，但绝大部分不出名的画家们，只能靠自己在市场上低价卖画养活自己和家人。

像"河岸油画市场"这种交易市场，在俄罗斯属于档次比较低的艺术品市场，但并不意味着作品档次低。我曾经多次去过"河岸油画市场"，在那里经常可以看到令人眼前一亮的好作品，有一些颇有名气的画家的作品闪现其中。这些名画家在急需用钱时，也会把自己的作品拿到油画市场上出售，因为这里游客数量大，很容易出手变现。如果放在富丽堂皇的大画廊里出售，价格可能卖得高一些，但很长时间卖不出去。有一次，我在"河岸油画市场"上看到一幅非常吸引人的静物画，画中是五个放在餐桌上的苹果，画得十分生动传神，在众多的油画作品中显得十分抢眼。

一问作者，原来出自莫斯科一位很有名气的画家之手。一问价格，还是把我吓住了：5000美金！我掰着手指头一算，太贵了，相当于7000元人民币买一个苹果啊，这五个苹果对我来说实在太昂贵了。因为画家名气比较大，所以根本不跟你讲价，一分钱也不肯降。我在这幅油画前徘徊了好几圈，最后只好依依不舍地跟这五个诱人的苹果告别了。几天后，我又专程去"河岸油画市场"看望这"五个苹果"，它仍然静静地

挂在那里。回国前，我曾经拜托一位朋友抽空再去"河岸油画市场"看看那"五个苹果"，试试有没有机会低价买下来。后来这位朋友告诉我：那"五个苹果"已经不见了，不知落到了谁的手里，也许它已经来到了中国，因为"河岸油画市场"的顾客有三分之一是中国人。

说到中国人，他们是油画市场上最受欢迎的顾客。他们人数多，买的数量也大，常常一个人会买走五六幅。这些年，越来越多的中国旅游者出现在这里，甚至成了这里的主要顾客群。每当看到中国人出现，许多卖画的画家就会主动跟中国人招手，用中文说："你好！"

对于我们这些钱不多但颇有艺术兴趣的人来说，最好的选择是：买画去市场，看画去画廊。在莫斯科除了街头有许多出售美术作品的画廊之处，还有一些世界级的大博物馆、大画廊，在那里能够欣赏到许多世界级大画家的作品，其中不仅有俄罗斯的作品，也有许多文艺复兴时期意大利、法国、西班牙、德国大师的作品。比如莫斯科著名的特列季亚科夫画廊，这是俄罗斯人引为自豪的著名画廊之一，几乎收集了12世纪以来俄国美术史上的所有名作。在这里，可以看到列宾的名画《伊凡雷

帝杀子》、苏里科夫的《女贵族莫洛佐娃》、彼罗夫的《三套马车》、列维坦的《小白桦树林》和《金色的秋天》、希什金的《黑麦田》、谢罗夫的《少女和桃子》，等等。参观特列季亚科夫画廊绝对是艺术大餐，让人流连忘返。

　　在莫斯科，普希金造型艺术馆也是非常值得去参观的一座艺术宝库，该博物馆收藏着大量的欧洲艺术品，包括欧洲中世纪和文艺复兴时期的雕塑名作，以及古埃及艺术品原作和梵高、高更、毕加索、马蒂斯等欧洲艺术大师的油画。

艺术之都圣彼得堡

　　要说艺术气息，我总觉得圣彼得堡胜于莫斯科，它是俄罗斯文化与西方艺术美妙融合的地方。在涅瓦河两岸，在芬兰湾，处处可见精美的雕像和古代建筑。有伊丽莎白时代的巴洛克风格建筑，比如冬宫、皇村、缅希科夫宫、蒙普列吉尔宫（夏宫）、米哈伊尔宫等等。也有叶卡捷琳娜时代古典主义风格的建筑，像美术研究院大楼、喀山大教堂、喋血大教堂，等等。而在涅瓦河边最庞大的建筑群，就是彼得保罗要塞了，它是300年前彼得大帝亲自督工建设的。为了在北

　　圣彼得堡是一座充满艺术气息的城市。这座教堂名叫"喋血大教堂"，设计灵感来自于莫斯科红场上的"瓦西里大教堂"。历时24年建成。1881年，俄国历史上被称为"农奴解救者"的亚历山大二世沙皇被恐怖分子暗杀。为了纪念这位仁君，后人们就在他被害的地点，建造了这座辉煌的教堂。

方建立一个能够通向西方的新国都，同时能够防范瑞典人的入侵，彼得大帝亲自选址建造了这个巨大的要塞。后来，圣彼得堡整座城市就是在这个要塞的基础上慢慢扩建起来的。尽管彼得保罗要塞建成之后一次战斗也没有发生过，但它却在俄罗斯历史上扮演了重要角色，后来它成了沙俄时代最重要的政治监狱，关押过许多著名人物。它的第一个囚徒竟是一个皇太子，就是那个企图造反的彼得一世的儿子——阿列克谢，他命中注定不能活着离开这里。有一幅著名的油画，是俄罗斯油画大师尼尼盖创作的，叫"彼得一世审问王子阿列克谢"。后来，这里先后还关押过反对专制的"十二月党人"，还有作家陀思妥耶夫斯基、高尔基，还有孟什维克、布尔什维克的领导人，包括列宁的哥哥都曾经是这里的囚徒。在彼得保罗要塞里，有一座被称为俄罗斯最高的教堂——高耸入云的彼得保罗大教堂，它同时还是俄罗斯帝王的寝陵，彼得大帝、叶卡捷琳娜女皇、亚历山大一世等皇室显贵，死后都安葬在教堂内一个个大理石的棺椁内。在这里，我们还看到了20世纪初被布尔什维克处决的末代沙皇——尼古拉二世一家七口人的棺椁，他们的遗骨是前不久从叶卡捷琳堡运到这里下葬的。如今，这里的帝王陵寝也成了外国游客非常感兴趣的参观内容，终年游人络绎不绝。

在圣彼得堡，还有一个引人注目的露天艺术巨作，就是在涅瓦河畔的参政院广场上高高耸立的"青铜骑士像"：在一块重达1600吨的基石上，彼得大帝骑在一匹扬蹄直立的青铜大马之上，他的手臂伸向天空。这座著名的雕像是250多年前叶卡

圣彼得堡，俄罗斯的北方之都，彼得大帝带领俄罗斯走向强盛的地方，红色苏维埃诞生的地方，也是俄罗斯最具艺术气质的地方。从斯莫尔尼修道院的钟楼上俯瞰涅瓦河，历史仿佛仍然徘徊在18世纪。

| 1 | 3 |
| 2 | 4 |

彼得大帝的青铜骑士像位于涅瓦河南岸，由法国著名的雕塑家法尔科内在1782年完成，铜像的底座上面刻着"叶卡捷林娜二世纪念彼得大帝一世——于1782年8月"。 彼得大帝所骑的马代表俄罗斯，它双脚腾空，好像要冲破一切阻力勇往直前，在马蹄之下有一条被踩死的大蛇，它代表了一切阻碍彼得大帝改革的守旧势力。

大门外矗立着普希金雕像的圣彼得堡"俄罗斯博物馆"，也称"米哈依洛夫斯基宫"，以收藏大量俄罗斯艺术品而著称。

冬宫是昔日沙皇的宫殿，现在是世界上著名的博物馆，也称艾尔米塔什博物馆。它是18世纪中叶俄国巴洛克式建筑的杰出典范，与伦敦的大英博物馆、巴黎的卢浮宫、纽约的大都会艺术博物馆一起，称为世界四大博物馆。

夏宫，又称彼得宫，坐落在芬兰湾南岸的森林中，距离圣彼得堡29公里，始建于1714年，建筑豪华壮丽，被誉为"俄罗斯的凡尔赛"。

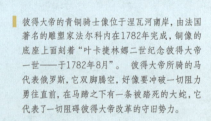

捷琳娜二世献给彼得大帝的，而作者是女皇亲自从法国请来的著名雕塑家法尔科内。法尔科内在创作这个巨型雕像时曾经说过："我的沙皇手中没有任何权杖，他把仁慈的手伸向天空，下面是被他走遍的俄罗斯国土。他正在攀登山岩的顶峰，而山岩就是这座雕像的基座，它象征着他战胜的困难。"普希金曾经被作品人物形象深深感动，写下了著名的长诗《青铜骑士》赞美彼得大帝："时而是院士，时而是英雄，时而是航海家，时而是木工，一位胸怀博大的帝王，一个一生一世的劳力！"如今，普希金的这首名诗，就镌刻在涅瓦河边的石碑上。

据说在圣彼得堡这座只有450万人口的城市里，居然有150多座艺术博物馆。其中有两座博物馆收藏的美术作品绝对是世界一流的，不走进去看一看绝对是一件憾事。一座是著名的冬宫博物馆（也称艾尔米塔什博物馆），另一座是俄罗斯博物馆（也称米哈伊洛夫宫）。

冬宫博物馆的艺术藏品来自全世界，据说有许多是彼得大帝征战欧洲时的战利品，也有"二战"中的战利品。这座昔日的沙皇宫殿共有5座大楼，收藏着300万件来自世界各地的艺术珍品，有油画、雕塑、瓷器等，琳琅满目，令人叹为观止。对于一位游客来说，要想看完冬宫博物馆里的藏品几乎是不可能的事情，因为博物馆有350个开放的展厅，总计行程约22公里！在这里可以看到欧洲几乎所有艺术大师的作品，包括达芬奇、米开朗琪罗、拉斐尔、鲁本斯、伦勃朗、雷诺阿、莫奈、梵高、马蒂斯和毕加索，等等。

列宾是19世纪后期伟大的俄罗斯批判现实主义绘画大师，他达到的高度是任何一个画家都无法与之比拟的。陈列在俄罗斯博物馆里的《伏尔加河上的纤夫》，是列宾的代表作也是他的成名作。

　　而旧称"米哈依洛夫斯基宫"的俄罗斯博物馆，同样是圣彼得堡给我们留下极深印象的地方。这里专门收藏俄罗斯本国艺术大师的作品，共有俄罗斯古代圣像、油画、雕塑作品31万6千多件，在这里，我们终于看到列宾的著名作品《伏尔加纤夫》。这幅以衣衫褴褛的伏尔加纤夫为表现主体的作品，据说当年刚一问世，就受到了政府高官和艺术学院院长的训斥，认为是对艺术的极大亵渎！有位部长直截了当对画家说："多一点爱国主义的精神，不要把破烂不堪的包脚布展示给外国人看！"然而权力无法评判艺术的价值，《伏尔加纤夫》成为了不朽之作。在这幅油画前，围了许多俄罗斯的中小学生，里三层外三层，由带队的美术老师给他们讲解作品。我们想走近去细细察看这幅名作，结果等了很长时间，也未能如愿。因为孩子们来了一批又一批，我们只好先给孩子们让出位置。我真羡慕这些俄罗斯的孩子，他们有大把的时间去观赏大把的世界名作。

　　俄罗斯博物馆里有许多著名的巨幅作品，有的作品巨大无比，占据了偌大展厅的一半墙壁。其中最令人震撼的，是布留洛夫创作的《庞贝城的末日》。据说当年这幅作品在欧洲巡展时，在意大利和法国造成了极大的轰动，人们成群结队前来观看。普希金、果戈理、莱蒙托夫等俄罗斯文学艺术家都给予了很高的评价，诗人巴拉丁斯基还为此专门写了一首诗："……庞贝城的末日，成为俄罗斯画坛的初日！"

行走在夏日里的圣彼得堡，不仅随处可见沙俄时代留下的数不清的街头雕塑，还随处可以看到喜欢绘画的人们，在树林里、公园中、街头或者河边到处都有写生的人。他们中有专业画家，更多的则是绘画业余爱好者。我们不得不感叹：俄罗斯人如此热爱大自然，对美丽的景象如此痴迷，难怪会产生众多的艺术大师。

在莫斯科的老阿尔巴特大街上，一到傍晚，各种各样五花八门的街头艺人会出现在游人面前，如果你想施舍一点钞票，他们的表演会更加热情。不过其中许多表演者并不是为了街头挣钱，而是为了展示。

芭蕾和戏剧

久仰俄罗斯芭蕾之名。俄罗斯最优秀的芭蕾舞剧目和剧团，大多诞生于圣彼得堡，可以说圣彼得堡是俄罗斯芭蕾艺术的摇篮。许多年长的中国人也许还记得一部非常有名的苏联电影——《列宁在十月》，其中有一段令人记忆深刻的片段，就是柴可夫斯基的名作《天鹅湖》中的"四只小天鹅"，在中国那个精神生活匮乏的年代，这短短几分钟的影片足以让人产生无穷的回味。影片里演出《天鹅湖》的地方，就是圣彼得堡最负盛名的剧院——马林斯基大剧院。

马林斯基大剧院是俄罗斯文化地标之一，建成于1860年，拥有当时世界上最大的舞台和观众席，俄罗斯许多重要的歌剧、芭蕾舞剧，都是在这里诞生的，为俄罗斯赢得了文化艺术大国的美誉。我们在圣彼得堡时，专门慕名去马林斯基大剧院看了一场芭蕾舞。门票需要提前预定，尽管我们提前了四天订票，也只能买到最差的五楼的座位。那天晚上，马林斯基大剧院演出的芭蕾舞折子戏组合，汇集了各个芭蕾舞经典剧目的片段，比如《睡美人》、《河流》等。这是马林斯基大剧院的一种演出形式，非常受观众的欢迎，尤其是慕名而来的外国人。

　　整个演出长达两个多小时，中间还休息了两次。参加演出的青年芭蕾舞演员的艺术造诣很高，基本功很扎实。男演员刚健雄壮，女演员柔美似水，展示了世界一流的芭蕾艺术水准。有种说法：芭蕾舞虽然源于意大利和法国，但将芭蕾舞推向艺术顶峰的是俄罗斯人。原因是俄罗斯人的人体比例最好，后备资源丰富，所以芭蕾舞人才辈出。有人曾经作过一个比喻：以人的身材条件而言，在中国1000个人中只有一个人适合跳芭蕾，在法国和意大利是100个人中有一个，而在俄罗斯10个人中就有一个。这种身材优越性谁也比不过俄罗斯。

　　给我印象深刻的不仅是演出，还有马林斯基大剧院的建筑。这个沙俄时代的古老剧院非常高大，剧场内部的观众席竟然有五层之高！在二层和三层的中部，还留有许多旧时代的包厢，过去是专给皇亲国戚和达官显贵享用的，现在是贵宾房，据说票价非常昂贵。我们坐在第五层，是剧院的最高层，票价虽然便宜，但居高临下感觉也很不一般。我平生第一次坐在距离地面二三十米高的位置上看戏，看到下面一层一层的观众，密密麻麻如同蚂蚁，让我这个有"恐高症"的人不免有些紧张，真害怕突然坠落下去！

　　俄罗斯人对艺术的崇尚，还表现在到剧场看戏的穿戴上。男人个个西装革履，女人个个盛装打扮，或者是晚礼服，或者是时装。在俄罗斯，到剧场看戏是一件非常重要的社交活动，每个人的穿戴都非常讲究。在冬季，据说许多俄罗斯女性都是准备两双鞋出门看戏，一双鞋穿在脚上，一双鞋拎在包里，等进了剧院后再换上包里那双漂亮的鞋子。因为冬天俄罗斯大街上的雪水比较多，女士们不愿意穿着沾有雪水的鞋子走进剧场。所以，在俄罗斯所有的剧院里，都设有很宽畅的更衣室和存衣室，让美丽的俄罗斯女性有更换和存放服装、鞋帽的足够空间。

　　俄罗斯除了芭蕾舞之外，俄式话剧也是他们极为喜欢的艺术品种，这一点从剧场的数量就可以看得出来。莫斯科和圣彼得堡是世界上拥有各种剧场最多的城市，各自都有两百多个大大小小的剧场。大的可以坐上千观众，小的只能坐几十位观众。其中最著名的莫过于"莫斯科小剧场"了，那里常年上演一些经典剧目，像契诃夫的《海鸥》、果戈里的《钦差大臣》等，一演就是上百年！许多俄罗斯人尽管对剧

触摸俄罗斯

无与伦比的俄罗斯芭蕾舞，演员在舞台上就像飞舞的燕子。

■ 马林斯基大剧院是俄罗斯的文化地标之一，诞生芭蕾舞"天鹅湖"的地方。

本倒背如流，但他们仍然兴致勃勃、津津有味地反复观看。当然，新创作的实验性话剧也非常多。我曾经听一位在北京工作的俄罗斯朋友说，他在俄罗斯时，每周至少要看一次话剧，他的许多朋友、亲属也都是这样，看话剧是俄罗斯人最重要的夜生活之一。他说，在中国什么都好，就是看不到俄罗斯话剧了，对他来说这是很难忍受的事情。

尽管20世纪90年代俄罗斯经历了社会动荡，社会价值观不再是"大一统"了，出现了多样化的趋势，但这些变化并没有影响人们对戏剧艺术的热爱。当夜幕降临，人们依旧是穿戴整齐，精心打扮，拥向大大小小的剧院。我感到惊奇的是，一个城市每晚有两百多家剧院同时演出两百多场话剧，而且上座率均在七八成以上，这需要有多少剧本、多少演员、多少观众？！

"没有戏剧无法生活。"这是一句俄罗斯名言，真实反映了俄罗斯人对戏剧、对艺术的态度。

我们在圣彼得堡青年剧院采访时，正好他们在重演一个经典剧目《冬天的故事》，我们看到剧院里人头攒动，座无虚席。演出结束后我们问一位观众为什么对一出老戏还如此迷恋？他的回答让我们意外："这有什么，我看经典剧目《萨德侯爵》，一共看了28遍，每看一遍都有新的发现，获得新的思考。"

圣彼得堡青年剧院的著名男演员巴尔科夫斯基对我们说：戏剧不是在表现人和社会的疾病，而是进行治疗，最好的治疗方式就是幽默。这也许正是俄罗斯民众尽管上百年来经历无数劫难，却始终热爱话剧的原因之一吧！

我们在圣彼得堡时，还曾经采访过著名的圣彼得堡小剧院的导演列夫·多金，他是剧院的灵魂人物，既是剧院的管理者、经营者，也是导演。当天，这个剧院正在排练一出新戏，舞台设计得非常奇怪，看上去像是一个斜坡，内高外低。列夫·多金告诉我们：这是一个住宅楼的顶层，演员们是在房子顶上表演，表演的内容是人物内心压抑，他们想逃避到另外一个空间，想要追求幸福，所以他们选择走上屋顶，而不是待在拥挤的房间里。

列夫·多金和许多俄罗斯人一样，身上有一种天生的戏剧基因，视艺术如生命。他说："人类对戏剧的喜爱是天生的，因为戏剧是一种古老的艺术，当人类刚刚开始直立行走，每当狩猎成功归来，就马上重演当时狩猎的情景，这就是最初的戏剧，这种人类的需求在俄罗斯人身上表现尤为强烈。"同时他还坚定地认为艺术是跨越国度的心灵语言，他说："我们太关注自己和别人的不同之处，却没有发现我们和别人是如此相似。戏剧中的每一个重要情节，不可能让巴黎的观众流泪，而让首尔的观众发笑。因为人的痛苦、煎熬、快乐都是一样的，戏剧是最好的世界语言。很遗憾，我们的剧团还没有去过中国。"

在彼得堡小剧院，我发现了一个世界纪录。列夫·多金导演的话剧《兄弟姐妹》，这也是列夫·多金在欧洲戏剧舞台的成名作，这场话剧需要演出长达七个小时！列夫·多金对我们说，他非常想把《兄弟姐妹》带到中国去演出："这出戏要演七个小时，而中国的观众就坐在地板上，观看七个小时甚至十个小时。在这个漫长的过程中，观众就会明白舞台上人物的命运发生了什么，这个世界发生了什么，观众自己的内心世界又发生了什么。"但我无法想象，如果让中国观众花上整整一天，或者整整一夜去看一场话剧，体验一次内心的变化，他们会发生什么变化？

一个小女孩在莫斯科柴可夫斯基音乐学院大门前飞跑而过。

在俄罗斯的话剧舞台上还有一个记录，是列宁时代的苏维埃政权创造的。1920年十月革命纪念日这一天，在圣彼得堡的皇宫广场上举行了《占领冬宫》的戏剧演出。参加演出的人数有6000人之多！除了专业演员之外，还有士兵、水手、工人和青年学生。而前来观看的人达到了6万多人！演出是由"阿芙乐尔"巡洋舰一声炮响拉开帷幕，随着剧情的推进，演出从皇宫广场的舞台上，一直演到了冬宫里面。最后，宫殿被占领，上空飘起了红旗，奏响了《国际歌》，演出至此结束。这种壮观的戏剧场面，真是前无古人后无来者，也只有俄罗斯这个有着深厚戏剧传统的国家，才会发生这种奇迹。

我们在莫斯科认识了一位在当地生活了十几年的中国人，曾经是总政话剧团的一位优秀演员，当年因为迷恋斯坦尼斯拉夫斯基表演理论，居然辞去公职，远涉莫斯科戏剧学院留学。十几年过去了，因为语言关系，他一直没有机会在俄罗斯登台演出，事实上一个中国人根本无法在俄罗斯从事戏剧表演。但他一直没有回国，如今在莫斯科经营一家从事中俄文化交流的公司，国内有好几部在俄罗斯拍摄的电影和电视剧，其中如《红樱桃》，都是在他帮助下完成的，他自己甚至在有的电视剧中还扮演过角色。他对我说："之所以一直没有下决心回国，一个重要的原因，就是舍不得俄罗斯话剧。"我觉得他说得很真诚。

还有一点我认为应该强调说明，俄罗斯的话剧艺术是精湛的，但票价却极其低廉。大部分的话剧票价只相当人民币十几元或者几十元钱，甚至还经常有免费话剧可看。我们前面说的那家圣彼得堡青年剧院，就是一家提供免费话剧的剧院。这与中国相比，我们的城市里艺术剧场少得可怜，而票价却贵得惊人，足以让普通人望而却步。在北京和上海这两个艺术演出活动还算多的城市，一场稍有规模的演出，票价动辄成百上千元！这起码说明了一点，在中国观看戏剧演出是一种奢侈的艺术享受，在俄罗斯则是大众艺术消费，这是一个很大的区别。

向艺术家致敬

在俄罗斯，明显感到艺术家们普遍受到民众的尊敬。

在许多公共场合，地铁、街头、公园、剧场、电影院里，到处可以看到已故的许多艺术家的雕像，这些雕像最早有沙俄时代的，也有苏联时代的。

在莫斯科的柴可夫斯基音乐学院的大门口，矗立着柴可夫斯基神采飞扬的全身塑像。在莫斯科的马雅可夫斯基地铁站广场上，永远矗立着这位诗人高大的身影。在俄罗斯国家模范小剧院入口处，有俄罗斯剧作家奥斯特洛夫斯基的铜像。在莫斯科的特列季亚科夫画廊门前，有这位伟大的艺术收藏家的半身塑像。在圣彼得堡的俄罗斯博物馆前，是普希金的青铜雕像……这仅仅是我看到的很少一部分。

俄罗斯有一位很出名的"流行歌后"，名叫阿拉·布加乔娃，她今年已经60多岁

▎冬宫里的珍品之一：米开朗基罗的雕塑《蜷缩成一团的小男孩》。

艺术俄罗斯

了。她的歌声从苏联时代到今日俄罗斯，已经风靡了几十年。她演唱的《百万朵玫瑰》等歌曲，在俄罗斯几乎人人会唱，就像中国人大多会唱邓丽君的"小城故事"、"甜蜜蜜"一样。她被誉为俄罗斯流行歌坛的"长青树"，几年前才刚刚退出舞台。在俄罗斯，从普通民众到国家领导人，都对布加乔娃十分尊敬。2004年俄罗斯权威的"全俄社会舆论研究中心"做的题为"俄罗斯人眼中的精英"的问卷调查中，布加乔娃的排名仅次于普京，排名第二。有一次叶利钦总统把布加乔娃请到克里姆林宫，专门给她授勋，席间他还给布加乔娃讲了一个苏联勃列日涅夫执政时期的政治笑话：两个苏联人在一起，一个人问："你知道勃列日涅夫是谁吗？"另一个回答："当然知道，他是布加乔娃时代的一个政治人物。"

前不久，布加乔娃过生日时，普京还专门给布加乔娃打手机，祝她生日快乐。俄罗

皇村是圣彼得堡西南郊著名的皇家园林，所有建筑都呈现出鲜明的巴洛克风格。叶卡捷琳娜宫曾经在"二战"中毁于德军铁蹄，经过数十年的修复，如今已经面目如初，宫中有闻名于世的神秘的"琥珀宫"。

斯的艺术家十分受到民众尊敬的一个重要原因，是他们人格和艺术创作的独立性，他们总是非常注意保护这种独立性，避免跟政治走得太近，避免被权力矮化。

尊敬艺术家这种传统风气，对俄罗斯许多学校、家庭和孩子也产生了影响。许多家庭都会让孩子学一些艺术方面的特长，比如绘画、音乐、戏剧，等等。在中小学校的课程中，有大量与艺术相关的课程，即使在考试竞争日益激烈的中学高年级，艺术课程也没有被削减。学校里会经常组织开展艺术演出活动，几乎每个班级都会排练各自创作的小话剧、音乐剧等，有时家长也会被邀请来参加演出。所以，许多俄罗斯孩子都喜爱表演，都有一两项拿手的艺术特长。

在圣彼得堡我们去探访过一个普通的家庭，父亲亚历山大是圣彼得堡国立宗教历史博物馆的科研人员，母亲则供职于当地的一所中学，一家人的收入在当地属于中下等水平。但是他们和许多俄罗斯家庭一样，尽可能培养孩子对艺术的兴趣。

亚历山大一家人挤在圣彼得堡市中心一幢很陈旧的楼房里，这是沙皇时代的建筑，已经有一百年历史了。家里的空间十分狭小，只有40多平方米，而且光线也很差，白天都要打开电灯，但这样的生活条件丝毫不影响他们一家人对艺术的喜爱。他们的女儿克谢妮亚今年已经17岁，擅长吹长笛，尽管现在正在师范学校读英语专业，但是对音乐的兴趣一直不减，她是学校管乐队的成员。儿子安德列今年13岁，读中学，喜欢俄罗斯的民族乐器三角琴。

母亲斯维特兰娜对我们说：我们的生活并不宽裕，现在一公斤肉和一个月的学费价格是一样的，每次我们都会认真地考虑把钱花在哪里。

父亲亚历山大说：每个家庭都会有自己的规划，把什么放在第一位，我们觉得对孩子们的教育是最重要的，而音乐是教育的一部分。对我们家来说，没有音乐就像没有维他命一样，音乐能够使人修身养性，达到身心和谐。

这些俄罗斯家庭对艺术的迷恋，完全是发自内心的，他们把艺术修养上升到了人生境界这个高度。他们对孩子的艺术教育不带有明显的功利色彩，他们也不奢望孩子们将来成为一位出色的艺术家，也没有像中国这样：孩子们可以通过艺术特长为考试加分，成为入学的敲门砖，一旦目的达到就扔掉了。俄罗斯人让孩子提高艺术修养，只有一个纯粹的目的，让孩子生活得更加充实和幸福。

俄罗斯人从漫长的艰难岁月中体味到，还有什么比失去艺术更让人无望呢？

艺术俄罗斯

"温柔"的涅日诺娃

托尔斯泰曾经说过，乡村是俄罗斯的灵魂。因为俄罗斯的乡村保存着俄罗斯最传统的生活方式和文化。即使经历了当年强制推行的"集体化运动"，改变了俄罗斯乡村的组织结构，但现在俄罗斯乡村仍然保留着许多传统的东西。为了更加深入地了解今天俄罗斯人的生活境况，我们特意安排了一次乡村之行，走进俄罗斯原野的深处，走进乡村去看一看。

▌被鲜花覆盖的美不胜收的俄罗斯乡村，常常让我们久久驻足，流连忘返。

美不胜收的俄罗斯乡村

当你来到俄罗斯的乡村，或者在飞机上俯瞰俄罗斯的大地时，才会真正明白什么叫"原野"。这里有世界上面积最大的东欧平原、西西伯利亚平原，一马平川，一望无际，甚至连一个小山包都没有。跟他们比起来，我们国家的华北平原、长江中下游平原不过是两块斑秃的小平地而已。

俄罗斯农村与中国的农村相比，很不一样，村落极为稀疏，有时候开车走上几百公里，穿过一片片从未开垦过的原始森林，才能偶尔在密林深处看到几户、十几户人家。所以要想走进俄罗斯的乡村，走进俄罗斯的农家，必须有长途跋涉的心理准备。

我们要去的地方，是一个位于圣彼得堡西南约150公里的乡村小镇，这恐怕是离圣彼得堡最近的乡村小镇之一。这个小镇的俄语名叫"涅日诺娃"，翻译过来就是"温柔"的意思。不过它确实是名副其实的温柔之乡，因为这里的女人比男人多出一倍还多。后来我们才知道，从这一点来说，俄罗斯的所有乡村都跟涅日诺娃一样的"温柔"。

在去涅日诺娃的路上，我们领略到了俄罗斯乡村令人陶醉的美丽。在一望无际的从未开垦的土地上，茂密的绿草如波浪翻滚，五彩的鲜花一直开到天边，在这广袤无际的空间里，只有阳光、蓝天、森林、鲜花和大地，它们是如此的壮丽，又如此

夏日里美丽的蒲公英。

的宁静，摄人心魄，我们好几次情不自禁地停下车来，傻傻地坐在公路边上观望。

在原野上，有一股鲜花和植物特有的清香扑鼻而来。在这个比较短暂的夏季里，俄罗斯的乡村几乎就是一个大花园，处处开满鲜花。想起在国内时，每年3月份油菜花盛开的时候，许多城里人专门赶到江西婺源、云南等地，欣赏漫山遍野人工种植的油菜花，多不容易啊！而俄罗斯在整个夏秋季节，大自然把它的全部美丽铺天盖地向人们倾情奉献，让你一次看个够！

怪不得俄罗斯人如此热爱乡村，如此珍惜大自然，几乎每家城里人都会在乡村有一处简易别墅，每到夏季都会举家到乡村度假，全家人安静地享受着大自然恩赐的美妙夏天。有时候，他们在乡村一住就是一两个月，完全把工作抛到脑后。你如果想在这个时候找他们谈工作，你可能根本联系不到他们，手机停用，人影消失，因为许多俄罗斯人这时候都已经进入"夏眠"状态。这种传统，从沙皇时代、苏联时代一直到今天，始终保持着。尽管大部分的"乡村别墅"在中国人看来，充其量不过是一个简陋的木板房而已，但它足以带给俄罗斯人一个美妙的夏季。

走进"温柔之乡"

当我们到达"温柔"镇时，才发现这个镇其实就是一个比较大的村落，有近百户人家，这在俄罗斯已经是一个规模很大的村子了。这个村子基础设施还比较落后，泥泞的道路显然很长时间没有进行过修整。村子里显得十分冷清，一眼望去看不到什么人。俄罗斯的农村人口很少，据说大部分村子都是这副冷清的样子。我们走进这个村子时，看到许多房子不仅是空闲的，而且已经荒废了，门窗都已经松落了。

这座飘扬着俄罗斯国旗的砖瓦房，是涅日诺娃镇上最好的一座房子，它是涅日诺娃镇政府的所在地，中间这位妇女是涅日诺娃镇的民选镇长。俄罗斯上至总统下至乡村的镇长，全部由民选产生。

在"温柔"镇，有一幢房子挂着俄罗斯国旗，这就是我们首先要找的"温柔"镇行政长官的"官邸"了。俄罗斯乡村的管理，现在实行的是乡村自治，村长、镇长都是村民直选产生，定期选举。"温柔"镇的镇长是一名40岁左右的妇女，很热情地接待了我们。她说：很少有外国记者对俄罗斯乡村感兴趣，我们是她接待的第一批来自中国的记者。

我们深入到俄罗斯乡村，是为了拍摄一期关于"俄罗斯人口"的专题节目。因为俄罗斯人口连年骤降，成为了一个严重的社会问题，威胁着国家安全。而这个社会问题在乡村表现尤其明显，人口、生产处在负增长中，有人用了一个词儿来形容它——"荒芜的乡村"。尽管俄罗斯乡村景色美丽，但人迹稀少，我们想了解是什么原因导致俄罗斯乡村人口下降。俄罗斯有一个触目惊心的数字：男性平均寿命只有59岁，而在乡村男性不仅寿命更短，而且数量更少，男女比例严重失调。

在俄罗斯，"男人寿命短"是一个十分流行的话题，大家都觉得这是一个很无奈、很叫人苦恼的现实问题。普京曾经在国家杜马演讲时感慨地说：俄罗斯男人的平均寿命居然达不到60岁，这是俄罗斯的耻辱！梅德韦杰夫总统也在国内公开批评："这是一个极为严峻和尖锐的问题，尤其是对于我们国家而言。坦率地说，酗酒在我国已成了民族灾难。"梅德韦杰夫总统一上任，首先关心的就是俄罗斯的人口问题，首先批评的就是与人口下降有直接关系的国民酗酒恶习。

俄罗斯男人为什么寿命短，原因有多种，比较主流的看法认为，主要是生活方式不健康所致。比如酗酒、吸毒等。当然也有人认为是工作压力太大，过于纵欲。不过我不太同意后一种看法，男性工作压力大是全球性问题，日本和中国男人也是不堪重负，但并没有因此出现寿命明显下降的现象。

俄罗斯男人寿命短，肯定跟他们的生活方式有直接关系。我们曾经在莫斯科、圣彼得堡的街头和地铁里多次看到东倒西歪的醉汉，他们都喝到完全不省人事的地步，倒地就睡，不管是在马路上，还是在地铁车厢里。行人就在他们身边走过，人人都是一副视而不见习以为常的表情。尤其到了夏天，这种醉汉现象更是比比皆是。我有一次在莫斯科住处附近，还看到两位男性喝醉之后，坐在人行道上做出了高难度的"造型"。一位男性躬着身体躺在桌子底下，另一位屁股还坐在凳子上，上半身竟然朝后仰着，脑袋都垂挂到了地上！人居然能够喝醉到这种状态，展示出如此壮观的醉态，真让我大开眼界！同行的俄罗斯朋友对此就像根本没看见一样，也许他们见得太多了。

这一次到了乡村，我看到的现象更是触目惊心。我们在涅日诺娃分别去了4个村子，在每一个村子里，我们都接触了不少人，但基本上见不到男人。开始我们以为村里的男人干活去了，后

这两位妇女是一对母女，是这幢四周开满鲜花的房子的主人。她们一直住在涅日诺娃，她们的丈夫都先后走进了坟墓。

来才知道村子里只有很少的男人，他们是"稀有品种"。走了4个村子，我们一共只见到了3个成年男人，而且全部都是走路东摇西晃的醉汉！我们当时很震惊，我们去的时间是上午和中午，大白天就喝成这样，太让人不可思议了！"温柔"镇的女镇长告诉我们，这些酗酒者，早上醒来第一件事就是喝酒，他们不是哪一天喝多了，而是天天喝多！言谈之间，女镇长流露出很不齿的表情。

我走到这几位酗酒者跟前，跟他们简单交谈过。他们还没有达到酩酊大醉完全失去意识的状态，也能跟你交谈几句，但他们的身体一直在摇晃，意识是模糊的，思维也不连贯。他们身上散发着伏特加特有的刺鼻气味，脸上的每一块皮肤都布满了红血丝，眼睛发直，目光呆滞，嘴唇耷拉着、颤抖着……很明显，他们处于一种中毒状态，这是日积月累长时间酗酒的后果。这几个醉汉看上去挺可怜的，他们在家里招人烦，只好在村子里漫无目的地四处游荡，倒地就睡。到了冬天，很可能倒在村子里的某个地方，就被活活冻死了！俄罗斯每年冬天这样被冻死的酗酒者不计其数。

男人都是这么一种状况，怎么能指望出生率上升呢？我也不好意思多跟这几位摇晃的醉汉交谈太多，女镇长显然不乐意我跟他们接触，觉得很丢人。她甚至于还跟我开玩笑说："你喜欢这些男人吗？你就把他们都带回中国吧，免费给你们，哈哈。"

我说："真的？"

女镇长笑呵呵地说："当然，不过你们要留下一个中国男人来，不然我们就没有男人了。"

有趣的是，这些酗酒的男人还非常乐于跟我们搭讪。在女镇长的办公室门口，有位看上去六七十岁的醉汉，握住我的手自我介绍，他是一位老共产党员，过去就在这里办公，说着还把手指向镇政府办公室。他还说：非常喜欢毛泽东，现在俄罗斯人已经没有信仰了，所以没有前途了，中国有信仰所以发展比俄罗斯好。尽管一副醉态、目光游离，但话语滔滔不绝。不过，他对中国的印象起码还停留在二三十年前。

在另外一个村子我们遇到过一名年轻些的醉汉，五十岁左右，他原先是一位出色的建筑工人，手艺很好，村子里每家过冬取暖的炉子都是他帮助设计和建造的。

"温柔"的涅日诺娃

但他现在这副样子，很难再进行正常工作了。有时干上一天活儿，起码要醉上一个星期，所以村子里的人不再找他帮忙了。这个醉汉很热情地跟我说：我喜欢中国，我去过中国。我不信，村里一些大妈大婶围着我们说这个男人确实去过中国，他是见过世面的人。我问他去过中国什么地方，他居然用中文回答："四川！"再问他去四川干什么工作，他呜哩哇啦也说不清楚，翻译也翻不出来了。我问他："刚才我们和村民们一起在屋里喝茶聊天，您为什么不进来？"

他不吭声了。一位村里的俄罗斯老太太非常坦率："是我们不让他进去的，他给我们村子丢脸，一点男人样子都没有。"听着村里的妇女们数落自己，醉汉木然，只是傻笑，好像对邻居们的嘲弄早已习以为常了。

伏特加是俄罗斯的"上帝"

俄罗斯人经常拿酗酒者开涮。莫斯科有位朋友告诉我一个趣闻：在地铁里经常可以看到一景，有人酒瘾犯了，难以忍受，于是跟旁边两个素不相识的男人一嘀咕，于是三个素不相识的男人一起来到地铁站商店，每人凑上几十个卢布，买了一瓶伏特加。接着每人会从自己的公文包里拿出一个专用大酒杯，一瓶酒一分为三（一瓶伏特加正好分为三杯），三人一碰杯："祝您健康。"然后一口喝完，一抿嘴，再各自赶路。

在俄罗斯，到底有多少民众酗酒，谁都说不清楚。不过有一些数据是触目惊心的。俄官方公布，俄罗斯每年的死亡人口中，有30%与酗酒有直接关系。俄罗斯每年人均纯酒精消费量世界第一，达到了18升！世界卫生组织有一个标准，如果每年人均饮用纯酒精达8升，就达到了危险临界线，就将产生一系列严重后果，如疾病、伤残、新生儿缺陷等，俄罗斯远远超过了这个临界线。《消息报》曾报道，俄罗斯每年因为饮酒过度而死亡的人数高达50万至80万。

梅德韦杰夫总统说："酗酒具有民族悲剧的性质，每个人一年消费18升纯酒精，这完全可以让人丧失意志，这是人类对酒精承受能力正常水平的两倍，会对人的生命和健康造成极大的危害。"

谁也说不明白，俄罗斯民众为什么如此豪饮。俄罗斯有句名言："伏特加是俄

在圣彼得堡每年6月份有一个"红帆节"，几乎所有当年毕业的中学生都会聚集在涅瓦河畔狂欢狂饮，庆祝自己长大成人。

罗斯的上帝。"相传伏特加最早确实跟上帝有关系，它是修道院里的修道士们发明的，后来迅速在俄罗斯农民中盛行起来。当时私酿成风，伏特加的品质低劣，经常喝死人。后来沙皇指定著名的化学家门捷列夫改进伏特加的配制工艺，提高伏特加质量。从此，一种统一酒精度为40°的伏特加，在俄罗斯流行开来。俄罗斯知名作家波波夫说："在这个不那么完美的国家里，正是伏特加支撑着俄罗斯人民去面对生活中的种种挫折。"

俄罗斯民众对伏特加的依赖程度，让我们无法想象。据说在卫国战争中，当时物资极为匮乏，在那种情况下苏联国防部还明确规定：前线士兵每天每人可以获得100克伏特加，后方必须无条件保障供应。后来人们都戏称，苏联之所以能够打败纳粹德国，靠的就是这两样武器："喀秋莎"和"伏特加"。

酗酒给俄罗斯带来的灾难是不言而喻的，死亡率上升、人口质量和数量下降，效率低下等等。作家埃洛费耶夫说："俄罗斯每一个有一点点价值的人，每一个对国家有一点点用的人，都在像猪一般狂饮！"

事实上，历代俄罗斯领导者都曾想方设法医治这个民族顽症，沙皇时代、苏联时代和今天的俄罗斯，都出台过十分严厉的禁酒政策，最后全都成为了一张废纸。列宁曾经无比心痛地说："俄国之所以软弱，因为到处都是一批批的酒鬼！"戈尔巴乔夫当选苏共总书记之后，也曾经向伏特加开战，他关闭了许多伏特加酒厂，取缔了大部分酒馆，实行限额分配的伏特加专卖政策。一段时间后，却发现国内食糖短缺，民众都在抢购和储藏食糖，纷纷在家中私自酿酒。更可怕的是，有人开始饮用各种有害的可以致死的替代品，比如汽车制动液！当时还流行一个笑话：在一家大门紧闭的伏特加专卖商店门口，人们排着长队苦苦等着开门。有一个人实在忍受不了了，愤愤地说："我要去克里姆林宫杀了戈尔巴乔夫！"一个小时后，他回来了。人们问他："你杀了？"他回答说："妈的，那边排队的人比这里还多！"几年之后，戈尔巴乔夫不得不像许多前任一样，取消了禁酒令。

在俄罗斯，不仅民众豪饮，许多政治人物包括国家元首也是如此。像斯大林、勃列日涅夫、叶利钦等人，都因为酗酒的原因闹出过许多笑话，甚至耽误过国家大事。有一次叶利钦从华盛顿返回莫斯科，按计划中途在爱尔兰停留，并在机场与爱尔兰总理进行国事会谈。结果，专机在机场降落之后，爱尔兰总理苦等了半个小时也不见叶利钦下专机。最后，俄罗斯的一位副总理走下专机，解释说，总统"累倒了"，无法进行会谈。接着，专机又重新起飞了。实际上，当时叶利钦喝得酩酊大醉，已经瘫倒在专机上了。据说这种不可思议的事情在叶利钦身上就发生过好几次。

说起酗酒现象，俄罗斯还有一大特色：每个城市都有许多"醒酒站"。警察把那些倒在街头的醉汉（也有醉女）运到醒酒站里，为他们脱去浑身的脏衣服，提供暖和的床铺和被褥，让他们在醒酒站休息，直到酒醒后才放

在俄罗斯时常可见过度酗酒而醉倒街头的人们，这位中年男子显然喝多了，正在莫斯科闹市区的人行道上缓缓倒下。

他们回家。可别小看这些醒酒站，在俄罗斯人看来这可是天使设立的"救命站"，功德无量。因为俄罗斯的冬天十分寒冷漫长，同时又是醉汉们喝得最多的季节，对于那些在冰天雪地里喝得烂醉的俄罗斯人来说，醒酒站不仅可以让他们清醒，更是救命之处。所以，冬天是这些醒酒站最忙碌的时候，警察把一个个醉汉送进来，不知挽救了多少可能被冻死街头的人。

现在，虽然俄罗斯经济状况有了明显好转，民众的生活水平也提高了很多，但酗酒现象仍然很严重，尤其令人担忧的是酗酒人群正在快速地向青少年和女性人群中扩大。有天晚上我们在圣彼得堡目睹了一场盛大的酒宴，说盛大，是因为有好几万人同时豪饮！在圣彼得堡的6月20日，有一个非常有名的"红帆节"，有点像中国高中生毕业典礼，不过它是全彼得堡的高中毕业生汇集在一起，还有他们的家人和朋友，数以万计的年轻人汇集在著名的冬宫广场、海神广场上，汇集在涅瓦河畔，

这也许是全世界最盛大的"中学生毕业典礼"。在涅瓦河畔略带寒意的微风中，成千上万的中学生们一面看流行歌手的演出、看焰火、看漂亮的红帆船从涅瓦河上徐徐驶过，一面豪饮，几乎人人手握酒瓶，伏特加、啤酒瓶满街都是，很多年轻人都喝得醉醺醺的，一些女孩子最后是被同学和家人背走的。这些青少年绝大部分刚刚高中毕业，从这些孩子身上，你不难看到他们父辈的影子。

伏特加在消灭俄罗斯

酗酒，成瘾，短命，这是一个不可逆转的人生过程。这个过程在无数的俄罗斯人身上重复着，成为今天俄罗斯人口下降的一个重要原因。我们在俄罗斯时，也曾经开玩笑说，俄罗斯这么多美女，今后都要嫁给酗酒成性的男人，太可惜了。马上有俄罗斯姑娘接着说，我们俄罗斯姑娘愿意嫁给中国男人啊，不酗酒，不打老婆，还爱干家务，这样的男人在俄罗斯太少太少了！

关于俄罗斯男人爱打老婆一事，开始我不太相信，因为俄罗斯人自称是很尊重妇女的，在公共场合所有男人对女性都非常有礼貌、热情服务、彬彬有礼。我就奇怪，这些男人难道在外面是绅士，一回家就成了恶魔吗？俄罗斯朋友告诉我："你错了，尊重女性和打老婆是不矛盾的，俄罗斯人打老婆，体现的是一种爱，越爱越打老婆。如果一位俄罗斯姑娘嫁给一个男人，这个男人好几个星期或者好几个月不打她，她会很痛苦的，会觉得这个男人已经不爱她了。"我不知道这位朋友的话是调侃，还是当真。他还告诉我："我认识一位漂亮的莫斯科姑娘嫁给了一位德国人，过了几个月她哭着对德国丈夫说：你不爱我了吗？德国丈夫抱着她说：亲爱的，我很爱你啊！她说：那

"红帆节"之夜，涅瓦河畔烟火璀璨，河边到处是喝空的酒瓶。

你为什么从来不打我？从此，这位很有修养的德国男人也开始学习打老婆，这对跨国夫妻从此更加恩爱了。"

也许这只是一个笑话，但俄罗斯男人"打老婆"的确很出名，它其实是酗酒的一个"副产品"。俄罗斯广泛存在的"家庭暴力"，很大程度跟酗酒有关系。我听到过这样一个笑话：有一个丈夫酒后打了自己的妻子，妻子哭叫着问："你为什么要打我？"丈夫边打边回答说："如果我知道为什么的话，我就不打你了。"俄罗斯有一个谚语："老婆不是水罐，打她几下，也坏不了。"有一位驻莫斯科的西方外交官的妻子说：我家的俄罗斯佣人曾经问我，"你的丈夫怎么样？"当听说我丈夫并不酗酒，也不打老婆时，这个女佣直摇头，说："他不太像个男子汉。"

现在，俄罗斯女人眼中有两个"新好男人"代表，一个是普京，一个是梅德韦杰夫。这两个总统在俄罗斯男人中算是"另类"：梅德韦杰夫平时只喝少量的红葡萄酒，根本不碰伏特加，而普京也是滴酒不沾，这在俄罗斯领导人中十分罕见。俄罗斯人希望普京和梅德韦杰夫给俄罗斯男人树立一种新的榜样，给俄罗斯人带来一种新的健康的生活方式。

酗酒的直接后果，是死亡率上升，出生率下降，人口问题已经成为俄罗斯最大的国内问题。在俄罗斯，现在每10个人出生，就有15个人死亡，死亡率远远高于出生率。尽管俄罗斯是世界上面积最大的国家，但俄罗斯的人口却以每年70万至100万的速度减少，这一趋势已经持续了多年。根据世界银行的预测，俄罗斯人口在今后50年将减少30%。俄罗斯目前人口总数不足1.42亿，预计到2050年可能会减少到1.1亿。俄罗斯国内专家的估计更加悲观，他们预测至2050年，俄罗斯全国人口可能要下降到7700万！不管怎么预测，俄罗斯人口的急剧下降，已经让俄罗斯政府感到惊恐。他们想尽办法提升人口的出生率，其中一项重要措施，就是治理酗酒这个民族恶习。

完全把酗酒归为传统原因也很难有说服力，世界上许多国家的饮酒传统比俄罗斯更为悠久，比如中国，为什么没有发展成为民族灾难呢？酗酒成风一定还有更深层的社会原因，贫困和绝望，常常与酗酒紧密相连。酒有两个最主要的功用，就像中国人说的，借酒助兴，或者借酒浇愁。俄罗斯最近这200多年来，叫人高兴的事情不多，也许选择酒精是最好的解脱。

正像一句俄罗斯名言所说：不管谁来当政，俄罗斯人永远都是被伏特加劫持的人质。

男人太少 "温柔"太多

在今天的俄罗斯，乡村的发展远远落后于城市，人们精神苦闷，觉得生活在乡村已经看不到希望了。我在涅日诺娃看到，这里的农民收入或者退休金，勉强只能满足糊口之需。一个老集体农庄的农民，每月的退休金只有4000卢布至5000卢布，折合人民币1000多元。这跟莫斯科、圣彼得堡的城市居民的收入相比，差距巨大。要知道，俄罗斯的物价比中国要高三至五倍，与物价相对照，农民的收入就少得可怜了。这种经济收入状况，导致年老的农民在乡村艰难度日，中青年都远离乡村，到城里去工作了。俄罗斯的乡村正在迅速荒芜！

正像前面所说的，在俄罗斯的乡村还有一种现象很普遍，那就是每个村子都是女多男少，女人与男人的比例是3比1到4比1的样子。有好几个村子里，只剩下三四十位妇女，而成年男人一个都没有。

为什么会出现如此惊人的性别比例失调？"二战"中的大量牺牲是一个原因，但这毕竟是60多年前的事情了，许多国家的男女比例战后都慢慢恢复平衡了，比如日本。可是战后的俄罗斯这种趋势并没有扭转，其重要原因是出在男人的生活方式上，这又要说到酗酒等问题。

在涅日诺娃的几个村子里，我们看到无论是乡镇的管理，还是地里的农活、家中的劳务，这一切都是由女性担负的。如今俄罗斯的乡村里，如果没有了女人，大概50%以上的农田都会变成无人管理的荒野。由于这些勤劳的女性坚守在乡村，后代才能得以繁衍，土地才会有人耕种。无奈的是，年轻人都跑到城里工作去了，他们并不经常回来。

在"二战"的时候，涅日诺娃镇曾经是沦陷区，被德军占领。战后集体农庄时代人口一度兴旺，但在苏联解体之后，人口就一直在下降，现在已经出现了有的村子被废弃的现象。我们去了4个村子，看到的绝大部分都是中老年妇女，她们的丈夫要不去世了，要不进城了。问起她们丈夫早逝的原因，得到的回答很干脆："他们

触摸俄罗斯

我们到涅日诺娃镇的安娜家采访，67岁的安娜（中）用炖牛肉招待我们，她的两任丈夫都去世了。

喝得太多了！"

那位陪同我们的女镇长很幽默，每当有人说自己的丈夫死于酗酒时，她都会插上一句："她的丈夫心脏不好，经不起酒精的考验。"有一次她陪我们到一位妇女家做客，女主人名叫安娜，今年67岁了，身体健硕。她结过两次婚，两位丈夫都去世了。她非常风趣地说："俄罗斯的男人太脆弱了，他们像抹布一样，很快就用坏了。"正说着，给我们开车的身材高大的司机尼古拉走了进来，女镇长马上接了一句："瞧，又来了一个！"逗得我们哄堂大笑。

尽管这些俄罗斯农民物质生活比较贫乏，家里的设施和用具也比较简陋，但每个家庭都非常整洁，院子里种满鲜花，你可以感受到她们内心对生活的热爱。她们极其好客，听说我们是中国记者，都纷纷拿出家里最好的食品来招待我们。有的妇女还把自己手织的桌布、手绣的工艺品赠送给我们。也许很少有外人来探望她们，对于突然冒出来的中国记者，她们热情无比，让我们深受感动。离开时，我从内心祝福美丽的涅日诺娃，祝福这里的人们一代代平安健康地繁衍下去。

女多男少，这不仅是涅日诺娃的问题，而且是全俄罗斯的问题。据说全俄罗斯的女人比男人整整多出了1000万，这对于一个只有1.4亿人口的国家来说，是很大的社会问题。也许因为长期的男女比例失调，加上男性的早逝，我们在俄罗斯女性身上，可以看到一种特别能吃苦、特别坚韧、特别敢于担当的品质。我对俄罗斯女性的印象非常好，她们不仅形象美丽，而且工作努力，勤劳持家，照顾亲人，样样拿得起来，这都是从母辈身上遗传下来的优良传统。俄罗斯姑娘听说现在中国许多城市的女孩子根本就不会做饭，也不会做家务洗衣服，饿了下饭馆，做家务找钟点工，反而中国现在许多男人乐于做饭带孩子，家里家外"一把手"。她们听了简直是双眼放光，用极其羡慕的眼神望着我们的女同事，由衷感叹："我爱中国！"

触摸俄罗斯

明媚的叶卡

叶卡是俄罗斯人对叶卡捷琳堡的简称。那是一个阳光明媚、风景秀丽、热情好客的城市。俄罗斯政府把"上海合作组织元首峰会"和"金砖四国元首峰会"放在这个内陆城市举行，是一个寓意深长的决定。

叶卡是俄罗斯的象征

为了采访这两个元首峰会，2009年6月9日，我从莫斯科乘坐"图-154"客机飞往位于俄罗斯中部的乌拉尔山脉，飞往叶卡捷琳堡这个中国人并不十分熟悉的城市。登上俄航的"图-154"客机，我心里还是有点打鼓，因为这种机型前不久还出过事故，在中国民航基本上已经不用了。但在俄罗斯别无选择，因为俄航使用的大部分都是本国生产的大飞机，俄罗斯一直以本国的飞机制造业为荣，"图-154"是他们民航业的主力机型。我乘坐这架"图-154"客机很新，升空后飞行非常平稳。

从莫斯科飞到叶卡捷琳堡需要近3小时，在这段漫长的飞行过程中，我一直从万米高空俯瞰大地，看到的是一望无际的田野和森林，而且，空气十分透彻明净，甚至连地面上行走的小汽车都看得清清楚楚。这种空中俯瞰俄罗斯的感觉非常爽，让人不得不感叹俄罗斯大地之平坦，疆土之辽阔，空气之纯净！

叶卡捷琳堡距离莫斯科大概有1700公里，它位于莫斯科的东方，在乌拉尔山脉的东麓，是一座名副其实的横跨欧亚大陆的城市，因为它正好处在欧亚大陆的分界线上。叶卡捷琳堡的经济总量在俄罗斯排名第三，仅次于莫斯科和圣彼得堡，是俄罗斯中部最重要的城市。俄罗斯这次把两个重要的国际峰会放在这座城市举办,把"上海合作组织"和"金砖四国"的元首们请到这里来,也许想让这些外国元首感受到俄罗斯不仅是一个欧洲国家,同时它也是一个亚洲国家。俄罗斯要表达的是:将要更加积极地参与亚洲和东方事务。

从地理上看,叶卡捷琳堡确实体现出极其重要的战略价值。叶卡捷琳堡和乌拉尔山脉以西是一望无际的东欧平原,以东则是更加辽阔的西西伯利亚平原。欧亚两块大陆在此相接,它既是通向俄罗斯欧洲部分的大门,也是通向亚洲的起点。在290年前,用彼得大帝之妻——沙皇叶卡捷琳娜一世命名这座城市时,俄罗斯已经充分认识到乌拉尔山脉以东辽阔的亚洲部分,对俄罗斯的安全将起到多么重要的屏障作用。尽管当时俄罗斯人还把乌拉尔山脉视为文明和野蛮的分界线,但如今被视为野蛮之地的西西伯利亚,已经成为俄罗斯赖以生存的资源宝库。

一到叶卡,当地的朋友就带我去了郊外的山区,由于车辆非常稀少,我们狂奔了两个多小时,来到了一座山丘前,这里矗立着著名的欧亚分界线纪念碑。纪念碑正好地处乌拉尔山脉的分水岭处,一边是欧洲,一边是亚洲,在纪念碑两边分别用

位于叶卡捷琳堡市郊的欧亚分界线纪念碑。一边是欧洲,一边是亚洲。在纪念碑两边分别用俄语写着"欧洲"、"亚洲"。

俄语写着"亚洲"、"欧洲"。许多游客来到这里，一脚踩着亚洲，一脚踩着欧洲，照相留念。在高耸的纪念碑顶端，是俄罗斯国徽——双头鹰。在这里，俄罗斯的双头鹰国徽得到了最好的诠释：它一头望着西方，一头望着东方，典型地表达了俄罗斯民族心理，在欧亚之间左盼右顾。纪念碑旁边还有人在出售纪念品，是一种"横跨欧亚证明书"，上面用英俄文注明"您亲自跨越了欧亚分界线"。

双头鹰是俄罗斯的国徽，它一头望着西方，一头望着东方，代表俄罗斯是一个地跨亚欧两大洲的国家。三顶皇冠象征着统一的俄罗斯联邦。鹰爪抓着的金球和权杖象征着国家统一神圣不可侵犯。在中心的小盾牌上，勇士乔治跨上白马，用长矛杀死了邪恶的毒蛇，象征俄罗斯民族勇于战胜困难的智慧和力量。

明媚的叶卡

　　叶卡这座城市从某种意义上说，是俄罗斯的象征。在欧洲国家看来，俄罗斯是一个东方国家，或者说是一个准亚洲国家。而在东方国家看来，俄罗斯又是一个欧洲国家。从俄罗斯的历史来看，它确实也在这两者之间摇摆不定。

　　我对叶卡留下了很好的印象，也许是夏季的缘故，这里阳光十分充足，但并不觉得炎热，空气凉爽。蓝天白云之下，到处可见教堂的金顶沐浴在阳光之下。叶卡不像莫斯科到处人头攒动，这里大街上行人稀少，但居民比莫斯科人热情许多。有一次我们去一家餐厅吃饭，在等待上菜的间隙，餐厅的老板主动上前跟我们聊天，问我们到叶卡来是旅游还是工作？还邀请我们参观了餐厅的后厨，逐一向我们介绍了六七间不同用途的厨房，让我们了解到了传统俄餐的特点和制作方式。也正是这次参观，使我对俄罗斯餐厅的厨房卫生条件要求之高、食物用料之讲究，留下了很深的印象。后来我们多次在不同场合遇到了不少热心好客的叶卡人，使我对这座城市留下了很好的印象。

充满传奇故事的城市

趁着元首峰会还没有开幕，我在叶卡捷琳堡市里各处转了转，一方面是寻找几处适合进行电视现场直播的地点，一方面也是想更多地了解这座城市。

叶卡有120万人口，这在俄罗斯绝对是特大城市了。据说俄罗斯联邦政府为了迎接这次上合组织峰会的召开，给叶卡捷琳堡投入了数亿卢布进行城市改造，当地政府也投入了大量财力和物力，使俄罗斯这座中部城市面目一新，甚至连机场都进行了翻新。这在当时金融危机的背景下，特别是全俄新增了260万失业人口的情况下，俄罗斯掏出这么多钱来筹备峰会，确是花了血本的。

即便如此，叶卡的城市建设从表面上看，与莫斯科、圣彼得堡相比，居民的居住条件和城市的现代化程度仍显得落伍不少，其繁荣程度还不如中国大部分大中型城市。

叶卡捷琳堡是一个有着特殊历史的城市，在俄罗斯的历史上曾经写下过许多令人难忘的篇章。其中最著名的，莫过于末代沙皇一家的故事了。

有一天我们在叶卡的一处湖泊旁边考察直播地点，看见了不远处有一座很有气势、金碧辉煌的大教堂，不由自主就走进去参观。刚到教堂前，首先看到教堂门前有一个巨大的十字架，在十字架下是一组精美的人像群雕：两位成年人领着大

在叶卡捷琳堡的街头，还行驶着许多有轨电车，成为城市的一种风景。

大小小五个孩子。我心想，莫非这就是传说中的末代沙皇——尼古拉二世一家？接着进入教堂，教堂居然还免费提供中文介绍。一看，才知道我此刻所在的位置，正是90多年前末代沙皇一家被杀的地方。

20世纪初，叶卡捷琳堡被卷入了影响整个俄罗斯的社会动荡之中，并发生了一桩令全世界关注的事件。俄国十月革命后，末代沙皇尼古拉二世一家被布尔什维克政权强令搬到叶卡捷琳堡，1918年7月17日，末代沙皇全家7口人：沙皇和皇后以及5个孩子，再加上4名侍从，11个人被赶到一个地下室里，遭到集体枪杀。当时沙皇五个孩子中，最大的女儿23岁，最小的儿子才14岁。这一段历史，在苏联时期很少被人提及。苏联解体之后，俄罗斯人在沙皇一家被处决的地方建起了这座高大的教堂，取名为"滴血教堂"。

如今末代沙皇和滴血教堂几乎成为叶卡捷琳堡的符号了，无论是俄罗斯人还是外国人，到这座城市来都会参观这座教堂，

绘画大师列宾创作的油画《沙皇尼古拉二世》，现存于圣彼得堡的俄罗斯博物馆。尼古拉二世是俄国历史上最后一位沙皇，他在位23年，正是俄国社会风起云涌面临巨变的时代。

建成于2003年的叶卡捷琳堡"滴血教堂"，这是教堂门口末代沙皇一家人的雕像。

都会默默地注视着末代沙皇一家7口人的雕像。2000年，尼古拉二世全家被东正教会追封为"殉教圣徒"。"滴血教堂"是为纪念末代沙皇而建，在东正教里只有"殉教圣徒"才能享此殊荣。在俄罗斯还有一座"滴血教堂"，建在圣彼得堡，那座同名教堂是为纪念被暗杀的亚历山大二世沙皇。

在沙俄时代，叶卡捷琳堡还出过一位世界级名人，他就是伟大的音乐家、《天鹅湖》的作者柴可夫斯基。据说当地真有天鹅湖这个地方，就在叶卡城附近，但我们一直没有机会去一睹真容。

在20世纪，叶卡最值得自豪的历史，就是卫国战争了。虽然战火从来没有烧到乌拉尔山，德军没有染指叶卡捷琳堡，但是叶卡捷琳堡为卫国战争作出的贡献，是举足轻重的。在苏德战争爆发前，苏联已经开始向东部大后方进行战略转移，当时把许多科技、教育、工业部门转移到了叶卡捷琳堡。卫国战争爆发后，叶卡捷琳堡已经成为一个巨大的军工产业中心、科研教育中心。当时，尽管苏军在欧洲前线溃不成军，但是因为有叶卡这个后方工业基地的强力支撑，从而保证了战争期间各种武器装备源源不断地补充给前线部队，为战胜纳粹德国提供了最重要的军备支援。俄罗斯朋友说，卫国战争中苏军使用的数万辆坦克，大多是叶卡生产的。叶卡的军工企业那时全部开足马力，生产坦克的速度简直神奇，平均5分钟就能够生产一辆! 成千上万辆坦克就是从这里直接开到前线作战的。我不知道这种说法是否夸张，但是叶卡对取得卫国战争胜利所作出的巨大贡献，无论怎么评价也不会过分，如今在莫斯科无名烈士墓前的12座英雄城市纪念碑中，其中一座就是叶卡捷琳堡，它是唯一一座没有发生战斗的城市。

在卫国战争期间，叶卡还保护了无数俄罗斯的珍贵文化遗产，当时莫斯科、圣彼得堡许多博物馆的艺术珍品，都转移到了这里。甚至连列宁的遗体都转移到了这里保存，一直到"二战"胜利后才迁回莫斯科。

对俄罗斯人来说，叶卡捷琳堡还是一座政治味道很浓的城市。俄罗斯的第一任总统叶利钦就出生在叶卡捷琳堡，在这里度过了大半生，并从叶卡捷琳堡一步步地走向俄罗斯权力的顶峰。叶卡还出过一位中国名人，他就是蒋经国先生。"二战"期间，蒋经国在叶卡捷琳堡的一家重型机械厂当过车间副主任和厂报的副总编，他的妻子芬娜据说也出生在叶卡捷琳堡，跟蒋经国在同一家工厂工作，她的顶头上司就是蒋经国，两人在叶卡恋爱结婚，后来芬娜改名为蒋方良。这是叶卡跟中国的一段特别甜蜜的缘分。

总是遇到热心人

叶卡在经济上虽然是俄罗斯的第三大城市，但同时举办两个国际峰会还是显得资源不足。比如单凭叶卡的安保力量，就难以保障峰会的安全。所以我们在叶卡期间，俄罗斯政府从全国调来了1万多名警察和大量警车。有的俄罗斯人就开玩笑说："千万别把莫斯科警察调来啊。"言下之意是莫斯科警察身上有许多坏习惯，他们来到叶卡，会把淳朴的叶卡警察教坏的。我还听说过一个轶闻: 过去圣彼得堡的警察素质也是很不错的，2003年圣彼得堡举行建市300年庆典时，全世界各国元首云集，当地警力紧张，就从莫斯科抽调了许多警察去支援。结果，圣彼得堡的警察素质从此一落千丈，原因是他们在莫斯科警察言传身教之下，把"吃拿卡要"都学会了。

我们在机场看到，俄方的安保工作十分严密，每个建筑物、每道门，都有荷枪实弹的保卫人员把守。外围有警察，机场内部有特警部队、国家安全局的特工。在叶卡捷琳堡采访期间，经常看到许多车辆被警察拦下，打开后备厢进行检查。我们的车也常被拦住，不过一看我们是中国人，警察们都很友好，一看证件就放行，有的警察还会说几句简单的汉语。据俄罗斯人介绍，这是为了预防恐怖分子袭击，因为俄罗斯南部和中亚一带的安全问题比较突出，他们担心有恐怖分子渗透过来。在本次峰会中，其中一项重要内容就是打击恐怖主义，签署国际反恐条约。

不知道最后莫斯科的警察来没来，但我们在叶卡遇到的警察，还有居民，态度都非常友善，特别乐于帮助外国人。

我们在叶卡遇到的第一个好心人名叫塔乌别，是俄罗斯国家电视台技术部的

在峰会前夕，从各地抽调来了大量的警察，加强叶卡捷琳堡的安保。这是到达叶卡机场的特种安全部队。

第一副主任，也是这次元首峰会的电视报道总管。这是一位70多岁的老头，从事电视报道工作已经47年了。塔乌别给我印象最深的事情，就是可以把不可能的事情变成可能，可以让你做到你想不到的事情。用中国话来评价，他很像"雷锋"。第一次去见他的时候，作为见面礼，我给他带了几瓶北京的"二锅头"，还带去了一位漂亮的中国女留学生给我当翻译。事实证明，这两样我都带对了。一见面，他拿起"二锅头"直乐，说他太喜欢"二锅头"了，在北京报道奥运会时，他天天要喝"二锅头"！接着他热情地拥抱了女留学生，说他最喜欢漂亮的中国姑娘了，很温柔。当我把一份中国驻俄使馆发给他的照会递过去，内容是希望他提供报道帮助。这可爱的老头儿竟说："有姑娘和美酒已经足够了，我不需要这东西。"随手就把外交照会扔在一边去了。

这位可爱的老头儿给我们提供了许多分内的和分外的帮助。他给我们提供了元首峰会所有重要场合的电视信号，他给我们安排了最好的现场直播的预留位置，他为我们安排了胡锦涛主席抵达叶卡机场的现场直播……而他所做的这一切，都不是他分内必须做的，而是他通过自己的人脉关系帮助我们争取到的。其他国家的电视记者对此很有意见，他们想不通中国人为什么在俄罗斯这么吃得开。

后来我曾特意去感谢塔乌别，他说了一番话让我很感动。他说自己对中国的印象特别好，2008年在北京报道奥运会时，中国政府对俄罗斯电视台特别关照，甚至批准他们在天安门广场进行直播，让俄罗斯人觉得很有面子。所以这次俄罗斯应该感恩，理应给中国记者特别的照顾，全力满足中央电视台的要求。听老头儿说得这么诚恳，我对他说：下次您再来北京，二锅头管够！

在俄罗斯期间，曾听当地人开玩笑说：你可以招惹上帝，但千万不要招惹国家安全局。这话让我立刻想到苏联时代的克格勃。但我们在叶卡采访期间，俄罗斯的国家安全人员给我们留下的印象还是挺好的。当时各国元首抵达了叶卡，许多重要场合都戒严了，记者根本不准进入，只开放了很少几个场合允许拍摄。我们希望多报道一些胡锦涛主席的活动，就遇到了来自国家安全局的许多限制。其他国家的记者看到俄方态度坚决，就放弃了一些报道计划，使用俄罗斯方面统一提供的新闻素材。但我们还是不死心，找各种机会争取。

前面说过，胡锦涛主席抵达叶卡机场是我们现场报道的一个重头戏，但当时叶卡机场全部都戒严了，因为此前有传闻说恐怖分子要制造事端，所以俄方对一些重点区域控制非常严格，包括机场。好在我们在莫斯科采访梅德韦杰夫总统时，跟总统府新闻局几个人都熟悉了，直接找到总统府新闻局的副局长阿里克谢，他这时也在叶卡。阿里克谢很热心，但也很无奈，告诉我们说，这些地点都是由国家安全部门控制的，他也指挥不动。不过他答应马上找安全部门协商。

最后，安全部门终于被阿里克谢说动了，竟然派专人跟我们见面，详细听了我们的请求：一台直播车、三台摄像机、十几个人进入叶卡机场的停机坪，在胡锦涛主席专机抵达的时候进行现场直播。我们的要求应该说比较"过分"，要把这么多人员派进机场，对办事比较死板的俄罗斯人来说的确很有难度。让我们感到非常意外，安全部门竟然同意了我们的全部申请，还认真地跟我们研究了进入机场的路线，直播车停放的位置，记者走动的范围等。直播开始前，还安排我们提前进入机场预演一次。我记不起那位负责接待我们的安全部官员的姓名了，他鞍前马后地为我们跑腿，办理各种琐碎的手续，甚至还帮助我们搬设备，非常热心。一直到我们完成了现场报道，还一直把我们送上返回的汽车。

这场电视直播是叶卡捷琳堡机场在峰会期间，外国电视台在这里进行的唯一一场现场直播。我想其他外国记者看我们在机场进进出出，还有俄罗斯安全部门的工作人员陪同，一定很诧异，还以为中国人买通了俄罗斯安全部门呢。

如今离开俄罗斯很长时间了，在叶卡遇到的那些好心的俄罗斯人，塔乌别、安全部门的工作人员，还有阿里克谢，我还会经常想起他们。

叶卡的中国同胞

由于叶卡捷琳堡是俄罗斯中部的交通枢纽和经济重镇，它对周边城镇的经济辐射力很大，这种功能也使它成为了一个重要的商品集散地，周围许多城市的生活日用品都来自叶卡捷琳堡。因为这种原因，就像莫斯科、圣彼得堡的情况一样，许多中国商人也云集到叶卡捷琳堡，他们从中国将大批日用商品通过边贸或者空运等各种渠道运送到叶卡捷琳堡，然后再转销到周边的城市。中国物美价廉的日用商品，在俄罗斯的中部和东部，同样受到民众的青睐，市场销路非常好。

触摸俄罗斯

因为中国商人的大量出现，时间长了，在叶卡就出现了一个专门批发销售中国商品的"中国大市场"，面积有四五个足球场那么大，甚至建起了十几层高的大型商厦，多的时候有数百上千的中国商人在这里经营。我曾经多次去过这个"中国大市场"，就仿佛来到了北京的秀水大市场一样，到处都是中国人开的店铺，满耳乡音，东北话、浙江话、四川话、广东话……甚至连市场里的有线广播都使用普通话！

我刚到叶卡打前站时，人生地不熟，首先是叶卡的同胞向我伸出了热情相助之手。他们为我们提供车辆、安排住宿、联系当地政府部门，甚至还为我们的报道出谋划策。他们不仅为记者帮忙，还为当地的中国领事馆帮忙，为中国代表团帮忙，而且都是不求回报的义务帮助。我们在叶卡采访时，由于时间紧，采访地点多，常常要在几个重要会场来回跑，车辆不够用，翻译也不够用。当地的中国商人甚至停下自己的生意不做，跑来给我们当义务翻译，把自己的汽车免费提供给我们使用，对待我们真像是对待来自远方的亲戚一样，非常热情。

有一次，他们听说中国代表团吃不惯西餐，而俄罗斯方面又无法为中国代表团提供可口的中餐，这些中国商人马上四处采购新鲜的蔬菜和肉蛋食品，专门找来中国厨师，每天为中国代表团100多号人做饭做菜，一干就是好几天！而我们这些行动相对自由的记者就更不用说了，三天两头都跑到"中国大市场"里面的华人餐厅吃饭。我国在叶卡捷琳堡设有领事馆，举办各种重要活动时，领事馆都需要当地的华商们当义工，这些同胞们从来都是踊跃相助，不求回报。欢迎胡锦涛主席来访，领事馆一声召唤，华商们连夜就有数百人报名参加欢迎仪式，甚至连欢迎用的横幅、标语、鲜花都自己连夜准备好了。所有这些行动的背后，都蕴涵着他们对国家、对家乡的感情。

在叶卡的中国商人的确有不少人是挣了大钱的，这些人一般都是20多年前就开始在这里做贸易。而其他大部分人都是近些年来自东北地区的小商人，挣钱并不多。尤其最近一两年的生意越发不好做了，金融危机给市场带来了很大的压力，"灰色清关"更使他们举步维艰，过了今天还不知道明天会怎样。在这种情境之下，他们还慷慨相助，让我们很感动。

与全世界其他国家的华人一样，叶卡的华人无论自己处境好不好，总有一种对祖国特别的依恋。他们说：叶卡这个地方多少有些闭塞，中国国家领导人从来没有来访过，现在胡锦涛主席来了，这么多中国官员来了，这么多中国记者也来了，叶卡满街都飘起了中国国旗，就像刮起了中国旋风，这让生活在叶卡的中国人很有面子，心里很自豪。

　　给我们开车的郑先生在叶卡已经生活了七八年了，他是东北吉林人，言语不多老实厚道。我到叶卡第一天，就是他到机场接的我，通过他我又认识了许多在叶卡的中国同胞。郑先生一家人现在都在叶卡，家里开了三家仓库，专门从事仓储业，业务基本上都是面对中国商人，收入还算不错，但最近生意开始萧条了。他说，在叶卡经商的中国人现在有一半都回国了，因为金融危机来了，生意不好做了，所以他经营的仓储业务现在也冷清不少。我问他能顶得住吗？他说还能坚持下去，只是挣多挣少的问题。我问他现在最发愁的事情是什么？他说，现在华商们最发愁的既不是中国商品的销路，也不是金融危机，而是俄罗斯政府对华商的态度。华商们目前从国内进货处于两难境地："灰色清关"不能走，"白色清关"走不通，干着急啊！他希望中国政府跟俄罗斯政府好好谈一谈，赶快把中俄民间贸易的渠道搞顺畅，让华商们在俄罗斯踏踏实实经商，不要总是提心吊胆过日子。这些话，他们见到国内来的官员都会反复要求。

　　其实郑先生的愿望也是成千上万在俄罗斯打拼的普通华商的愿望，因为他们都面临着同样的困境。

　　我们在叶卡采访的那些天，郑先生把自己的生意放下了，每天把私家车擦得干干净净，特意穿上西服扎上领带，早出晚归接送我们。我可以感觉到他内心那种自豪和快乐，他希望随着祖国的发达，他们在俄罗斯的生意能够越做越顺利。

　　至今我想起叶卡这些同胞，心里还是暖暖的。

语言的鸿沟

在去俄罗斯采访之前,我们曾经设计在《聚焦俄罗斯》节目中,使用两个主持人,一个是中央电视台"焦点访谈"和"东方时空"的主持人张羽,另一个是俄罗斯人,而且要选一个俄罗斯美女当主持人兼现场翻译,以增加节目的交流感和可视性。可是到达俄罗斯之后,我发现这个设想根本行不通。因为两个使用不同语言的主持人同时在节目里出现,这位俄罗斯的女主持人必须掌握非常流利的汉语,相当于一位高水平的同传翻译。不然的话,两个不同国家的主持人,自说自话,彼此没有心领神会的交流,节目根本做不下去。但是,要在俄罗斯找到一位汉语和俄语同样流利的女翻译,简直比登天还难。最后我不得不承认,汉语和俄语不愧是世界上最难学的两种语言,它们之间有着一道无法逾越的鸿沟。

在我们还没有抵达俄罗斯的时候,设在莫斯科的中国总商会费了好大力气,找到了两位貌似符合我们要求的俄罗斯姑娘,一位曾经在俄罗斯驻中国大使馆做过翻译工作,一位是在中国驻俄罗斯企业工作的翻译,长得都很漂亮,符合出镜要求。

我们第一次见面是在莫斯科召开的节目采访准备会上。我跟她俩一谈话,就感觉有些不对劲,她俩的汉语水平并不如我想象那么高,在说到一些汉语常用词汇时,她们偶尔还需要低声商量一下。比如说汉语"越野汽车"、"采访对象"这些名词时,她俩并不能马上反应过来。当时我心里掠过一丝担心。当天下午,两个采访组就分别带她们两人出去采访了,一组去采访一家莫斯科的居民,另一组去采访一位艺术家。

大概天快黑的时候,两组记者返回住处,我就觉得大家的神色有点怪异,张羽和屠志娟把我拉到一边说：完了，采访全部报废了！吓我一跳，出了什么事儿了？他俩说：这两位俄罗斯美女翻译可把我们害苦了，在采访现场根本不能完成同步翻译，经常是主持人问一句，她们都要琢磨一会儿，才能翻译成俄语。同样，把俄语翻译成汉语时，也十分费劲，差不多每句话都要停顿一次。这可要命了，要知道电视专题片是一个连贯的拍摄过程，如果每句话都停顿下来，对话不能一气呵成，这节目后期怎么制作啊？更要命的是，她俩翻译的汉语内容也不准确，常常牛头不对马嘴对不上号，主持人和采访对象彼此听不懂对方的意思。得了，这俩姑娘不能再用了。

赶快跟中国总商会商量，立即停用这两位俄罗斯翻译。我说，最起码要让我们的主持人和记者能听明白对方在说什么！

中国总商会的蔡桂茹会长连夜帮助我们重新找翻译。这一次我们的要求"降低"了，找中国人当翻译也可以，必须保证跟主持人和记者交流顺畅。第二天终于找到两位中国人，都是长期在俄罗斯从事商务翻译工作，我们认为这一来肯定没有问题了。接下来的采访，我们的主持人和记者感觉好多了，起码跟翻译的交流不费劲了，采访过程中好像也流畅多了。可是没过两天又发现问题了，采访组的同事悄悄告诉我，用中国翻译好像也不行，采访中对话一多，速度一快，就发现被采访的俄罗斯人直翻眼珠子，好像不太明白翻译说的内容。这一回，是轮到俄罗斯人听不明白了，采访不得不中断。

怎么会这样呢？难道还是翻译的水平问题吗？这些翻译都是中国总商会反复挑选出来的呀。

蔡桂茹会长看我着急，很耐心地告诉我：你不了解俄语和汉语之间交流起来有多么困难，俄语和汉语都是非常难学的语言，要找到两种语言都精通、反应速度快的翻译，是相当不容易的。

开始我不太理解蔡会长的话，我想我们在国外做过许多新闻专题节目，进行过大量的采访，通常都是在所在国挑选翻译，每次采访都是现场进行翻译，从来没有出现像俄罗斯这种"掉链子"的情况。蔡会长就问，那么你们在其他国家是怎么挑选翻译的？我回想了一下，明白了，我们过去找的都是"双母语"翻译，都是翻译中的顶级角色。比如我们在拍摄"岩松看日本"时，使用的日本翻译杉本智生女士和她的姐姐，她俩从幼儿园开始，就随父母来到了中国，一直到中学毕业时才回到日本，加上她俩特有的语言天赋，汉语和日语都说得相当流利。她们自己说：中国和日本都是我们的母国，这两种语言都是我们的母语。具有这种"双母语"背景的人，他们的语言思维可以在两种完全不同的文化背景中自由穿梭，两种语言的"思维切换"完全是"不加思考"就能做到。

我对蔡会长说：在俄罗斯难道就找不到这种有"双母语"天分的人？中俄两国交往如此频繁，彼此还有那么多留学生，怎么会找不到符合我们要求的翻译呢？

蔡会长说：你可难死我了！我要怎样解释才能让你明白呢，俄汉翻译是世界上最难学的语言专业。

后来发生的一件事情让我彻底服了。2009年6月8日，我们去莫斯科郊外的总统别墅，专访俄罗斯总统梅德韦杰夫。担任这次重要采访的翻译是俄罗斯外交部最权威的汉语翻译，一位四十岁左右的俄罗斯男子，我忘记了他的名字，但他在俄罗斯华人圈子里是很有名的。在俄罗斯总统、总理参加跟中国有关的活动时，都可以看到他的身影，可以说他是俄罗斯外交部的第一汉语翻译。他同时还是一位很优秀的汉学家，据他自己说，北京大学和北京语言文化大学都是他的母校。在采访总统前，这位翻译还提前跟我和张羽交流了很长时间，了解向总统提出的问题所涉及的知识、背景，可见他翻译前的功课做得相当认真。

专访开始后，总体上进行得十分顺利，梅德韦杰夫与张羽的谈话基本上没有因为翻译原因中断过。但是我还是明显感到，这位翻译在说汉语时，经常会出现词不达意的情况，表达并不是很准确。有好几次，张羽说了一些并不难懂的词汇，比如"经济合作体"、"双赢"等，这位翻译都会反问张羽一句：你刚才说的话是什么意思？麻烦你再简单解释一下。于是张羽又要换一种更简单的语言再说一遍。要知道，这可是俄罗斯外交部里顶级的汉语翻译呀！

离开总统府后，我们又说起了"翻译难"的话题，蔡桂茹会长对我说：这次你该明白汉语和俄语有多么难沟通吧？不是我们不想给你们找最好的翻译，而是这样的人才实在太难找了。接着我们自然而然地聊到学习这两种语言的难度，在场的好几位长期在俄罗斯工作的外交官和留学生都说：俄语实在太难学了，许多俄罗斯人自己终身都学不好俄语。俄罗斯许多学历很高的人，常常会为了一句简单的话如何表达而争论不休。叶利钦执政时期有一位俄罗斯总理，名叫切尔诺·梅尔金，现在是俄罗斯杜马第一大党"我们的家园——俄罗斯"的主席，他的俄语就经常犯语法错误，人们经常拿他开玩笑。前不久，俄罗斯开始实施新的移民法，规定外国人加入俄罗斯国籍必须通过俄罗斯的国家俄语考试。于是就有杜马议员调侃说：如果把俄语考试作为加入俄罗斯国籍的主要条件的话，我们的前总理切尔诺·梅尔金肯定当不了俄罗斯人，更不必说当杜马议员了。

据说俄语在古代是两个希腊人发明的，但比希腊语复杂得多。俄语入门看似容易，越往里走，就发现学好非常困难。它的语法太复杂了，几乎所有的语法都要变化词尾。比如它的动词根据人称不同要有6个变位，还分完成体和未完成体动词，名词代词形容词要变格，单数6个格复数6个格，等等。总之，要比英语难学许多。反过来也一样，俄罗斯人学汉语，也是感慨万千，也觉得无比难学。如果要同时熟练掌握汉语和俄语，那必须是语言天才。

到后来，我们一再"降低"标准，根本就不考虑翻译的国籍、性别、年龄，只有一个要求，双母语！其实这个要求更苛刻了，我们疯狂地到处找"双母语"翻译：最好是俄罗斯人从小在中国长大，或者中国人从小在俄罗斯长大，对两国的语言和文化背景都十分熟悉！

后来中国总商会不知从哪里找来一位老先生，70多岁了，中文名字叫郭景英，是俄罗斯人，他在莫斯科长期从事汉语翻译和中俄文化交流工作，因为年纪太大早已退休。他是中俄混血人种，父母一个是中国人，一个是俄罗斯人，他自己从小就在中国长大，回到苏联后就一直当汉语翻译。听他说汉语，如果不看他的长相，根本听不出他是一个外国人。郭老一出现，我们士气大振，情况大有改观，采访进展变得非常顺利。很可惜，他年纪太大了，不可能天天跟着采访组早出晚归，四处奔波，我们只好在进行重要的采访时，请他出马。

在俄罗斯，像郭老先生这样的翻译人才太稀缺了。蔡会长告诉我说，别看他这么大年纪了，现在许多从中国来的代表团还抢着要他当翻译呢！

除了这位郭老先生，我还见过两位汉语和俄语都十分流利的人，一位是在北京工作的俄罗斯姑娘卡佳，一位是在莫斯科工作的中国姑娘付艳杰。卡佳本来很想跟我们一起到俄罗斯采访，担任我们的特邀主持人或者翻译，但因为她在俄罗斯天然气总公司驻北京办事处工作，业务十分繁忙，最后无法成行。而付艳杰则是在俄罗斯专攻俄语专业，从学士、硕士一直念到博士。她是我在俄罗斯见到的俄语说得最好的中国人，后来成为了我们采访组最得力、合作时间最长的翻译。我总听到她感叹：最好别学俄语，太难了。俄语学到她这种深度，再往里走，就遇到了她无法跨越的障碍：文化背景。因为俄罗斯毕竟不是她的母国，语言是一个国家的文化符号，如果没有长期浸泡在一个民族的文化环境中，是不可能真正自如地使用它的文化符号。

当然，无论是卡佳还是付艳杰，比起那位具有"双母语"背景的郭老先生，还是无法比肩的。

过去总说"文化鸿沟"，这次在俄罗斯体验到了"语言鸿沟"。

在莫斯科"健康"学校采访。中间这位老先生中文名字叫郭景英，我们都叫他"郭老"，是我们此次俄罗斯之行中遇到的最优秀的翻译。从长相看他是一位俄罗斯人，其实他是中俄混血，小时候在中国生活过很长时间，汉语和俄语对他来说都是母语，像他这样的双母语人才，简直凤毛麟角。

我们在采访中，时常在语言的翻译上遇到麻烦，有时不得不为一个词汇的准确翻译而反复商量。

语言的鸿沟

骄傲的地铁

　　2010年3月29日早上，莫斯科连续发生了两起地铁爆炸事件，震惊了全世界。这两起地铁爆炸，一起发生在莫斯科市中心卢比扬卡地铁站，另一起发生在风景秀丽的莫斯科河边的文化公园地铁站，中间只相隔了42分钟。当时正是莫斯科的上班早高峰，地铁站里挤满了上班的人群，两起爆炸共造成了40多人死亡，数十人受伤。

　　莫斯科地铁发生爆炸的时候，正是北京时间中午12点，当时我一看到这则新闻的感觉是无比惊愕。这两个地铁站我都熟悉，2009年6月我们在莫斯科采访时，有时为了避免堵车节省时间，经常乘坐地铁，其中就到过这两个地铁站。我随即找出几张在莫斯科地铁里拍摄的照片，挂在我的微博上，留言："今天莫斯科地铁站发生连环爆炸案，震惊世界！地铁不仅是莫斯科人每天都离不开的交通工具，还是

这是位于莫斯科红场边上的卢比扬卡大楼，过去是苏联"克格勃"总部，如今是俄罗斯联邦安全局总部，它是俄罗斯强大的国安全力量的象征。

俄罗斯的一种历史文化符号，它的宏伟和精美无与伦比。对它和乘客下手真是残忍！"

后据俄罗斯安全部门查明，这两起地铁爆炸案件是同一伙恐怖分子策划的恐怖袭击，罪犯来自俄罗斯北高加索地区的达吉斯坦共和国。2010年8月21日，俄罗斯反恐委员会宣布，制造这两起地铁爆炸案的组织者阿里·瓦加博夫，已经在达吉斯坦

这是参与此次莫斯科地铁站恐怖袭击的一对夫妻，他们来自北高加索地区的达吉斯坦共和国。其中阿里·瓦加博夫（右）是这两起地铁爆炸案的组织者，事发当天逃脱，四个月后被俄反恐部队在达吉斯坦共和国击毙。而他的妻子沙里波娃（左）当天身绑炸药，已经在爆炸案中丧生。

共和国被击毙。而4个多月前，身上绑着"自杀式腰带"对卢比扬卡地铁站和文化公园地铁站进行恐怖袭击的两名穆斯林妇女，其中之一就是瓦加博夫的妻子沙里波娃，她已经在当天的爆炸案中身亡。这就是人们传说的令人不寒而栗的俄罗斯"黑寡妇"。这些妇女大多是恐怖分子的遗孀或者姐妹，其亲人在反恐战争中被政府武装击毙。恐怖组织利用她们狂热的复仇情感，将她们变成"人体炸弹"，身绑"自杀腰带"，专门在人员密集的场合制造自杀式袭击，屠杀平民。由于她们总是蒙着黑色头巾、身着黑色长袍，所以被称为"黑寡妇"。

我对卢比扬卡地铁站和文化公园地铁站留有很美好的印象。它们和莫斯科上百个地铁站一样，保留着典型的苏联地铁站风格，高高的穹顶，巨型的巴洛克式吊灯，精美的雕塑和壁画……

特别是卢比扬卡地铁站，恐怖分子选择在这里制造事端太具有讽刺意味了。"卢比扬卡"在俄语中的意思就是"克格勃"，因为这个地铁站的上面就是著名的"卢比扬卡大楼"。这座神秘的大楼如今是俄罗斯联邦安全局（FSB）总部所在地，而它的前身就是闻名世界的"克格勃"。"十月革命"胜利后，苏联将首都从圣彼得

堡迁到了莫斯科，这座大楼就成了克格勃的前身"契卡"的总部，其中一部分还成为关押政治犯的监狱。之后，这座大楼几经扩建和改造，成为了东西方冷战时期俄罗斯最著名的建筑——克格勃总部。俄罗斯人喜欢以地名来称呼位于那里的机构，如"克里姆林宫"是指总统府，"斯摩棱斯克广场"是指俄罗斯外交部，而"卢比扬卡"就是指"克格勃"。

卢比扬卡距离克里姆林宫和红场只有百步之遥，与最著名的莫斯科大剧院只隔了一条马路，可以说它的位置处于莫斯科最核心的地方。选择在此进行恐怖袭击，意味着向俄罗斯政府和强大的安全部门公然挑战。

尽管俄罗斯近年来屡遭恐怖分子的袭击，民众对恐怖袭击谈虎色变，但防范措施并不如人们想象的那么严密。在我的印象中，许多城市包括莫斯科的安全保卫工作并没有明显强化，也许是内紧外松，我们从外表上看不出来。比如我们多次到红场采访，还两次去过克里姆林宫，很少看到有警察巡逻，只有克里姆林宫大门口站着两名警卫。进入克里姆林宫时需要检查证件，过安全门，仅此而已。而且克里姆林宫内部除总统府大楼之外，绝大部分地区都是开放的，供游客参观。在莫斯科的每个地铁站的入口处，不像北京那样都设有安全门，要进行安全检查，它们一般都不进行安全检查，只有一两个警卫在附近走动，如果发现形迹可疑或携带可疑物品者时，才会要求对方接受检查。我听一位长期在俄罗斯工作的中国人说，莫斯科的地铁警察在地铁站里抽查是有倾向性的，几乎从来不检查本国人，只查外国人。也许正是因为防范不严，才使恐怖分子有了可乘之机，把爆炸物带进了地铁。

莫斯科地铁是闻名世界的地下工程，尽管受到过好几次恐怖袭击，但它在人们心中依然是莫斯科的符号之一。我们在莫斯科采访时经常乘坐地铁，原因一方面是十分便捷，可以避开地面的堵车；另一方面是因为莫斯科的地铁站建得都各具特色，非常漂亮，观赏莫斯科的各个地铁站本身就是一种享受。

在我们拍摄的节目中，有一期是专门介绍莫斯科地铁的，我们首先选择的拍摄对象是位于市中心的马雅科夫斯基地铁站。这个地铁站外面有一个广场，矗立着诗人马雅科夫斯基的高大雕塑。一走进马雅科夫斯基地铁站，仿佛走进了艺术博物馆，有许多雕像、壁画，还可以看到许多苏联时代的宣传画。据说，2008年全世界进行过一次地铁站的综合评比，马雅科夫斯基地铁站被评为第二名。这个地铁站建成于1938年，它深入到地下近百米，内部非常宽敞，空气流通很好，仿佛是一个"地下宫殿"。在20世纪的30年代，苏联人民最为自豪的成就之一，就是在莫斯科建造了一大批像马雅科夫斯基地铁站一样美轮美奂的地铁站，建成了当时世界上最发达的地铁网。"二战"爆发后，这些深入到地下几十米甚至上百米深的地铁站，发挥了极为重要的作用。不仅保障了地下交通的正常运转，而且成为了莫斯科市民防空避险的重要场所。而马雅科夫斯基地铁站，当年就是斯大林统帅部的所在地，是斯大林指挥作战和发表演说的地方，被称为"俄罗斯的灵魂"。

我们参观过好些个莫斯科的地铁站，尤其是那些20世纪早些时候建成的地铁站，比如像白俄罗斯站、共青团站、库尔斯克站、文化公园站、门捷列夫站、红色近卫军站、列宁大街站、革命广场站等，它们如同一个个历史文化的站台，保留了浓厚的苏联时代的政治和艺术色彩，以及苏联各民族的文化特点。许多来莫斯科观光的外国人，都把"地铁站观光"作为一个重要的参观项目，作为欣赏"苏联文化"的一个窗口。

只要到过莫斯科的地铁站，无不为其车站内部的装饰所吸引。从穹顶到地面，从绘画到雕塑，处处令人叹服。不管你是否喜欢红色苏联，但它创造的这个"地下艺术殿堂"堪称奇迹，气势之宏大、造型之华丽世所罕见。莫斯科现在的

莫斯科市中心的马雅科夫斯基地铁站，是以这位伟大的诗人命名的，站前广场上是诗人高大的雕像。

骄傲的地铁

155

地铁站有170多个，凡是那些建在城市中心区域的地铁站，基本上都是苏联斯大林时代的作品。这些地铁站都是经过建筑师和艺术家精心设计，每个地铁站的大厅，都是用来自乌拉尔山、阿尔泰、中亚、高加索及乌克兰等二十地区的各种大理石和矿石铺就而成。精美的大理石艺术雕像、浮雕，典雅的吊灯、玻璃拼花，还有穹部那些精湛的马赛克镶嵌画，使车站仿佛成了一座艺术博物馆。而且，每个地铁站都有自己的风格，有的以"十月革命"胜利作为主题，有的以反法西斯战争为主题，有的以著名文学艺术家为主题，配上各种人物的雕塑和历史题材的壁画，既展示了历史，又使人们获得艺术上的享受。有趣的是，莫斯科的地铁站一概看不到外文指示牌，也不用外文报站名，因为每个站台的艺术风格和饰物迥然不同，很容易让人一眼就记住，所以外国人乘车也很少迷路。

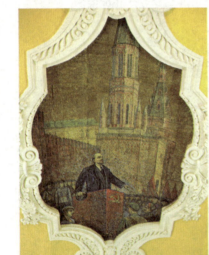

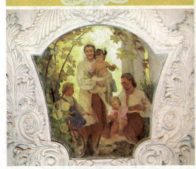

莫斯科的地铁站大多都深入到地下100多米，乘客们要搭乘这种长长的滚梯才能到达地下深处的地铁站。

此外，莫斯科地铁站还有鲜明的民族特色。在基辅站大厅内有描绘乌克兰民族生活场景的主题壁画：一个个巨大的石柱顶部镶嵌的美丽图案，让人想起隆重节日里乌克兰姑娘的头饰，绚丽多彩的马赛克画向人们描述着乌克兰的旖旎风光。

可见，建造地铁在当时决不仅仅是一项艰巨的交通建设任务，它同时也是社会主义意识形态建设的一部分，它成为了影响苏联民众思想的政治阵地。

莫斯科地铁站的另一个特点是深度，它们恐怕是世界上最深的地铁了。我们每次进出地铁站，首先看到的是一部很长很长的滚梯，所有乘客都要搭乘这部滚梯才能进出地铁站，仿佛是进出深深的矿井。不像中国的地铁站，滚梯旁边还有步行的阶梯，在莫斯科地铁站如果想步行出入，那非得累死不可。我每次进入莫斯科的地铁站，站在又长又陡的滚梯上，望着电梯前面长长的一眼望不到头的乘客队伍，总会对地铁站超乎寻常的深度大发感叹。刚开始我们都是紧紧抓住滚梯上的扶手，生怕站不稳摔倒在前面乘客身上，但看看周围的莫斯科人，一个个神态自如，有的还泰然自若捧着书看，真让人佩服。

关于莫斯科地铁为什么要建这么深，我曾听到过两种说法。一种说法是：主要出于地质原因，因为受莫斯科河影响，莫斯科的浅层地质比较潮湿，所以地铁站必须建在更深的地层才比较安全。还有一种说法：当年动工修建地铁网时，斯大林出于战争因素的考虑，决定地铁站在战时要具备防空防爆功能，一旦战争爆发，庞大的地铁网可供400余万军民掩蔽之用，而当时莫斯科的人口只有200多万，这在当时是一个很超前的战略设计。"二战"爆发后，莫斯科地铁果然发挥了巨大的作用，大量莫斯科市民在地铁隧道里躲过了战争灾难。

莫斯科地铁第三个特点，就是它的规模庞大。走在莫斯科大街上，经常能看见一个红色的"M"标志，那便是地铁站的标志，非常显眼。无论你身处莫斯科市里的任何一个角落，都能够在你目光所及的范围内，找到一个醒目的"M"。这是因为在莫斯科的地下，有一个四通八达的巨型地铁网络，连接着城市的每一个角落。所以坐地铁出行，成了绝大多数莫斯科人日常出行最主要的交通工具。

莫斯科地铁堪称世界上最古老、效率最高的地铁之一，许多俄罗斯人将它引为自豪。莫斯科现有1100多万户籍人口，还有好几百万外来人口，全俄罗斯超过十分之一的人口都集中在这里。在这座庞大的城市里，每天有三分之二的人口流动量都是在地铁中运送的。这个运送数量世界第一，超过北京地铁好几倍。

莫斯科地铁一般分为上下三层，每个地铁车站都建设得流光异彩，华丽得如同地下宫殿，它不仅四通八达，乘车方便，而且以安全运行而著称，近80年来很少发生交通事故。早在1935年，当全世界绝大多数国家还不知地铁为何物时，莫斯科的第一条地铁线就开通了。如今，整个莫斯科170多个地铁站运营里程达300多公里，日运送乘客达到1000万人次。这些数据，均位于世界前列。同时，效率也充分体现在速度上，莫斯科地铁的行驶速度非常快，时速高达90公里，只要列车一开动，极快的速度会发出尖锐的呼啸声，有时车厢都为之颤抖，这大概是因为车厢的密封性不太好的原因。但近些年莫斯科地铁开始投入使用许多新列车，其舒适性已经大大改善，而在苏联时代这一点常常被当局所忽视。

"没有地铁，就没有莫斯科人的生活。"许多莫斯科人都这么说，因为他们每天都离不开地铁。在莫斯科地铁上还有一道让外国人叹为观止的风景：无论是男士的手提包里，还是女士的小坤包里，都会装有一两本书，这是专门留着乘地铁时阅读的。他们无论是在等地铁，还是坐在行驶的车厢里，都会拿出书旁若无人地专心阅读。我们每次乘地铁时，都看到在车厢里无论男女老少，几乎人人捧着一本书，个个是手不释卷的神情，使车厢里充满了浓浓的文化氛围。俄罗斯人酷爱读书是全球闻名的，据俄罗斯媒体介绍，莫斯科人用于读书的大部分时间都是在地铁上度过的。

莫斯科地铁还有一个特点，那就是票价便宜。莫斯科人之所以喜欢选择坐地铁出行，除了快捷之外，还有一个很实际的因素就是花钱少。莫斯科地铁实行通票制，花8卢布（相当于人民币不到2块钱）买一张票，就可以来回坐，没有远近之分，只要你进了地铁站，无论换乘了多少趟车，只要你不出来，都是8卢布。如果一次性购买10张票就可以优惠到50卢布，相当于坐一次地铁只需要5个卢布（人民币1块多钱）。至于买月票就更便宜了。而老人、退休人员和儿童乘地铁，按照莫斯科的社会福利政策，完全免费。这恐怕是世界上最便宜的地铁票价了，相对于莫斯科的高物价来说，便宜得令人难以置信。正因为这样，莫斯科地面上的电车和公共汽车，乘坐的人非常少，出租车也很少看到。

在莫斯科这个华丽而巨大的地下世界中，还充满了传奇故事，最神奇的就是闻

举世闻名的莫斯科地铁，20世纪30年代开始大规模兴建，被称为地下建筑奇迹，以其宏伟的构造、精美的设计而著称于世，如今它的管理和运量，仍然排名世界前列。

名世界的"莫斯科地铁失踪案"。那是在30多年前，1975年4月1日晚上21点16分，一列地铁列车从白俄罗斯站驶向布莱斯诺站。按常规，这趟列车只需要14分钟就可以抵达，谁知过去了30多分钟，这趟列车还没有出现，莫斯科地铁管理部门紧急追查，发现这趟载满乘客的列车，在穿越地下隧道时突然消失得无影无踪了！这一突发情况，迫使地铁全线暂停，警察和地铁管理人员在内务部派来的专家指挥下，对全莫斯科的地铁线展开了一场地毯式的搜索，但始终没有找到列车和几百名乘客，这些人就在地铁轨道线上神奇地失踪了。

那天半夜，莫斯科一位地铁电气工程师接到紧急通知后，带领地铁站的夜间巡视组全体人员，沿着地铁线开始仔细搜索。这一行人边走边细细查看，来到了一条环形路段。突然，他们发现原先环形路段一侧的分岔线不见了，隧道壁下还留有两根平行的铁轨。大家惊愕万分，立即在隧道壁前一寸一寸地仔细检查，也没有发现任何破绽和缺口。最后，随行的一位工程师发现隧道的这一面墙壁原来是一道巨大的防水闸门。他找到了开关，启动按钮，很快这一整块隧道墙壁便徐徐上升。人们惊奇地发现，在防水闸门后面灯火通明，在一段铁轨上，停放的正是那列失踪的列车！大家不约而同地围了上去，只见那辆失踪的列车的最后一节车厢，部分已被落下的闸门压毁，而车厢里原先满满的乘客，现在竟然一个人也没有！高声呼叫，根本就没人答应。这种情形让在场的人们毛骨悚然，大家战战兢兢走遍整列车厢，发现到处都有人逗留的踪迹：地上乱抛着各种罐头和烟头，有一节车厢的角落里还放着一个行李卷，似乎曾有人在这里躺过。这简直令人无法置信。就是说，失踪的列车找到了，但是所有的乘客却不知去向。列车旁的修车月台上，有一堆报纸、杂志烧熄的火堆，火堆旁边有一只被遗弃的摇篮，摇篮里的被子上还有一只空奶瓶……人们把这些物品收集在一起，觉得如同做梦。大家又仔细察看周围隧道墙壁，仍然没有发现任何移动过的痕迹。这使人们疑惑万分，如果说这个防水闸门年久失修，由于列车隆隆的振动而自由坠落，可是为什么铁轨道岔没有搬动，列车却走上了岔道？更让人不解的是，这趟辆列车的乘客和司机怎么都不见了？

自那时起，30多年过去了，莫斯科地铁方面年复一年试图寻找那些神秘失踪的乘客，但是，这些失踪的人再也没有一个露过面。直到今天，人们仍然找不到任何线索。莫斯科地铁失踪案是20世纪下半叶世界上最神秘的一起集体失踪事件。

触摸俄罗斯

曾经有人用"时空隧道"的理论来解释这一离奇事件，认为在空间存在着人类用眼睛看不到的、然而却客观存在的"时空隧道"，历史上神秘失踪的人、船、飞机等，实际上都是进入了这个神秘的"时空隧道"。有的学者认为，"时空隧道"可能与宇宙中的"黑洞"有关。"黑洞"是人的眼睛看不到的吸引力世界，人一旦被吸入"黑洞"中，就什么知觉也没有了。当他回到光明世界时只能回想起被吸入以前的事，而对进入"黑洞"遨游无论多长时间，他都一概不知。

　　有些学者对这种假设提出质疑：列车和乘客同时消失，乘客们进入了"时空隧道"，为什么列车没有进入？后来美国著名科学家约翰·布凯里教授经过研究分析，对"时空隧道"提出了以下几点假说：

　　第一，"时空隧道"是客观存在，是物质性的，它看不见摸不着，对于我们人类生活的物质世界，它既关闭，又偶尔开放。

　　第二，"时空隧道"和人类世界不是一个时间体系，进入另一套时间体系里，有可能回到遥远的过去，或进入未来。因为在"时空隧道"里，时间具有方向性和可逆性，它可以正转，也可倒转，还可以相对静止。所以，对于地球上的物质世界，进入"时空隧道"便意味着神秘失踪；而从"时空隧道"中出来，又意味着神秘再现。由于"时空隧道"里时光可以相对静止，故而失踪几十年就像一天或半天一样。

　　无法想象，如果这些乘客们在"时光隧道"里被静止了十几天，哪一天突然再现人间，而那时地球的物质世界已经过去了100年，进入了22世纪，那时的莫斯科将怎样迎接这些载入史册的超级老人？奇迹还会出现吗？

骄傲的地铁

喀山火车站前的遭遇

在莫斯科有一个地方叫"三大站"，这个地方因为有三个火车站集中在一起而得名：喀山火车站、列宁格勒火车站和亚拉斯拉夫火车站。这里是莫斯科铁路交通的枢纽，一个面积非常大的广场将三个大型火车站连接在一起，从莫斯科往返俄罗斯各地的旅客大多云集在这里。

莫斯科很有意思，它不像中国各个城市只有一两个大型的火车站，将前往各地的火车都集中在一起统一调度。莫斯科的火车站特别多，前往各个方向、各个城市的火车都分布在各个不同的火车站里，不知道当年苏联政府为什么会用这种办法来安排铁路交通。不过，建设这些火车站，为建筑师们提供了施展才华的机会，莫斯科的火车站建筑历史悠久，风格各异，成为了城市的一景。

莫斯科一共有九大火车站，奇怪的是唯独没有"莫斯科火车站"，因为所有的火车站都是以到达地点命名的。其中喀山火车站、列宁格勒火车站都是当今欧洲最古老、运送旅客数量最多的火车站。在火车站前面的"三大站广场"上，不仅汇集了大量的各地游客和来自中亚、西亚各国的外来劳工，其中还有数量可观的非法移民。由于鱼龙混杂，加上管理不善，这些地区的治安便成了莫斯科当局十分头痛的问题。最近几年，警方经常到"三大站广场"抓捕非法移民，给这里带来了紧张的气氛。

在我们的拍摄计划中，有一项是关于"社会治安和光头党"的内容。在选择拍摄采访地点时，好几位俄罗斯朋友都推荐说："你们去'三大站'拍摄吧，那里聚集着大量的偷渡者，社会治安非常差！"这些朋友还一再提醒我们："到那里去一定要

莫斯科市的列宁格勒火车站（这是苏联解体之后唯一还叫"列宁格勒"的地点了），它前面就是聚集许多外国劳工的"三大站广场"。

注意自身的安全，不要跟陌生人走得太近，不要跟陌生人说话。"

中亚五国：哈萨克斯坦、乌兹别克斯坦、吉尔吉斯斯坦、土库曼斯坦和塔吉克斯坦，以及西亚三国：阿塞拜疆、格鲁吉亚和亚美尼亚，过去都是苏联的加盟共和国，现在俄罗斯境内大量的外国劳工，几乎都来自这些国家。他们大多是黑头发、黑眼睛，与斯拉夫人种有着鲜明的区别。在苏联时期，这些加盟共和国的经济发展和社会进步在很大程度上，都要依靠苏联中央政府的帮助。但同时，由于苏联政府推行"大俄罗斯主义"，实行强制移民，不太尊重这些地区的其他民族，使得当地的民族矛盾激化，与俄罗斯民族的心理距离越来越大。苏联解体后，这些加盟共和国纷纷独立。一方面俄罗斯人觉得终于摆脱了沉重的经济和社会负担，今后的好日子可以留给自己过了；另一方面这些国家的民众也觉得自己终于扬眉吐气，可以当家作主，不受政治和精神压迫了。然而造化弄人，掌握自己的命运是如此之难，当"苏联解体"和"加盟共和国独立"的喜悦还未散去，这些原加盟共和国的社会贫困化迅速加剧，导致大量民众又不得不重返俄罗斯去打工挣钱、养家糊口，或者想方设法移民到俄罗斯去。而过去被强制移民到这些国家的俄罗斯人，由于民族地位急剧下降，也不得不成批返回俄罗斯，其中大量的知识和技术精英也随之离开了这些国家，给当地的经济发展造成了更多的困难。

在这种背景下，由于就业挣钱机会比较多，彼此都可以用俄语交流，在俄罗斯各地从事重体力劳动的中亚和西亚劳工越来越多，搬运工、建筑工、农贸市场上的小贩、小商品经营者……这一点非常像拥入中国各个城市里的"农民工"，不同的是，"农民工"跟我们一样都是"中国公民"，而过去同为"苏联公民"的中亚和西亚的劳动者，在俄罗斯则是"外国劳工"。大量拥入的外国劳工，给劳动力严重不足的俄罗斯带来了充足的廉价劳动人口，同时也带来了许多社会问题，其中最严重的就是治安问题。在外国劳工密集的地区，治安形势急剧恶化，行凶、抢劫、偷窃等刑事案件发案率非常高。于是，许多俄罗斯人就把抱怨和愤怒通通发泄到这些外国劳工身上，对他们歧视甚至施暴的现象也在大量增加。

我们刚到"三大站广场"时，就看到一群群外国打工者分布在广场的各个角落，他们大都是青壮年男性，也许是找不到工作的缘故，他们无所事事，有的呆坐在那里，有的相互打闹取乐，路过的俄罗斯人唯恐避之不及，远远就躲开他们。在俄罗斯人看来，"外国劳工"聚集的地方，都是藏污纳垢之地。我们在喀山火车站前遇到一群外国劳工，有四五十人，当走到距他们100米左右的距离时，我们停了下来，架起了摄像机，佯装拍摄喀山火车站的外景，慢慢地将摄像机镜头摇向他们……

很快，眼前的这些外国劳工开始注意到我们，有的还朝我们举起手中的酒瓶，向我们示意。这时车站广场上人流很大，我们并不担心会发生什么意外情况。但是，意外情况还是发生了，但并不是来自这些"外国劳工"，而是来自俄罗斯人。首先，有位路过的30多岁的俄罗斯男人站在我们跟前，认真地看着我们拍摄，接着很严肃地对我们说："你们为什么要拍摄这些肮脏的人？他们并不是俄罗斯人，他们不代表俄罗斯，你们应该拍摄这些地方。"说着，他用手一指喀山火车站和圣彼得堡火车站，意思是说这些宏伟的建筑才代表俄罗斯。我们有些哭笑不得，只好向他解释，我们并不是要拍摄这些外国劳工，我们是在拍摄莫斯科的街景，既要拍摄建筑，就无法避开人群。

接着我们继续工作，不再理会这位"警惕性"很高的俄罗斯男人。过了一会儿，他就悻悻地走开了。可是没过几分钟，过来了两位俄罗斯警察，上来就要检查我们的证件，我们的翻译悄声说："肯定是刚才那个俄罗斯人把警察叫来了。"不过，这两位警察态度还比较友好，因为他俩看过我们的证件之后，猛然想起在前几天，我们采访组的另外一路记者曾经来过这个火车站，还采访过站长和好几位铁路工人，当时就是这两位警察负责安全保卫的。这一来，我们大大松了口气。两位警察对我们说："我们欢迎你们，中国记者。不过请你们拍摄这边，不要拍摄这边。"其中一位大个子警察边说边做手势，把外国劳工聚集的地方一下子划为不准拍摄的区域。我问他为什么不可以拍摄？大个子警察很坦率地说："他们（指外国劳工）的样子很不好看，你们不要拍摄。"他接着还很友好地说："你们放心地在这里工作吧，有我们在这里，你们很安全！"这是两位好心肠的警察，他们既想帮助我们，又想限制我们拍摄。

看着这两位俄罗斯"警察叔叔"，还有前面那位"警惕性"很高的莫斯科市民，我突然有一种很熟

我们在列宁格勒火车站采访时，背后有许多来自中亚的外籍劳工。

我们正在拍摄，两名警察出来干涉，不允许我们拍摄外籍劳工，认为有损莫斯科形象，无论我们如何向警察解释都不管用。

悉的感觉，他们多像30年前的北京警察和市民啊，只要看到外国人拍摄城市落后的一面，"爱国心"和"责任感"便会油然而生，立刻责问："为什么只拍摄我们的落后面？为什么不拍摄中国的光明面？为什么不去拍天安门、长安街？！"多么熟悉的"祖国荣誉感"啊！在我们的采访过程中，发现这样的俄罗斯人还真不少，苏联时期在他们心里种下的"纯洁的爱国心"至今还保留着。

在两位警察的"保护"下，我们最后不得不按照他们的要求，拍摄了一些火车站的外景，当然，这本来也是我们的拍摄内容之一，只是在这种状况下进行拍摄心中难免有些不快。不过通过这件事情，我们也体会到俄罗斯人对外国劳工的成见很深。

在俄罗斯各地，外国劳工从事着许多俄罗斯人不愿意做的所谓低等工作，他们为俄罗斯的社会做出了无法替代的贡献。在我们采访期间正逢金融危机，俄罗斯的失业率急速上升，导致社会购买力下降，也使得许多外国劳工无工可打，大量返回自己的国家。这一来，俄罗斯人开始着急了，许多农贸市场倒闭，城市里的垃圾运不出去，日用小商品价格飞涨，社会的日常生活秩序开始失常……在俄罗斯这样一个人口严重不足、经济结构严重失调的国家，实际上根本离不开这些廉价的外国劳工。

有意思的是，这些外来劳工跟当地的中国人关系一直不错，而且许多外来劳工是跟着中国人一起在俄罗斯合作经商的，挣了不少钱。比如中国商人从国内发运到俄罗斯的大量日用小商品，一般都是转手批发给这些"外国劳工"，然后他们有一张巨大的销售网络，在俄罗斯各地零售中国商品，从中赚取差价。在俄罗斯，绝大部分日用小商品来自中国，而经销者有一大半是这些来自中亚和西亚的外国人。

客观地说，这些年来俄罗斯发生的许多社会治安问题确实跟"外来劳工"有关，突出的就是"黑帮现象"，他们相互倾轧，血案不断，给社会和民众带来了不安；另外，俄罗斯方面对外国劳工管理不善，司法部门比较腐败，对大量的违法犯罪行为不能实施有效的打击，也令民众对司法部门失望，推助了社会心理的反弹。当然，最根本的原因还是俄罗斯社会对这些外国劳工有一种传统的歧视，这种根深蒂固的"大俄罗斯主义"意识，加剧了俄罗斯人与"外国劳工"的矛盾。

对"外国劳工"的歧视随着近年来俄罗斯民族主义倾向抬头而愈加严重。俄罗斯每年有一个"民族团结日"，定于11月4日，是俄罗斯政府为了加强民族团结而新设的一个国家节日。可是事情很怪，现在这个"民族团结日"几乎成为了一个"排外日"。每到这一天，俄罗斯的各种右翼政党纷纷出面组织集会和游行，把"民族团结日"变成了一个民族主义者大示威的日子。在游行中，参与者们高喊"俄罗斯是俄罗斯人的俄罗斯"、"反对外国移民"等等。这一天，街头各种针对外国人的暴力事件也会明显增加。所以俄罗斯人都说"团结日里不团结"，新一轮种族主义情绪正在俄罗斯抬头。

在俄罗斯，最敌视外国劳工的，恐怕当属那些极右翼的民族主义政党以及他们的追随者们。我们在采访俄罗斯主要的排外团体——"光头党"时，这一点得到了充分的印证。

我们冒险采访了"斯拉夫联盟"的领导人基姆什金·德米特里和"光头党"成员伊万·鲍里斯维奇·斯米尔诺夫，这些"外国劳工"是他俩多次提到的"打击对象"。尤其是那位伊万·鲍里斯维奇·斯米尔诺夫，身高在一米九以上，高大魁梧，在他的腹部自上而下有一道很长的刀疤。他说，这条刀疤是跟一群塔吉克斯坦人"作战"时留下的。据他说：当时这些塔吉克斯坦人要抢他的手机，他就反击他们，把他们打败了，不过自己身上也永远留下了这个刀疤。还有一次，他和女朋友在大街上溜达，遇到了一些吉尔吉斯斯坦人不友好地议论他的女友，于是他狠狠教训了这些人！伊万·鲍里斯维奇·斯米尔诺夫反复说："我们要保卫家园和妇女，政府保卫不了，我们就自己保卫自己。我们的目标就是要全力以赴对抗这些'外国人'！"

而那位"斯拉夫联盟"的领导人基姆什金·德米特里说得更加明白无误，在谈到目前俄罗斯政府的移民政策时，他说："尽管我们采取的行动（暴力排外），还无法对当前的移民政策产生实质性的影响。哪怕我们的光头党杀多少人，就算每年杀70、100、150人，也不会赶走生活在莫斯科的几百万这些'外国人'。但是光头党的这些行动，肯定会让这些人感到恐惧，感到自己是在别人的地盘上生活！"

基姆什金·德米特里对俄罗斯政府实行的移民政策表示了极大的不满，他说："这很愚蠢，表面上我们是得到了上百万的外来廉价劳动力，可结果物价不仅没有降低，犯罪率反而急速飙升，俄罗斯人的生活水平反而下降了，所以我们的年轻人不得不采取了一定的行动!"他说的行动,就是指每年俄罗斯境内发生的成千上万起袭击"外国劳工"的刑事犯罪案件。

对于"斯拉夫联盟"和"光头党"的未来,这位"斯拉夫联盟"的领导人显得很悲壮也很坚定:"我们所对抗的并不是哪一个国家,不是跟他们的民族过不去,不是要消灭一个塔吉克斯坦人或是一个亚美尼亚人,我们所对抗的是未来的趋势。照这样的趋势发展下去,大量的外国移民拥入俄罗斯,再过20年我们的国家很可能会成为一个穆斯林国家。我们宁可不择手段,因为我们要捍卫的是我们的白人孩子的未来!"

我们在喀山火车站前见到的情形,还有光头党党魁那些令人毛骨悚然的威胁,都只是俄罗斯今日民族矛盾的一个缩影而已。俄罗斯跟其他国家的民族矛盾不太一样,它不是国内民族分裂造成的,归根到底是源于"大俄罗斯主义",源于它跟这些邻国长期以来政治、经济、文化地位不平等造成的。这个"民族过节",恐怕不是几代人能够解开的。

俄罗斯这个国家特别奇怪,总有一些几百年来无法摆脱的"恶咒",始终在纠缠着这个世界上国土最辽阔的国家,给俄罗斯社会带来无尽的折磨,民族仇恨就是其中之一。从沙俄到苏联,一直到今日俄罗斯,无数君王、政客使用了各种阴狠、残暴或者温和、妥协的办法,都没有找到民族和解的出路。当然,所有的办法都是以俄罗斯民族为中心的。这些年来,苏联解体之后的俄罗斯跟比邻的中亚、西亚各国,依然是麻烦不断,彼此无法分离,却又拳脚相加。

触摸俄罗斯

新俄罗斯人谢尔盖

在俄罗斯采访中，我们接触了各色人等，无论是政府官员、艺术家、记者、教师，还是普通职员、商人、警察等，总体上感到他们对中国人都是比较友好的，他们每户人家从穿戴到日常用品、孩子玩具，都和"中国制造"密不可分。如果说对中国有什么不满意的地方，恐怕最多的就是中国的一些劣质日用商品，让俄罗斯人吃了不少亏，使他们对中国人开始有了些许不信任。

■ 谢尔盖是莫斯科一家小型的私营文化传媒公司的负责人，该公司以项目制为主，有了项目就临时招募员工，固定员工只有两三个人。经营方式灵活，专业水平很高。

而我们对俄罗斯人的印象，最深的一点，就是他们的办事效率实在太低，拖拖拉拉，从不考虑对方的感受。这种状况，在政府部门和大型机构中尤其明显。还有一点，就是他们普遍缺少中国人做事情那种灵活性和协调性，用我们的话说就是"一根筋"。比如，他们必须先办完一件事情，再慢慢去考虑做第二件事情,不会"走一步看两步"。不像中国人提前将所有事情都计划好，并且在执行中灵活变通，他们做不到，也不愿意这样去做。这种习惯，让我们在采访中吃尽苦头。我们经常为工作效率和计划变通，跟俄罗斯的采访对象们费尽口舌。

寻找合作伙伴

但也有一些俄罗斯人例外，比如为我们安排采访的谢尔盖就是一个。我们把这种人称为"新俄罗斯人"，因为他们的行事风格跟大多数俄罗斯人迥然不同。

在前往俄罗斯采访之前，我一直很担心能不能顺利完成这次任务。我们采访制作的大型专题片《聚焦俄罗斯》，共分为10集，每集30分钟，内容涵盖了俄罗斯社会生活的方方面面，这是近年来中国电视媒体首次全景式地反映俄罗斯的社会现状，是一个十分浩大的拍摄和采访活动。为了完成这次采访任务，我们将要在这片陌生的语言不通的国土上，走进许多城市和乡村，联络无数个采访对象，挑战性非常大，而给我们在俄罗斯的采访时间只有一个月！

要想完成好这一次巨量的采访任务，假如没有俄罗斯相关机构的大力协助和支援，单凭我们采访组七个人到俄罗斯去单打独斗，这简直是无法想象的事情。如果让我们自己去联系和安排采访，在俄罗斯这么一个低效率的国家里，恐怕一个月里只能完成十分之一的采访任务。顺便介绍一下，我们采访组共五男两女，过去没有

▍谢尔盖和付艳杰，一位是我们的采访公关，一位是我们的全程翻译兼向导。没有他俩的鼎力相助，采访组在俄罗斯可以说步步难行。

▍谢尔盖的助手玛丽娜（右）也全程参与了"聚焦俄罗斯"的采访公关工作。她原先是一位电影导演，后来改行做文化传播工作。

一个人到过俄罗斯，没有一个人会说俄语。我们对俄罗斯的所有了解都是来自几本介绍俄罗斯的书籍。

在这种条件下启动《聚焦俄罗斯》大型专题节目的采制，开始时我充满忧虑。

在前往俄罗斯之前，我每天做的最多的一件事情，就是通过各种社会关系，在俄罗斯寻找一个效率高、专业强的合作伙伴。当时我们在北京找了不少俄罗斯朋友，请他们介绍今日俄罗斯的一些情况，重点是帮助我们找一家可以信赖的合作伙伴。为此，我们经常晚上在北京三里屯一带的酒吧里，聚在一起反复讨论，拿出一个个方案，很快又一个个被否定。我当时快无奈了，俄罗斯已经搞了20多年的市场化经济，怎么就找不到一家服务好、效率高的文化传媒公司？我们甚至还找到了北京外国语大学俄语学院前院长、李立三的女儿李英男老师，还有李立三的外孙刘铉，凭借他们在俄罗斯的人脉关系寻找合作伙伴。

一开始，我们想在俄罗斯的中方机构中寻找一家合作伙伴，最后我们发现这种想法不太可行。驻俄的中方机构为采访组提供吃住行的保障，这个毫无问题，但联系和安排采访就太难了。尽管他们长期驻扎在俄罗斯，但实际上跟俄罗斯社会始终隔着一道"防火墙"，大量俄罗斯社会的生活现象和人物他们是接触不到的。比如说俄罗斯的"光头党"、金融危机中濒临倒闭的企业、落后的乡村，等等。这就等同于在中国生活的外国人，他们跟中国民众的日常生活是有很大隔膜的，依靠他们能够挖出什么有价值的新闻？

在联系了两三家中方驻俄罗斯的机构之后，我们放弃了这个念头，开始在俄罗斯机构中寻找。首先，我们想到了俄罗斯新闻社、塔斯社、俄罗斯电视台这些新闻同行，并通过俄罗斯朋友跟他们取得了联系。一开始，对方都满口答应，但接下来的情况就不妙了。他们首先要我们提供各种官方文件，包括俄罗斯驻华使馆、俄罗斯外交部、俄罗斯总统府新闻处的批准文件，等等。不收到文件，对方就不跟我们谈项目、签合同，不启动前期准备工作。我们当时就要出发了，按俄罗斯的办事效率，我们怎么可能在短时间内拿到这么多批准文件呢？

随后，他们提出的"合作价格"也是惊人的。从他们给我们提供的合作方案上，直接"配合"我们工作的协助人员就多达20多人，是我们采访组人员的三倍！同时还规定了不少限制性条件，比如从合同签订之日起就开始收费，按每人每天工作

新俄罗斯人谢尔盖

6小时计费，超出规定时间一律加倍收费……有没有搞错啊，新闻记者哪有这种死板的工作时间!

最可怕的还不是以上的问题。我们按计划是6月初到俄罗斯进行采访，而在这个季节里，俄罗斯许多人就开始休长假了。这几家新闻单位都告诉我们说，他们的领导有的在休假，有的在外地，所有的合作项目，都要等到领导回来之后才能最后定夺。我们说：时间比较紧迫，请抓紧给你们的领导打电话商量一下。回答却是：我们的领导在休假期间是不工作的，不能打电话，必须等他们回来。我们问：领导什么时候回来? 回答：十天以后再说吧。这就是我们将要花大价钱买来的服务吗? 主雇关系完全被颠倒。在北京的俄罗斯朋友告诉我们：这就是俄罗斯官办机构的办事效率，这仅仅是开始，当你们到了俄罗斯之后，会发现他们答应的事情未必都会落实!

出发的日子一天天临近，采访的计划也都制订出来了，可就是找不到一个安全可靠的俄罗斯合作机构。这个时候我们才觉得中国还是很可爱的，官方的、民间的文化传媒公司一大把一大把的，他们不仅有极为专业的服务水准，也有极为热情的工作精神，只要有钱可赚，绝对会高效拼命地为雇主工作。

俄罗斯电视一台驻北京的首席记者苏迪明告诉我，莫斯科也有一些民间的文化传媒公司，虽然名气不大，数量不多，规模很小，但跟官办的新闻机构相比，服务态度和效率完全不一样，他可以通过个人关系帮助我们介绍一两家。就这样，经这位新闻同行的介绍，谢尔盖的名字出现在了我们的面前。这时候，离我们前往俄罗斯只剩下十来天时间了。

初识谢尔盖

谢尔盖是莫斯科一家私营传媒公司的老板，手下只有两名常用雇员，工作忙的时候再临时增加。他的业务主要是传媒公关，帮助安排外国的影视机构在俄罗斯进行采访和拍摄。虽然从未见过面，刚开始只是电话联络，但他给我的第一感觉非常好。当我们将一份长长的采访计划传真给他后，很快得到了回复："我过去主要是协助外国影视机构拍摄纪录片，从来没有承担过这么复杂的新闻采访安排，这对我

这是俄罗斯航天飞行控制中心的指挥大厅，每天跟外太空的国际空间站保持着密切联络。它的布局跟北京航天城的飞行指挥中心非常相似，仿佛一对孪生兄弟。能够进入这里采访，并直接跟国际空间站的宇航员对话，是谢尔盖给我们带来的惊喜之一。

是一个很大的挑战。不过，我会尽百分之百的努力来做好这件工作，从现在开始，我们三个人昼夜加班，进行前期联系和踩点，保证你们一到俄罗斯就能够开始采访。如果你们信任我的话，我们现在就可以开始工作了。"

　　一开始我还是很担心，谢尔盖的公司这么小，人手这么少，能够完成如此大量的前期准备工作吗? 包括联系采访、交通安排、资料准备、现场查看，等等。也许谢尔盖看出了我的担心，他特别向我强调: 所有合同和计划中的任务我保证完成，服务的费用可以等到采访结束后一并结算，如果没有执行好服务合同，你们可以不付款!

　　当时，我们也没有其他选择了，病急乱投医，就把"赌注"押在了谢尔盖身上。苏迪明对我说: 我了解谢尔盖，你应该不会失望的。

　　关于收费，谢尔盖提出的标准跟俄罗斯那几家官办新闻机构相比，不可同日而语，只有那些大机构的四分之一左右。

谢尔盖带我们进入俄罗斯大名鼎鼎的紧急情况部采访。它是俄罗斯的强力部门之一，全权负责处理国内外各种紧急突发事件。汶川大地震时，俄罗斯国家紧急救援队就是由这个部门派到中国来的。

很快，谢尔盖用自己的工作能力和态度，赢得了我们的信任。在我们出发前的十多天时间里，他几乎每天给我们发三四封电子邮件，将每一个落实的采访对象都及时通知我们，并且还对我们采访计划中一些不周全的地方，提出自己的修改建议。比如莫斯科的高房价、失业、人口问题、流行艺术等选题，都给我们提出了许多很有价值的建议，修正了原计划中的不完善之处。这样，在我们5月29日起程前往俄罗斯那天，谢尔盖已经完成了大部分采访对象的联络和踩点工作，使我们胸有成竹地飞往莫斯科。

在莫斯科二号国际机场，我见到了从未谋面的谢尔盖，一个年近四十的俄罗斯男人，中等个子，相貌平凡，微微有些秃顶。他带着女助手玛丽娜，笑容可掬地在机场候机室里迎接我们。当晚，我们便在住处研究第二天的采访方案，一直进行到深夜，大家都十分困倦。我觉得实在太晚了，就对谢尔盖说："今晚你就住在这里吧，明天一起出发去采访。"他说："我回家还要工作，要把好几封电子邮件发出去，不然会耽误你们后面的采访行程。"我当时听了真有些感动，想起了苏迪明的话：谢尔盖不会让你失望的。

创造意外惊喜

我们这次俄罗斯之行,许多采访内容都很有挑战性,涉及俄罗斯当下一些十分敏感的社会问题,比如采访俄罗斯的"光头党"就是其中之一。联系这些采访对象,对谢尔盖来说也不是一件轻松的事情,需要动用一些十分特殊的社会关系。记得在北京跟一些俄罗斯朋友说起这些采访选题时,他们都觉得完成起来十分困难,有的人还开玩笑说:"你是想到俄罗斯去做'焦点访谈'吗?怎么这么多负面问题?这可不容易完成啊!"

"光头党"现象是俄罗斯一个带有政治色彩的社会问题,十分敏感,联络采访十分困难和危险,尤其是外国记者采访,因为"光头党"本身就是一个极右的排外组织,专门袭击外国人。在我们达到俄罗斯之后,谢尔盖每次谈到这个选题时,总是满脸愁云,总是说:"我正在联络之中。"我们就对他说:"很理解你的难处,我们知道这是一个十分困难的采访,如果落实不了的话,我们可以放弃这个选题。"但谢尔盖似乎很执著,一直在通过各种渠道寻找机会。

过了十多天,谢尔盖突然告诉我们:"有一个迟到的好消息,'光头党'的采访搞定了,我们不仅可以采访到'光头党'的成员,还可以采访到他们的领袖,'斯拉夫联盟'的领导人基姆什金·德米特里!"谢尔盖还特别强调:"我安排你们在公共场合采访,这样比较安全!"我们大呼"乌拉",我问谢尔盖:"怎么联络上这些人的?"谢尔盖诡异地冲我一笑:"这是我的秘密!"

采访这两位神秘而危险的人物时,谢尔盖没有跟我们同去,而是安排了一位不相识的俄罗斯人陪同我们前往。我想,这也许跟谢尔盖说的"秘密"有关。正如前文所述,采访被安排在莫斯科的一个居民社区的草坪上进行,目的是为了保证采访组的安全。这是一场非常有刺激性的采访,也是《聚焦俄罗斯》10集节目中收视率最高的一期节目,它让中国观众第一次在电视屏幕上直接看到了什么人是"光头党",他们心里的想法是什么。尽管最后在播出时,许多比较暴力的内容都被删掉了。

我对谢尔盖表现出来的主动性和创造性很赞赏，有一期节目是专门介绍俄罗斯的航天技术的，因为事关俄罗斯国家核心机密，联络采访也是费尽周折。结果，谢尔盖不仅帮助我们联络采访了俄罗斯著名的航天城——"星城"，还主动跟俄罗斯的航天局联系，让我们走进了俄罗斯航天指挥中心，直接跟正在外太空遨游的俄罗斯空间站的宇航员们对话。这是一次十分难得的采访机会，尤其是主持人张羽跟俄罗斯航天员罗曼和根纳季进行的"天地对话"，时间长达七八分钟！当时，这两名航天员正在跟地面指挥中心进行常规通话，当他俩得知此刻跟他们对话的不是平时的俄罗斯航天官员，而是一名中国记者时，十分惊愕。对话快结束时，两名俄罗斯航天员对远在地球的张羽说："我们的空间站里现在经常有外国同行，但还没有来自中国的航天员，非常欢迎中国航天员也来到空间站工作，这样我们就有机会吃到美味可口的中餐了！"通过这次采访，我们对谢尔盖的公关能力更加刮目相看了。

　　不过，谢尔盖的主动性和积极性也有过头的时候，甚至到了自作主张的地步。有一次前往莫斯科的一家企业去采访工人失业的情况，他居然自作主张联系了五六个工人家庭，并且要求我们一一都去采访。实际上根据节目的需要，我们只需要采访一个家庭就够了。但他坚持认为这五六个家庭的情况各不相同，应该全都去采访，无奈之下我们只好从命。还有一次到莫斯科的居民家中采访住房紧张的内容，他又联络了四五个家庭，也要求我们全部采访，这让我们感到很为难。当这种情况多次发生后，当地华人朋友对我说：你必须直截了当告诉谢尔盖，这样不行，俄罗斯人不像中国人，他们不会揣摩你的想法。不得已我只好对谢尔盖说："我们的时间和精力是有限的，以后所有的采访安排，要事先征得我的同意，不要自作主张。"谢尔盖听了立即点头：OK,OK。以后，所有超出计划外的创意，他都会事先跟我们商量后再付诸行动。

　　谢尔盖也有冲我们生气的时候。有一次在圣彼得堡采访一家剧院时，采访组有位记者临时请他联系一个特殊的采访，而且要求马上进行。他当时确实感到很为难，但还是立即开始联络。也许这位记者感到太为难谢尔盖了，就对他说："你联系一下试试，成就成，不成就算了。"不料谢尔盖很生气地说："我不明白，什么叫成也行，不成也行？你到底想不想采访？！"这一来反而弄得这位记者很不好意思，只好说："我当然希望采访。"谢尔盖二话不说，狂打一通电话，居然把这次采访落实了。

采访组与谢尔盖、玛丽娜在圣彼得堡的皇宫广场上合影。

新俄罗斯人谢尔盖

所以，中国人那种模棱两可的意思，对俄罗斯人来说是很难理解的。

谢尔盖还有一个大部分俄罗斯人没有的优点——遵守时间。每次外出采访，谢尔盖总是一再敦促我们提前出发，绝对不允许我们采访迟到，因为莫斯科的堵车现象十分严重。为此，他自己常常提前一个多小时到达我们的住地。有一次，他的助手玛丽娜陪同我们前往一所学校采访，因为路上堵车迟到了大概30分钟。谢尔盖当场把她狠剋了一顿，当着大家的面对玛丽娜说："你让我感到羞愧！"结果玛丽娜真的羞愧万分，一路上在车里掉了好几次眼泪，弄得我们过意不去。从这以后，玛丽娜再也没有迟到过。

时间长了，谢尔盖跟我们周围许多中国人都混熟了，大家都很赞赏谢尔盖和他的工作团队。一直给我们当翻译的付艳杰在俄罗斯学习工作了六七年时间，她由衷地说："谢尔盖是俄罗斯人中的另类，他是在市场经济中锻炼出来的新职场人，是新俄罗斯人！"从此，我们给谢尔盖起了这个外号："新俄罗斯人"。他不是那种靠特权一夜暴富的"新俄罗斯人"，而是在市场竞争中靠能力取胜的"新俄罗斯人"。

在俄罗斯工作生活了一个月，谢尔盖整整陪了我们一个月。可惜我们之间语言不通，每次交谈都必须借助翻译，不然的话，我真希望跟他多聊聊天，而不仅仅限于工作交流。回国之后，有好几个新闻界的朋友要去俄罗斯采访，问我在俄罗斯有熟人吗？能不能提供一些帮助？我就告诉他们：去找谢尔盖吧，他不会让你失望的。

触摸俄罗斯

俄罗斯大美女

所有到过俄罗斯的外国人，无不惊叹俄罗斯美女之多。

走在俄罗斯每座城市的街上，容貌美丽、妩媚动人的俄罗斯姑娘随处可见。那白里透红的脸庞像是精美的雕塑，令人过目难忘。在长长的睫毛下，是一双双蓝色的像清澈湖水般迷人的双眼。还有那飘逸的栗色或金黄的长发，散发着充满诱惑的青春气息。俄罗斯姑娘不仅长得漂亮，而且身材极棒，个个两腿修长，高挑挺拔，一路走来风姿绰约，妙不可言。我们经常会心生感叹：世界上最美丽的女人怎么都集中到了俄罗斯？

在俄罗斯的许多中国朋友都开玩笑说：中国男人刚到俄罗斯时，都要患上一个月的"美女综合征"。它的症状就是：眼睛看不够，嘴里说不完。特别是那些刚到俄罗斯留学的中国男孩子，恨不能长出四只眼睛"饱餐"美女。在校园里看得不过瘾，就结伙跑到大街上、公园里去喂饱自己的双眼。看不够，就用照相机去拍美女。而要命的是，俄罗斯的美女们格外热情，十分乐意和别人一起分享自己的美丽。只要你跟她打招呼，她一定会还你一个热情灿烂的微笑，甚至再给你一个飞吻。如果你拿起照相机对准她们，美女们一定会热情地展开自己的身姿，用迷人的微笑给你鼓励，让你拍个够！

我们采访组的男士们也未能超凡脱俗，同样经历了"美女综合征"的"折磨"。每次我们在莫斯科、圣彼得堡、叶卡捷琳堡的街头采访时，经常会发生分心现象，这边正在进行采访，而随行的其他同事就会转过头去看美女，或者抓紧机会拍摄几张美女照。一不小心，还会招来美女们的"骚扰"。有好几次，美女看见我们用照

早熟的俄罗斯女孩，一般到十四五岁已经出落得十分成熟美丽，充满青春气息。这是我们在圣彼得堡的彼得宫门口遇到的一位女孩子，主动邀请我们合影。

相机对准她们，干脆就对着我们摆起姿势，笑容可掬。有的甚至会跑到我们跟前，好奇地问这问那，还跟我们一一合影。有一次我们去圣彼得堡的彼得宫参观，一位身穿海军衫的姑娘和她母亲与我们擦肩而过，我的一位同事快速抢拍了一张"美女照"，结果母女俩马上停住脚步跟我们打招呼，母亲还十分自豪地把女儿介绍给我们认识，让她跟我们每一位男士合影。

　　在俄罗斯，你可以感觉到无论是男人还是女人，对本国盛产的美女都非常自豪。他们自称：俄罗斯盛产两样东西，天然气和美女。不止一个俄罗斯人对我说过这样一个民间戏言：一个男人在天堂生活的必备条件是，娶俄罗斯的妻子，吃中国的饭菜，住英国的别墅，拿美国的工资。

　　平心而论，俄罗斯的美女们无论从哪个角度观察，都堪称世界顶级。她们有美丽的容貌和身材，也有良好的文化和艺术修养，言谈举止十分优雅得体。而且最让人叹服的是，俄罗斯的美女比率非常高，如果说美女在中国是百里挑一，在法国是十里挑一，在俄罗斯就是两者有其一。走在大街上只要一抬头，迎面美女纷至沓来源源不断，让人觉得在俄罗斯逛大街是一种心旷神怡的享受，永不疲倦。

我的同事、央视主持人张羽在莫斯科采访时，有一天走在大街上左顾右盼，然后十分郑重地对我说：我觉得用"美女"来称呼俄罗斯姑娘不够公平，

莫斯科美丽的少女鼓手。

她们绝对是人间精品，应该称呼她们"大美女"！

因为美女众多，要想一饱眼福，你只管往人多热闹的地方走，保准收获颇丰。比如像街心公园、商业闹市、剧场影院、酒吧咖啡馆等，还有一种场合更是美女成堆，那就是婚礼。我们在俄罗斯时，遇到好几场俄罗斯婚礼，披上婚纱的俄罗斯姑娘，要多漂亮有多漂亮，要多纯洁有多纯洁。俄罗斯的婚礼非常热闹，也非常有特色，虽然我们并没有亲自到俄罗斯人的家中参加过婚礼，只是在公园里、无名烈士墓和教堂门前无意间撞上过几回，但依然给我们留下了很深的印象。现场气氛十分热烈，有人拉着手风琴，唱着歌儿，很浪漫的一种感觉。参加婚礼的人们都是盛装出席，许多女人还身穿俄罗斯的民间服装，儿童们也都穿戴得漂漂亮亮。新娘身着长长的婚纱，在音乐和歌声中亲吻着每一位亲朋好友。每每遇到这种场合，采访组的男摄像们就抱怨说：为什么不拍摄一期俄罗斯婚礼的节目？画面效果多么好啊！我就跟上一句：还能认识那么多俄罗斯美女！大家会心大笑。

在圣彼得堡的涅瓦河畔，一群女大学生正在拍照。

　　听朋友们说，如果到俄罗斯人的家中参加婚礼，那将是一件终身难忘的经历，他们有许多民间习俗非常有意思。比如在婚礼上，人们都会"叫苦不迭"。原来在婚宴上来宾们都会大喊"苦啊！苦啊！"每当有人喊"苦啊"时，在场的所有人便会齐声附和，这时新郎和新娘便会站起来，当众深情地一吻。没过几分钟，又有人会大声叫"苦啊"，新郎新娘便又站起来，再次用甜蜜的吻来平息朋友们的叫"苦"声。这样，在婚宴上至少要重复十几次人们才会罢休。按照俄罗斯人的说法，酒是苦的，不好喝，应该用新人的吻把它变甜。俄式婚礼仪式既隆重又烦琐，大体上分为"婚礼前仪式"、"婚典仪式"和"婚后仪式"，新郎和新娘要经受无数次的"考验"。尤其针对新娘的"考验"特别多，她必须将"十八般手艺"奉献出来，如扫地、生火炉、烙饼、擀面条。来宾们还会往地板上倒垃圾或往烟囱里放干草、泼冷水等，看看新娘如何对付这些生活难题，以考验她是否是一个吃苦耐劳、娴淑能干的妻子。

也许在俄罗斯人看来，美貌只是暂时的，能够操持家务、相夫教子，才是女性身上最重要、最持久的美德。

议论俄罗斯美女成了我们在俄罗斯紧张采访中的一种最有效的精神调剂，议论多了，自然就开始归纳总结，上升到理论认识。我们把俄罗斯美女从年龄上分为三大类别。第一类是"大嫂型"的，年龄在四五十岁。在我们过去的印象中，俄罗斯女人一结婚，就会在一夜之间突然变得体态臃肿，与少女时判若两人。这种印象是上一代人传授给我们的，跟今天的俄罗斯女性并不完全相符。如今在俄罗斯，"胖大嫂"虽然还时常可见，但跟苏联时代相比已经少了许多，这是因为俄罗斯女性的生活方式和观念已经跟过去大不相同了，她们开始注意自身的保养，饮食习惯已经从"吃饱为主"转变为"吃好为主"，保持体形成为她们生活中的"重中之重"。虽然已经四五十岁了，她们依然美丽尚存，不失风雅。她们并不浓妆艳抹，只是嘴唇上永远抹着得体的口红，挎着一只优雅的小包，有着一种从容不迫的典雅。

第二类俄罗斯美女叫"熟女型"，年龄在20岁至30岁之间，她们浑身散发着成熟女性的气息，有一种慑人的美丽，咄咄逼人。她们有良好的文化艺术修养，气质优雅。她们的处世方法很亲切但不显轻佻，既落落大方又略带羞涩，十分有诱惑力。在职场上尤其与男人较量时，往往具有超乎寻常的性别优势。在俄罗斯的政府部门、大企业、服务业中，这些美丽的女性往往肩负重任，独当一面，成为职场的中坚力量。她们总是把自己最光鲜、最美丽的一面献给大众和社会，在她们脸上看到的永远是优雅迷人的笑容。

最让人喜欢的可能是第三类俄罗斯美女：清纯的俄罗斯少女。俄罗斯的女孩子一般在14岁就开始成熟，这也是她们的法定结婚年龄。2002年俄罗斯通过了一项法案，准许将合法结婚年龄从16岁降低到14岁。这个法定的结婚年龄比全世界大多数国家都低，甚至违反了联合国人权委员会要求的"女性合法结婚年龄不应低于15岁"。但从另一个角度，也反映出俄罗斯少女成熟的速度。青春无敌的俄罗斯美少女，很早就表现出了成熟的风韵，她们美丽、单纯、开放、勇敢。她们的身材称得上世界上最完美的女体，肤色洁白，高挑挺拔，长腿细腰，比例匀称，简直就像是一尊精美的人体雕塑。我们采访中去过几所俄罗斯中学，在校园里放眼望去，真是美色无边，个个皆是美少女！在俄罗斯的一些庆典场合，我们还多次看到一支支"美少

俄罗斯大美女

触摸俄罗斯

女鼓手队"，她们个个青春妩媚、身材迷人，敲打着激扬的鼓点，成为人群中一道道美丽的风景。我们不得不叹服：上帝对俄罗斯女性真是偏爱有加！

如果要给这些俄罗斯美女归纳出两个关键词，我选择两个词："优雅"、"能干"。

俄罗斯美女身上的优雅气质，并不仅仅表现在她们的容颜上，那是一种从眼神深处、从精神气质中表现出来的东西，是跟她们从小受到的文化艺术熏陶分不开的。俄罗斯人对孩子的文学艺术教育高

叶卡捷琳堡这位年轻母亲把孩子挂在胸前，对我们非常友好，笑咪咪地跟我们打招呼。

度重视，从幼儿时就开始艺术训练，几乎每个孩子都受过音乐、舞蹈、绘画方面的培养。就拿圣彼得堡来说，只有450多万人口，居然有近200多家大小剧院，还有许多大大小小博物馆，孩子们经常会在家长或老师的带领下，去剧院或者博物馆体验"艺术人生"。即便在20世纪90年代苏联解体后俄罗斯经济最困难的时候，许多家庭甚至面临生活危机时，也还会盛装去看芭蕾舞、听音乐会。在俄罗斯人看来，生活中如果没有艺术，那才是真正的苦难。就是在这种生活环境的熏陶下，俄罗斯女性大多具有很高的审美品位，天生美貌加上后天修来的高雅气质，让人觉得她们无论站在哪里，都是一幅养眼的风景，端庄、典雅、美丽。

"能干"，这是俄罗斯女性身上的另一个强项。在俄罗斯女性身上看不到太多的娇气，少有矫揉造作，说话做事既诚恳又利索。特别是那些"熟女型"美女，她们

善于操持家里家外的一切事务。这也许跟俄罗斯长期以来男女比例失调有关系，也许跟俄罗斯民族特有的"东方气质"有关。俄罗斯女人走进家门，像日本和韩国女人一样是持家的好手。然而走出家门，她们是社会的栋梁，她们许多人都是政府、社会团体、企业、文化艺术界的精英，她们所占据的地位绝不是男人们谦让出来的。这一点，可以从她们的就业状况反映出来。俄罗斯女性的就业率之高，在全世界范围内首屈一指。在全俄总就业人口中，女性的就业比例超过男性，而且女性就业的结构也非常合理，广泛分布于国民经济、文化科技、社会管理和服务业的各个领域。我们发现，在一些高层政府机构、大型企业的管理部门中，女性特别多，她们都受过良好的教育，有修养，有气质，聪明干练，绝对是俄罗斯社会的精英一族。

我们在俄罗斯采访的一个多月时间里，有三位俄罗斯姑娘给我们提供过十分重要的帮助，她们都属于"熟女型"美女。这三位美女都是俄罗斯总统府新闻处的年轻官员，分别是总统新闻局局长助理叶弗盖尼娅，她陪同我们采访了俄罗斯总统梅德韦杰夫；总统府新闻处官员谢尔盖耶娜，她在叶卡捷琳堡帮助我们协调解决了许多采访中遇到的难题；还有一位也是总统府新闻处的官员安娜，我们在莫斯科克里姆林宫的重要采访，都是由她负责安排的。这三位美女官员给我的印象是，办事效率很高，跟许多俄罗斯官员

俄罗斯大美女

在俄罗斯的夏天里，让人养眼的不仅有美丽的自然风光，还有无数的俄罗斯美女。她们和高纬度灿烂的阳光交融在一起，让人过目难忘。

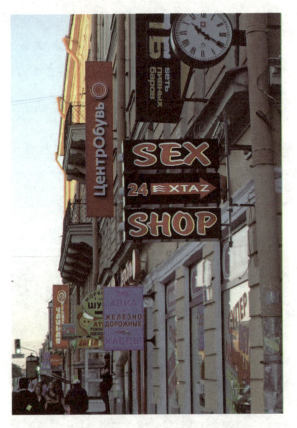

这是圣彼得堡最繁华的涅瓦大街上的一家24小时性用品商店。

身上那种拖沓低效的官僚作风形成了鲜明对照。她们敢于负责，原则性很强。比如在克里姆林宫采访时，俄罗斯政府对记者尤其是外国记者有诸多的限制性规定：采访总统必须按事先规定的步骤进行。我们在采访中经常会无意间"突破"这些规定，但只要在合理范围内，美女官员安娜和叶弗盖尼娅总会网开一面，一边跟安全部门沟通，一边让我们继续拍摄，从来不会粗暴地打断我们的工作。有时候，我们也会提出一些比较"出格"的要求，她们会委婉而坚决地把我们"挡"回来。比如在采访梅德韦杰夫总统前，我们向叶弗盖尼娅提出要一些总统私人生活的照片，这样可以使专访总统的节目更有趣味一些。叶弗盖尼娅很干脆地拒绝道："你们要的这些东西属于总统的个人隐私，这正是我们在工作中要尽量避免泄露出去的东西。"她笑容可掬但口气坚决，毫无商量的余地。

　　不过，许多俄罗斯美女还有一个特点，喜欢烟和酒。尽管俄罗斯男人酗酒现象让人见怪不怪，但是看到美女们一手握着酒瓶，一手夹着香烟，却觉得别有一番风情，媒体也经常告诫女性们，抽烟喝酒不利于下一代的健康，可见热爱烟酒的女性数量众多。我们在大街上经常看到这种情形：一位美女走到一位正在抽烟的陌生男士面前，一伸玉手，要一支烟，那位男士会十分乐意地把香烟递到美女手里，接着啪的一声殷勤地替她点上香烟。美女嫣然一笑，夹着香烟继续走路，身后留下这位男士留恋的目光。在公园的草坪里或者广场的台阶上，抽烟喝酒的女孩子就更多了，她们跟朋友们聚成一堆漫不经心地一口一口喝着俄罗斯7号啤酒，一支长长的烟卷，夹在指间，真是一幅赏心悦目的画面。这种时候，真不知道烟酒对俄罗斯美女们来说是不是一件美丽的饰品？

有一次我们在圣彼得堡的涅瓦河畔，参加一个名叫"红帆节"的庆典，这实际上是当地的一个传统节日，类似于中学毕业生的大型晚会。圣彼得堡好几万中学毕业生，还有他们的朋友们，纷纷汇聚在夜晚的涅瓦河边，把皇宫广场一带挤得水泄不通。他们观看烟火，观看装饰着五彩灯火的"红帆船"慢慢从涅瓦河驶向芬兰湾……这是一个浪漫的夜晚，是彻夜的狂欢！我们看到无数美丽的少女和她们的男伴们一起，人人手握酒瓶，又唱歌又跳舞，享尽青春的快乐，以此来告别自己的中学时光。到了深夜，河边上到处扔满了酒瓶和烟头。

爱好烟酒，对男士来说肯定是一个不良的生活嗜好，对于女性也不例外。不过，对于俄罗斯美女来说可能是一个例外，因为它具有某种特别的审美效果。老实说，男人们是喜欢看着美女们偶尔放纵一下的。不过，希望她们成家之后，最好还是远离这两样爱好，这样可以更加长久地保留美丽。

俄罗斯大美女

图拉之行

　　前往俄罗斯之前，在我们预定的采访行程之中，早早就写上了一个俄罗斯城市的名字：图拉，尽管我们当时对这个城市一无所知。拜访它只有一个原因：它是托尔斯泰的故乡，那里有一个著名的波良纳庄园，这位划时代的文学巨匠就长眠于此。

美丽的旅途

　　我们于6月下旬前往图拉市，那个时节正是俄罗斯最美丽的夏季，沿途尽收眼底的是一望无际的蓝天、森林、开满五彩鲜花的草原，那真是一幅语言所无力描绘的大自然美景。我们在俄罗斯期间，每次离开城市走进乡村，都给我留下极其深刻

从莫斯科前往图拉市的200公里路途中，有看不尽的秀美风景。

图拉市虽然不大，却有300多年的建城历史了，它自古就是俄罗斯的兵器工业中心。这是图拉市中心的列宁广场。

的印象，俄罗斯的乡村美得自然，美得壮阔，美得逼人！

从莫斯科出发向南大约200公里，便是地处俄罗斯东南部的丘陵地带，图拉市就位于这块风景秀丽、高低起伏的丘陵上。去图拉市大约行驶了三个小时，在旅途中我们采访组所有人都精神头儿十足，没有丝毫困倦，都被车窗外的美景所吸引。中途，我们还忍不住停车拍照。不像俄罗斯中部的其他地区道路年久失修坑坑洼洼，去图拉的路面很平整，车辆不多，可以放开速度狂奔。由于这个地区是俄罗斯平原上少有的丘陵地带，所以我们的车队一会儿出现在高坡上，一会儿又埋进低谷中。在辽阔的俄罗斯大地上起起伏伏，恣意狂奔，这种感觉我只有在青藏高原上体验过。

在三个小时的行程中，仿佛一直行驶在一座巨大无边的天然公园里，时而望见天地相接的东欧平原，时而看到高大无边的原始森林，时而欣赏到美丽如画的河流和教堂……

图拉是俄罗斯东部比邻莫斯科的经济和文化重镇，建城已经有300多年历史，是"莫斯科金环"上最著名的古城之一。从17世纪开始，它就成为俄罗斯铁路制造业和武器生产的中心。1712年，按彼得大帝一世的命令在此建立了俄罗斯第一个国有兵工厂。20世纪初，在漫长的日俄战争和第一次世界大战中，图拉市为俄罗斯军队生产了大量的武器，军事工业得到了飞速发展。现在，图拉市有俄罗斯最大的兵器博物馆，还有俄罗斯最大的飞机制造业基地，可惜我们行程太紧张了，这些地方都没有机会去参观。

图拉市规模不大，像俄罗斯的许多州府一样，几乎体验不到现代都市的喧哗，街道宽阔而行人稀少，有时我们想问个路，开着车在马路上找半天才能看到一两个行人。抵达图拉市之后，我们在市中心的列宁广场稍事休息，便前往目的地——亚斯纳亚·波良纳庄园。

林中的空地

亚斯纳亚·波良纳庄园在图拉市以南十几公里的地方，是一片辽阔的被阳光、森林和鲜花覆盖的丘陵。我写这段文字时，反复在使用"辽阔"这个词儿，因为我实在无法找到更多的词汇来形容如此宽广美丽的俄罗斯乡村，那种视觉冲击是难以言表的。

亚斯纳亚·波良纳庄园，就是人们传说中的"托尔斯泰庄园"。这个庄园占地大约有380公顷，风景如画，有郁郁葱葱的森林，有一望无际的草地，还有清澈见底的池塘，处处充满诗情画意。它原来曾经是托尔斯泰外祖父家的世袭领地之一，在1822年托尔斯泰的母亲出嫁时，这个庄园成为了母亲带到夫家的陪嫁品之一。

托尔斯泰出身在沙俄时代的俄罗斯贵族家庭，父亲是尼古拉·伊里奇伯爵，母亲玛丽亚·尼古拉耶夫娜是一位公爵的女儿。托尔斯泰的父母都十分喜爱文学艺术，母亲擅长弹奏钢琴，父亲尼古拉不仅喜爱音乐，而且喜爱绘画，酷爱读书。儿时的托尔斯泰会经常跟着父亲在家中朗诵普希金的诗。这个热爱艺术的家庭，某种程度上决定了托尔斯泰后来的人生命运。据说，托尔斯泰的父亲虽然有万贯家产，但却和许多东正教徒一样过着节俭、诚实的生活。当时许多有钱人家为了炫耀自己的文化教养，往往买了许多书籍摆在书橱内作装饰，其实很少阅读。托尔斯泰的父亲就在家中定下一条规矩：上次所买的书没有读完以前，绝不许再买新书。这条规定看来很苛刻，落实起来恐怕也很难。不过这种不求奢华虚荣，注重诚实节俭的家风，对托尔斯泰的一生产生了很大的影响。

亚斯纳亚·波良纳庄园既是托尔斯泰的出生地，也是他走完生命最后旅程永远安息的地方。托翁活到了82岁，差不多目睹了整个19世纪和20世纪初俄罗斯的变化，他一直到去世那一天，大脑都没有停止对生命意义和生活价值的思考。而在托翁漫长的人生时光中，有三分之二的岁月是在亚斯纳亚·波良纳庄园里度过的，他在这个宁静的远离城市的乡村中思考、写作，这让我想起中国的一句话：宁静致远。俄罗斯许多伟大的作家，他们常常在远离城市之后才会写出伟大的惊世之作。普希金创作长诗《叶甫盖尼·奥涅金》时，就是远离了圣彼得堡，回到了他父亲的庄园里寻找到了创作的灵感。而托尔斯泰在亚斯纳亚·波良纳庄园留下的作品就更多了，全世界读者熟悉的《战争与和平》、《安娜·卡列尼娜》、《复活》等伟大巨著，都是在这里孕育、问世的。在这里，托尔斯泰还发起了人生的最后冲刺：孜孜不倦地实现其乡村改革理想，倾其所有为农民办学校、办医院，力图用"托尔斯泰主义"来改造俄罗斯落后的乡村。

到达亚斯纳亚·波良纳庄园已经是中午了，我们先在庄园的入口处找了一家快餐店填饱了肚子，然后抓紧时间入园参观。前来参观的各国游客很多，都需要先在大门口购票，然后进入庄园。入园后，仿佛一下子来到了世外桃源，大门外的喧哗突然消失了，一眼望不到边的树林和草地在午后阳光的照射下非常宁静，林里鸟儿的鸣叫显得异常清脆嘹亮。我们行走在一条长长的林间土路上，未走多远就看见了一大片茂密的苹果树，路边的标牌告诉我们，托尔斯泰在这里种植过许多苹果树。在浓密的树丛中，隐约可见一幢白色的木制房子，那是托尔斯泰为庄园里贫苦农民的子弟修建的学校，他曾在那里亲自给孩子们上课，教他们识字，连孩子们用的课本都是他自己撰写的。从进入庄园开始，我们仿佛正在走近这位留着长须的俄罗斯老人，聆听他讲述一个个传世的故事。

"亚斯纳亚·波良纳"，俄语意思为"明媚的林中空地"，从它的名字就可以想象到这里的树木有多么茂密。继续前行，我们看到了那个在托尔斯泰作品经常出现的"宁静而华丽的池塘"，童年时托尔斯泰曾和小伙伴在池中游泳、钓鱼，年老后经

　　“亚斯纳亚·波良纳”在俄语里的意思是“明媚的林中空地”，一进入庄园，如同钻进了森林之中。

常在冰冻的池面上滑冰，锻炼身体。

　　我们从一进入庄园就有一个特别的发现，在偌大的380公顷的庄园里，所有的大路小路全部都是土路。询问导游，才知道这是庄园管理者为了保留100多年前托尔斯泰时代原始风貌刻意这样做的。这种刻意让我颇为感叹，托尔斯泰在全世界享有盛誉，堪比中国的孔孟大圣，如果他的后人想借他的大名发展旅游，在这里大兴土木，修建道路和楼堂馆所，恐怕可以为当地带来不菲的经济收入。我们有些中国人特别精于这种打着遗产保护名义获取经济利益的经营之道。但托尔斯泰的后人似乎不愿意这样做，他们没有为了获得短期的收益而改变庄园的原貌。保护就必须是真正的彻底的保护，绝对不能言行不一，说的是"保护"想的是"捞钱"。要知道"让庄园保持原貌"，看似简单，实则不易，需要付出更多的看似毫无回报的劳动。俄罗斯冬季大雪覆盖，春天冰雪融化，季节转换之际很长时间里道路泥泞，维护土路的成本远远高于柏油路的维护成本，如果没有一种对历史文化的崇尚和敬畏，是根本做不到这一点的。庄园的导游不无自豪地告诉我们：全世界所有的国家元首来到这里，都会下车沿着这条百年土路步行走进波良纳庄园。

　　对俄罗斯人崇尚文化艺术这一点，我们不服不行。这个民族在它的灵魂深处有一种对文化艺术五体投地、顶礼膜拜式的虔诚，无论在哪个时代，文学艺术家的地位之高，文化遗产保护之好，都令人钦佩。毫不夸张地说，他们在追求文化艺术至真至善至美之际，真的能够做到视物质利益如粪土。

　　这就是在托尔斯泰作品经常出现的"宁静而华丽的池塘"，给它起这个名字真是恰如其分。

行走在庄园里的林间土路上，四周大树参天，草地上阳光明媚，远处的马厩里不时传出马儿嘹亮的嘶叫，大家的心情特别快乐，甚至产生了几分莫名的喜悦，仿佛跟随着眼前的景象又回到了一百多年前托翁的时代里。

托翁的故居

亚斯纳亚·波良纳庄园既是托尔斯泰的摇篮，也是他的墓地，他活了近一个世纪，一生中去过国内外许多地方，但始终眷恋这个庄园。他在《回忆录》中写道："在这里我度过了一生中最美好、最纯洁、充满欢乐和诗意的时光。"他还说："如果没有亚斯纳亚·波良纳，俄罗斯就不可能给我这种感觉；如果没有亚斯纳亚·波良纳，我也许不可能如此热爱俄罗斯。"

如今这座巨大的庄园，已经成为世界上最大的人物博物馆之一。自从托尔斯泰1910年安息于此后，整整100年中，他的庄园就没有一天平静过。俄罗斯以及世界各地的游客慕名而来，用各自不同的理解和回忆，在亚斯纳亚·波良纳庄园里寻找托尔斯泰的足迹和思想。

沿着一条土路，我们走入树林中最茂密的地方，来到一栋十分朴素的乳白色二层小楼跟前，这便是托尔斯泰故居。白色的墙壁、白色的栅栏、白色的楼廊、白色的台阶，只有楼顶是绿色的。台阶下种着各种鲜花，墙边的栅栏上雕刻着马匹，这也许和托尔斯泰喜欢骑马有关。

如今托尔斯泰故居每天参观者很多，为了保护故居，除了限制游客

托尔斯泰故居是俄罗斯最重要的文化遗产之一。由于这幢房子是木制结构的，所以对它的保护十分精心，参观者进门时必须穿上一种特别的鞋套。

的数量之外，每个人进入故居前，还需要在鞋子外面套上一双特殊的"外套"，以保护室内的地面。

　　走进故居，我们可以看到作家生前留下的《战争与和平》、《安娜·卡列尼娜》等珍贵手稿。沿着一个旋转的木板楼梯走上二楼，是一间宽敞明亮的客厅，中间摆放着一张铺着桌布的长长的俄式餐桌。客厅里最引人注目的是墙上挂着的一排油画，主人公分别是托尔斯泰、他的夫人索菲亚·安德烈耶芙娜，还有托翁的其他亲人。这些油画的作者也是举世闻名的艺术大师，如列宾、谢罗夫、克拉姆斯科伊等等。我们在二楼的大客厅里，有幸看到了列宾画的那幅最著名的作品：留着长须的托尔斯泰坐在桌前，手中拿着一本书，深邃而智慧的目光注视着前方。

　　列宾是托尔斯泰的"忘年交"，他对托尔斯泰有一种近似对父亲般的敬爱和导师般的崇拜，尽管当年他已经名扬世界，仍然多次从莫斯科专程来到波良纳庄园，看望年事已高的托尔斯泰夫妇，给他们留下了许多珍贵的画像和素描。仅我在庄园里看到的列宾为托翁作的画就不止6幅，分别是托翁60、70、80多岁的形象，极其珍贵。在这里我们还看到了一幅照片，是托翁去世那天，列宾在莫斯科自己的大画室里，呆坐在一幅尚未完成的托尔斯泰画像前，手里拿着一张当天的俄罗斯报纸，上面刊登的内容是这位文学巨匠逝世的消息。可见列宾对托翁的感情有多深！现在，列宾、谢罗夫等大师们留下的这些作品，大多已经被俄罗斯最著名的博物馆收藏了，除了庄园之外，它们分别陈列在莫斯科的特列季亚科夫博物馆、圣彼得堡的俄罗斯博物馆。

　　二楼的大客厅是托尔斯泰故居的参观重点，许多重要的故事都发生在这里，但参观者在故居内部不允许拍照和录影。年老后的托尔斯泰虽然身居乡村，但并不闭塞，几乎每天都有来宾到庄园来看望他，介绍外面的世界变故。托翁虽然跟当时的执政者和东正教会常有摩擦，但在文学艺术界享有巨大声望，好友如云。我们在故居中挂出的一些老照片中，看到托翁在庄园里跟文学艺术界的朋友们相会的情形，他们有屠格涅夫、斯塔索夫、契诃夫、科罗连科、高尔基等，他们对托翁有一种"精神导师"般的崇敬。

　　在这些老照片中，我还看到一幅极其珍贵的照片，拍摄于120多年前，照片上60多岁的托尔斯泰穿着一件破旧的俄罗斯长袍，背着一个包袱卷，手拄着长杖，一脸疲惫地行走在乡村。这张照片反映的是托尔斯泰一种特殊的生活经历和生活态度。在19世纪末期，托尔斯泰每年都要从莫斯科和波良纳庄园之间进行徒步旅行，从不坐车。莫斯科距离波良纳庄园有200多公里，当时没有柏油马路，全都是乡间马车道，如果不坐马车步行的话，起码需要10天时间！托尔斯泰每次步行都是自带干粮，晚上就在农家搭宿，有时还会夜宿荒野！托尔斯泰把这种艰苦的长途跋涉，视为对身体和意志的磨炼，也视为认识社会的一种途径。这种艰苦的跋涉一直坚持到他年迈体弱无法远足才停止。过去只知道托翁是一位追求

这幅著名的托尔斯泰画像，是俄罗斯绘画大师列宾在1887年创作的。画家在托尔斯泰生前曾多次来庄园拜访。

简朴生活和辛苦劳作的大文豪，不曾想到他会用这种艰苦的方式去体验和观察生活。

　　据说到了托尔斯泰的晚年，他所宣扬的"托尔斯泰主义"在俄罗斯大地上有无数的追随者，许多追随者们不远万里，络绎不绝地从世界各地来波良纳庄园拜访托尔斯泰。于是，托尔斯泰的家就成了接待场所。托翁本人并不为此感到欣喜，反而常常对这些追随者的拜访感到很烦恼。托尔斯泰的小女儿萨沙曾经回忆说：每天来自天涯海角求见我父亲的人不计其数，其中有不少是所谓的"托尔斯泰主义者"，他们往往追求与导师形似，却并不理解托尔斯泰思想的深刻含义。真正懂得托尔斯泰的人是不会去效仿他的，因为托尔斯泰主张每个人都有按自己意愿生活的自由，只有不懂托尔斯泰的人才会处处效仿托尔斯泰。一次，我发现父亲的来访者中有一个不知姓名的青年人，跟托尔斯泰一样，身穿俄式衬衫，脚蹬大皮靴，裤脚蓬

列宾画的《托尔斯泰在拱顶室里写作》。不过如今的"拱顶室"里已经看不到墙上挂着的农具和衣物了。

松地塞在靴筒中。"这是谁？"我问父亲。他俯身在我耳边轻声说："这年轻人属于我最不理解、跟我最格格不入的一派——托尔斯泰派。"

托尔斯泰故居的二楼大客厅，当年还是托翁一家人演出自编自导话剧的地方。

托尔斯泰的书房给人一种很亲切又很实用的感觉，面积不大，采光很好。它面对一扇很大的落地窗户，窗外是阳台，从这里可以眺望整个庄园的迷人景色。托尔斯泰生命中最后的8年，一直在这间房子里从事写作。在书桌的对面放着一张圆桌，上面摆放着一本长篇小说，那是陀思妥耶夫斯基写的《卡拉玛佐夫兄弟》。据说这是托翁最后读过的一本书，离家出走的前夜还读过它，页码翻到了144页。俄罗斯导游告诉我们说：托尔斯泰其实并不喜欢陀思妥耶夫斯基的小说，但他总是认真地阅读他的作品。据托尔斯泰夫人的记载，托尔斯泰曾经评价《卡拉玛佐夫兄弟》说："今天我才明白人们为什么喜欢陀思妥耶夫斯基的作品，他有美妙的想法。"

穿过书房是托尔斯泰的卧室。房间也不大，一张铁床、一个大衣柜。在床头的大衣柜上，还挂着当年托尔斯泰穿过的一件白色的俄式上衣。经现场工作人员的同意，我还用手摸了摸了托翁穿过的这件上衣。

托尔斯泰故居中还有一个很重要的地方，就是"拱顶室"。列宾曾经有一幅很著名的油画，名叫《托尔斯泰在拱顶室里写作》，画的就是作家在那里工作的情形。有近20年时间，托尔斯泰都一直在这个拱顶室里写作，在此完成了《战争与和平》，还有《活尸》、《复活》中的许多章节。其实这个拱顶室并不是书房，早先是一个仓库，墙上至今还可以看到一些挂食物的铁环。因为它平时无人出入，比较僻静，托尔斯泰为了躲开人们的干扰，就把这里当成了书房。用托尔斯泰的话说："终于找到了一个安静的地方。"再后来，这里成了托尔斯泰女儿的卧室。托尔斯泰离家出走前，最后走进的房间就是拱顶室。他在这里吻别了小女儿，然后走进了寒冷而黑暗的原野。如今拱顶室的墙壁粉刷得白白的，列宾画中描绘的墙壁上挂着的农具早已不见了踪影。

托尔斯泰故居内的布局、陈设和主人生前阅读过的两万多册藏书，如今基本上都保持原样。在这座房子里，这位俄罗斯文学巨匠给人类留下了不朽的传世之作。但人们很少知道，托尔斯泰跟中国也很有缘分，我们在主人的书架上居然也看到了几本清代的线装书，其中有《道德经》。据说托翁对中国古代的哲学思想有着浓厚的兴趣，他曾经说在所有东西方哲学家中，孔子和孟子对他"影响很大"，老子对他"影响巨大"。1893年，颇有语言天赋的托尔斯泰还亲自同助手一起，对法文版和德文版的《道德经》进行转译，出版了俄文版《道德经》。至今，书架上还保存着几本孔子和老子等中国先哲的俄文版译著。

走出作家的故居后，我们漫步在绿荫蔽天的庄园里。在午后时分，我们还意外地在这里看到了几场俄

▌这一对新人正在庄园里举办传统的俄式婚礼。

罗斯婚礼。好几位漂亮的俄罗斯新娘身披婚纱和新郎、亲友们一起，坐在庄园里传统的俄式马车上，带着一路的歌声，从我们面前驶过。有的新郎新娘还和亲友们一起，在草地上搭起一个个彩色的大篷子。他们在林中尽情地喝酒、唱歌，一位手风琴师在一旁演奏着传统的俄罗斯音乐，悠扬悦耳。在托尔斯泰故居庄园里看到一对对俄罗斯新人成家立业，心里感觉很特别，很浪漫。我发现俄罗斯人办婚礼好像很喜欢到处周游，一会儿到风景如画的公园、庄园，一会儿到令人肃穆起敬的烈士墓前，一会儿又到热闹的城市广场，反正哪儿热闹就到哪儿举行婚礼。同时，婚礼的形式感也特别强烈，他们总会想方设法营造出一种特别的气氛，有一种浓浓的俄罗斯风情。

出走：寻找生命的意义

托尔斯泰一生都在追求自然、真实、平静的生活，一生都在寻找生命的终极意义。他在亚斯纳亚·波良纳庄园中不仅从事写作，而且到了晚年越来越痴迷于宗教和哲学，在庄园里进行解放农奴的实验，推行他的乡村改革理想，但结果却是屡遭失败，这使他内心无比苦闷和孤寂。

托翁晚年的作品《安娜·卡列尼娜》、《忏悔录》、《复活》等，就体现了老人内心的彷徨、困惑和对宗教的皈依。在晚年，托尔斯泰在个人理想和家庭生活之间也出现了深刻的矛盾，他与共同生活了半个世纪的妻子从恩爱到争吵，也使他对生活失去了信心。托尔斯泰与索菲亚结婚后，曾经过着和睦幸福的生活，妻子不仅为他操持家务，治理产业，而且还为他誊抄手稿，仅《战争与和平》就抄过数遍。索菲亚曾在《我的生活》中说："抄写《战争与和平》和其他文章，使我得到了莫大的美的享受。对这种劳动我毫无恐惧感，相反心中充满了快乐，因为我又有机会了解他作品中的发展情况，由此而感到欣慰。"但是，晚年的妻子却对丈夫的"败家"举动痛心疾首，寸步不离地守护着自己的产业，因而被托翁斥责为"自私"。由于担心托尔斯泰在日记中写上不利于自己的内容，以后发表会让自己蒙羞，索菲亚曾以服毒和投河来要挟丈夫。

1910年10月28日黎明之前，82岁高龄的托尔斯泰突然从亚斯纳亚·波良纳庄园的家中出走。他给妻子留下遗书，说是要去寻找更加简朴更加有意义的生活。10天后，年迈的托尔斯泰患上了肺炎，他像一个流浪者一样，最终客死在一个小火车站上。他在遗言中说：他决定放弃所有财产，请人们像埋葬"乞丐"那样用最便宜的棺材为他下葬，不要花圈，不要发表演讲，不要举行任何仪式，不要给他立碑。

故居的工作人员用十分形象的语言对我们说，为了这次出走，托尔斯泰整整准备了13年。这13年中，作家一直因为无法找到人生和社会的出路而苦闷，当时正值沙俄时代的末年，整个欧洲和俄罗斯各种社会思潮风起云涌，但都无法解决俄罗斯面临的现实问题，民众生活在异常黑暗和苦难之中。这种现实，加上家庭的分裂，使得这位崇尚"博爱"和"非暴力抗恶"的伟大的人文主义作家彻底绝望了。他再也无法忍受当下充满矛盾的无聊生活，他要寻找有价值、有意义的生活。最后，他用离家出走的方式开始了又一次跟世俗生活的抗争，或者说又一次人生的寻找。这种生命的结局，对托尔斯泰来说也许是一种必然的归宿。

有关托尔斯泰为什么要在82岁高龄时离家出走，100年来这方面的研究不计其数，这也许是一个非常复杂难以说清的事情。2010年正好是托尔斯泰逝世100周年，他的出走又成了俄罗斯社会的一个议论的热点。比较主流的看法是：托尔斯泰是一位生前就已经名声显赫影响巨大的作家，他在发表了《安娜·卡列尼娜》之后，就完全放弃了文学创作，开始了对哲学和宗教的执著思考。他晚年从过去的贵族立场转变到了同情农民的立场上，他从东正教教义和东方古典哲学中兼收并蓄，形成了自己的救世思想——"托尔斯泰主义"："爱一切人"，"不以暴力抗恶"，"道德的自我完善"，以及提倡"忏悔"和"禁欲"。托尔斯泰认为这些思想是消除社会罪恶、改造不合理的社会制度的普遍原则，俄罗斯只有追求和实现这些普世的精神价值，才能成为世界上的优秀民族，国家才能走上新生。当时，"托尔斯泰主义"影响甚广，其政治影响力甚至被称为"第二沙皇"，在他周围出现了大量的"追随者"，这其中就有他的小女儿萨沙。

而与此同时，许多俄罗斯人也在质疑托尔斯泰的教义，以及他不肯放弃自己的贵族生活方式和所享有的特权，认为这与他提倡的教义自相矛盾。而他的追随者们也希望托尔斯泰放弃自己的贵族身份和财产，践行自己的教义，真正在思想和行动上成为民众的精神领袖。而这一切的对立面，就是托尔斯泰的妻子索菲亚，人们过去普遍认为是索菲亚不愿意放弃传统的贵族生活方式。

　　一方面是托尔斯泰自己所宣扬的理想化的严苛教义，另一方面是他祖祖辈辈延续下来的贵族生活方式，这种深刻的人生矛盾，是托尔斯泰和他的家族所无法面对和解决的。继续还是放弃？放弃意味着什么？这种矛盾的焦点最后都集中到了托尔斯泰身上。

　　在1910年托尔斯泰出走前的几个月里，托尔斯泰家庭内部已经分裂为两派，托尔斯泰的追随者施加的压力越来越大，而托尔斯泰也对妻子索菲亚日渐疏远。他说："我经常对自己说，如果不是因为我的妻子和孩子，我会过一种更圣洁的生活。"托尔斯泰所说的更圣洁的生活，就是离开这个家庭。他在自己的日记中写道：这将是一件"理想的快乐的事情，离开，成为一个乞丐，感激并且爱每一个人"。

　　托尔斯泰离家出走前在日记中写道："……我突然下定决心要离开。我给她（索菲亚）写了一封信，开始收拾东西。我叫醒了杜山和萨沙，他们帮我一起打包。"杜山是托尔斯泰的私人医生，一个忠实的托尔斯泰主义者，而萨沙则是托尔斯泰的小女儿，她已经与托尔斯泰的追随者一起结盟反对母亲。可见，当时托尔斯泰出走并不像长期以来人们传说的那样是"自己秘密出走"的，而是有知情者的。由此可以看出，托尔斯泰的出走是他的追随者们所期待的，他们渴望托尔斯泰能够真正身体力行实践自己的教义，哪怕献出自己年迈的生命！

　　当托尔斯泰离开了亚斯纳亚·波良纳庄园时，他的助手和追随者弗拉基米尔·切特科夫曾经在日记中写道："我不能用言语表达出我的快乐，当听说您走了！"

　　就这样，一位82岁的又老又病的长者，在1910年10月28日俄罗斯寒冷的冬夜里，离开了家族世代居住的房子，离开了家族的明争暗斗，离开了他所厌倦的俗世生活，也离开了他的爱，独自去追寻最终的平静。从某种意义上说，托尔斯泰离家出走既是他内心冲突的结果，也是他的追随者们大力推促的结果。而最后他的妻子却被世人认为自私利己，不能理解托尔斯泰的落后人物，甚至受到世人的谴责。

　　索菲亚是不是一个贵族生活方式的维护者？她与托尔斯泰的矛盾到底有多深？近年来许多研究者都认为，过去加在索菲亚身上的责难颇为不公，其实她一直是托尔斯泰忠实而重要的合作者。作为他的抄写员、编辑和档案整理者，她为他创造了最好的写作环境，她的支持对托尔斯泰而言是不可或缺的，没有索菲亚的托尔斯泰是不能想象的。托尔斯泰的离家出走，根本原因并不在于索菲亚的"自私"和"守旧"，而是他宣扬的理想和现实生活之间无法化解的矛盾所致。在托尔斯泰去世之后，成为寡妇的索菲亚继续陪伴着他，生活在亚斯纳亚·波良纳庄园里，照管家业，为托尔斯泰分类图书，为他的传记作者提供帮助。她一遍遍地抄写托尔斯泰的小说，理解它，享受它。托尔斯泰的好友、作家高尔基对索菲亚做出了中肯的评价："她是他最亲密、最忠实，我认为也是唯一的真正的朋友。"

最感人的坟墓

我们参观亚斯纳亚·波良纳庄园的一个重要目的，就是探望托尔斯泰的墓地。100年前，托尔斯泰的遗体从那个小火车站运回庄园之后，当地数千名村民跟他作了最后的告别，然后就安葬在了附近的一处密林之中，连下葬的地点也是托尔斯泰生前自己选定的。庄园的导游说，只要沿着林中的羊肠小路，一直往森林里走，就会找到托尔斯泰的墓地。

我们按照导游指引的方向，沿着树林中松软的土路，一直向密林深处走去。夏日的林中，阳光点点，鸟儿鸣唱，富有诗意。我们沿着这条古老的土路大约行走了20分钟，只见林中突然开朗，出现了一小块空地，空地中间是一座绿色的土堆。尽管我们已经反复听说过托翁的墓地是如何的简陋，但一到现场依然十分震撼。在一片高大树木掩盖下，草地中这个长方形的被绿草覆盖的土堆，长两米多宽半米左右，高出地面四五十厘米。简简单单，周边没有其他坟墓，没有墓碑，没有任何文字标志，显得非常孤单。它，就是世界文学巨匠托尔斯泰的墓地！只有土堆上方摆放的一束鲜花告诉我们，这是一块墓地，在这个简陋的墓地里，安息着一位伟大的被称为"俄罗斯的灵魂"的人——托尔斯泰。

许多来参观的游客，简直不敢相信眼前这个连一块墓碑都没有的小小土堆，竟然是一代文学大师的墓地！正是因为这一点，托尔斯泰的墓地反而成了俄罗斯最有魅力的旅游景点之一，终年游客不断。我们随着一群群参观者走到墓地前，大家都不约而同屏住呼吸，默默地站在小土堆前，向这位深深影响了世界的文化巨人致敬。我们在托尔斯泰的墓前只站了5分钟左右，就不得不离开，因为后面又来了许多参观的人，墓地周围的空间并不大，我们必须把位置让给后来者。在参观过程中，一批批参观者交错进出，没有一个人说话，异常的安静和肃穆，只能听到风声、鸟儿的鸣叫声和照相机的快门声。

托尔斯泰的墓地100年来吸引着成千上万的朝拜者。在托尔斯泰去世18年后的1928年，奥地利作家茨威格专门来此拜谒了托尔斯泰墓，他有感于墓地逼人的朴素，称颂它为"世界上最美的、最感人的坟墓"。他曾写过一篇文章《世间最美的坟墓》，把托尔斯泰墓地列为俄罗斯一切景物之首。他描写道："只是一个长方形的土堆，无人守护，无人管理，只有几株大树庇荫。……没有十字架，没有墓碑，没有墓志铭。连托尔斯泰这个名字也没有。……我在俄国所见到的景物，再也没有比托尔斯泰墓更宏伟、更感人的了。"茨威格还说："在这个世界上，没有比它的朴素更打动人心的了。荣军院里大理石穹隆底下拿破仑的墓穴，魏玛公爵之墓中歌德的灵寝，西敏寺里莎士比亚的石棺，看上去都不像树林中的这个只有风儿低吟的坟墓更加庄严肃穆，感人至深的无名墓冢剧烈地震撼每一个人内心深藏着的感情。"

托尔斯泰的墓地离他出生的房子非常近，只有几百米的距离，仿佛他一生都

触摸俄罗斯

托尔斯泰的绿色墓地，既无墓碑又无标志，一座极为普通的土丘。它被奥地利著名作家茨威格称为"世界上最感人的坟墓。"

没有离开过亚斯纳亚·波良纳庄园。据说，墓地旁边那些高大挺拔的树木，许多是托尔斯泰小时候和哥哥亲手栽种的，兄弟两人曾经无数次地在这里玩耍。他俩都相信一个传说：在这片茂密的树林里，可以找到永世的幸福。所以在托尔斯泰晚年时，他想起了这些难忘的童年往事，选定这里作为自己的安葬之地。

在离开亚斯纳亚·波良纳庄园时，我想起了俄罗斯的另外一个历史巨人——列宁，他曾经跟托尔斯泰有过一次交汇。在"十月革命"前的1908年，托尔斯泰80诞辰时，列宁曾经写过一篇著名的文章，题目就叫《列夫·托尔斯泰是俄国革命的镜子》。那一年，80岁的托尔斯泰还在亚斯纳亚·波良纳庄园苦苦寻找着社会和人生的出路，列宁则在国外过着政治流亡者的生活，他俩有着各自不同的救国主张。列宁向80岁的托尔斯泰致以问候，称赞托尔斯泰是"俄国革命的一面镜子"，认为托尔斯泰的作品表现了"俄国千百万农民在俄国资产阶级革命快到来的时候的思想和情绪"，所以"他的全部观点恰恰表现了农民资产阶级革命的特点"。不过，列宁还对托尔斯泰晚年形成的思想，特别是"不以暴力抗恶"、"道德自我完善"等观点给予了批评，认为那都是空想社会主义的说教，反映了农民"幻想的不成熟、政治素养的缺乏和革命的软弱性"。

一位俄罗斯女孩赤脚站在墓前。

在托尔斯泰去世后不久，"十月革命"爆发了，列宁的预言变成了现实，列宁对托尔斯泰的评论也成为了经典，甚至广为中国文学艺术家们引用。但是历史的验证需要时间，"十月革命"过去了70年后，苏联解体了，列宁对托翁的评论也显示出了某种历史的局限性。相反，后来的甘地、马丁·路德·金、曼德拉等人，他们从托翁的"道德自我完善"、"不以暴力抗恶"思想中汲取了精神营养，用"非暴力抗争"取得了反抗专制、暴力和民族歧视的胜利，和平解放运动成为了一种世界性的潮流。

在这个世界上，真的没有完全洞察历史的伟人，要让伟人们对未来作出精确判断是苛刻的，如果他的远见比一般民众多出10年、20年，就已经相当伟大了。列宁是如此，托尔斯泰也是如此。我想，伟人之所以伟大，并非他的远见能够跨越多少年，而是他是否给我们提出了一种符合文明、进步和人性的价值观，让人类永久地受用。这种价值观也许是一种政治制度的设计，也许是关于人类平等、自由、博爱的普世原则，也许是经济活动的基本法则，等等。这些价值观念未必当时就被社会接受，也许会被深埋100多年，但只要出现历史机遇，它立刻就会在每一个角落、在每一个人心里复苏。从这一点来看，"托尔斯泰主义"的某些观点跨越了历史的鸿沟，确实具有普世价值。

在图拉野泳

从庄园出来时，已经是下午5点多钟了，不过俄罗斯6月里正是白昼期间，天长夜短，此时依然是阳光灿烂。我们驱车返回时，刚走出庄园不远，就被眼前的一幅景象吸引：在一片茂密的森林中，出现了一个很大的湖面，微风轻拂，波光粼粼。湖畔，有无数的俄罗斯人在这里野炊、游泳，好一幅充满生活情致的画面。

这时候，我们也觉得肚子有些饿了，陪同我们的两位在图拉学习的中国留学生建议，大家干脆也到湖边去休息一下，吃点东西，感受一下俄罗斯人的夏季生活。这个建议立刻得到大家一致拥护，我们的车队一转弯，直接开到了湖边的草地上。周围许多俄罗斯人好奇地看着我们，因为我们乘坐的每辆汽车的车身上都贴着中文和俄文双语标志："聚焦俄罗斯"。他们可能会想，这群外国人跑到湖边来要聚焦什么？

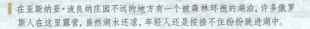

　　一会儿,两位留学生不知从哪里找来了一块大布,在草地上一铺,又弄来了一些啤酒、熟食和水果,我们十几个人就在湖边席地而坐,一边赏着景儿,一边开始填饱自己的肚子。

　　湖边上聚集了许多野炊、玩耍的俄罗斯人,他们又唱又跳,相当热闹,要知道,俄罗斯一年中有一大半时间是在阴冷的冬季度过的,所以短暂的夏季对俄罗斯人来说如同节日,他们长时间积压的欲望一下子在夏季里迸发出来,恣意充分享受着户外灿烂的阳光和清新的空气。

　　虽然俄罗斯已经进入夏季,但湖水还十分凉,许多青年男女非常勇敢,居然跳进了湖水中戏耍起来。给我们开车的俄罗斯司机阿廖沙问:"你们想不想下湖去游泳?我们四个司机想下去游一游,你们敢去吗?"开玩笑,这有什么不敢的?说着我

夏季对俄罗斯人来说是一年中最快活的季节，经过了漫长的阴冷的冬季后，俄罗斯人现在恨不能每一分钟都沐浴在阳光中。

们几位男士立即起身，刚刚参观了托尔斯泰庄园，现在又可以下湖跟俄罗斯美女一起游泳，这是多么美妙的一天！我们和俄罗斯司机一起，钻进树林中换了衣服，就扑通跳进了清澈的湖水中。刚下水时，顿觉一股刺骨的凉意袭来，我们朝湖中心游了两三百米后，就觉得慢慢适应了水中的温度。这是真正的野泳，水下到处是折断的树干和石头，一不留心就会划伤皮肤。

　　我畅游在托尔斯泰庄园外这个陌生的湖泊里，想起了儿时在江南故乡的江湖里纵情野泳的往事。现如今，如果要在中国的大中城市里，孩子们要想找一个野泳的地方，几乎不可能了。我们儿时享受的那种略带冒险的快乐，都被现代化都市埋葬了。在俄罗斯，孩子们似乎还没有失去这些，他们不仅可以在野外的湖水里戏耍，甚至也可以跳进城市里的每一个喷泉里戏耍，而不必担心会有警察来制止。

从湖里爬出来时，看到湖边许多俄罗斯人正在点火野炊，袅袅炊烟在湖边升起，弥漫。哪里有俄罗斯人，哪里就有音乐和歌声，他们也许会通宵达旦在湖边狂欢。到了夏季，在野外通宵达旦狂欢在俄罗斯是常有的事情。

两个小时后，我们离开了这个不知道地名的湖边，返回莫斯科。从托尔斯泰庄园里的婚礼，到湖边的野炊野泳，俄罗斯人对大自然的热爱，骨子里的浪漫，给人留下了很深的印象。我想起了在参观托尔斯泰故居时，导游说过的一段托翁的名言：记住吧，只有一个时间是重要的，那就是现在！

图拉之行

遍地都是"TAXI"

我们在俄罗斯采访期间，经常使用的交通工具有两种，一种是我们专用的采访车，一种是地铁，有的时候也会打车。说起打车，凡是到过莫斯科的人一定都印象深刻。毫不夸张地说，莫斯科是世界上打车最方便的城市，你只要站在马路边上一伸手，立即会有汽车开到你跟前。不过，这并不是因为莫斯科的出租车数量特别多，而是所有的私家车都是"TAXI"。

莫斯科街头经常出现大堵车的状况。然而在这庞大的车流之中，看不到一辆出租车的影子。要想在莫斯科、圣彼得堡等城市街头打一辆出租车，用中国人一句话最准确："比登天还难"。

有一次，我和一位同事从公寓出来，要马上赶到中国总商会办一件急事，当时我们的几辆采访车都出去了，只好乘坐出租车。可是我俩站在马路边上，望着潮水般的车流，半天也没有看见一辆有TAXI标志的出租车。等了有20多分钟，急得我俩直跺脚，无奈之下只好给翻译小付打电话说："怎么大街上找不到出租车啊？"小付一听大笑起来："你们如果这样打车，那你们永远也别想到达目的地！"我们大为疑惑，问她："那应该怎么打车？"小付说："听我的，你们只要在路边上一伸手，马上会有车停下来拉你们的，记住，上车先谈好车钱。"

我俩半信半疑，试着一伸手，神了，立刻有一辆白色宝马车吱的一声，在我们跟前停了下来。开车的是一位中年男人，摇下车窗，一看我们是外国人，他就用英语问我们去哪里？我们告诉他地址后，他非常干脆说："上车吧，100卢布。"天啊，真不可思议，搭上一辆宝马车，才要100卢布，也就是人民币25元左右！

到了中国总商会之后，我们把刚才的"奇遇"告诉小付，她很不以为然地说："你俩真是老土，在莫斯科都是这样打车的。"过后，小付告诉我们，以前只要国内有人刚到俄罗斯，她都要教会他们如何"打的"，其实很方便，看见私家车你尽管招手，只要车主没有急事都会停下来，只要顺路，车主都会让你搭"顺风车"的。价钱由双方商定，一般都比乘坐出租车便宜得多。如果你像在国内一样，非要拦一辆有"TAXI"标志的出租车，那结果就是两个字：休想。小付为此向我们道歉说，这几天忙于安排采访，忘记教我们"打的常识"了。

后来我们才知道，莫斯科虽然也有正式的出租车，但数量极少，在大街上根本看不到。这些正规的出租车需要提前通过电话或网络进行预定，告知出发地点、出发时间和目的地，然后出租车就会在你指定的地点出现。而且，出租车的价格很高，一般的莫斯科人根本乘不起，那是真正的"贵族车"。如果你想在马路上拦到一辆出租车，即使你等上一天，恐怕也难看到一辆TAXI。

不知从什么时候开始，莫斯科和其他俄罗斯城市里的私家车，都成了"业余出租车"，无论是奔驰、宝马、奥迪之类的高档车，还是俄罗斯自产的伏尔加、拉达，只要是顺路，哪怕多绕一点路，车主都会让你搭"顺风车"。这些开私家车的人们，在我们看来个个都是活雷锋，随时都可以"为人民服务"。要知道，莫斯科乃至整个俄罗斯，几乎家家拥有一辆以上私家车，平时莫斯科的大街上车流不息，如此众多

遍地都是「TAXI」

▌这是莫斯科闹市区之一：胜利广场大街。如果你站在马路边上打车，三四个小时也休想找到一辆黄色的出租车，但只要一招手，立刻会有私家车停到跟前，让你搭顺风车，车资面议，比出租车便宜许多。

的私家车随时可以摇身一变成为TAXI，这为出行者提供了多大的方便啊。

这些"业余出租车"还有一个特点，无论好车差车，绝对不会以车论价，只要距离相同，开价都差不多，哪怕搭乘法拉利也是如此。二三十分钟的车程，也就是100到200卢布而已，相当于人民币20多元到50多元不等。如果你想打车，看到大街上的奔驰、宝马可别不好意思，伸手就拦，保准会停下来。谁不想顺路挣点外快，谁会拒绝卢布啊。"好车差车一律平等"，这是当地人打车的规矩。

为什么俄罗斯的私家车都愿意挣外快呢？我想可能有两个原因，一是俄罗斯人收入偏低、物价高，尤其是在莫斯科，一般人只靠挣一份工资要想生活得好一些，很难。俄罗斯的生活成本很高，大部分人不得不去想方设法去挣点外快。当"业余出租车"司机，让客人搭顺风车，既不费力气，又可以挣点小钱，何乐不为？另一个原因，就是俄罗斯的服务业比较落后，出租车很少，居民出行主要靠地铁和公交汽车，如果有点急事想找一辆出租车简直太难了，所以渐渐地"业余出租车"就应运而生。

开始时我还觉得奇怪，这不是"黑车"吗？在国内经常看到警察抓"黑车"，难道俄罗斯政府不抓"黑车"？面对这样的问题，长期在俄罗斯生活的小付反倒很诧异：什么叫"黑车"？俄罗斯根本没有这样的概念，大家都觉得这样很正常，也很方便，为什么要制止呢？要是真的制止这种"黑车"的话，民众非要把政府骂死不可。

俄罗斯跟中国不太一样，买车很便宜，因为汽车进口关税低，一万美元就能买到一辆不错的进口原装车。同样一辆宝马七系轿车，在俄罗斯的售价比中国整整便宜一半！同时因为是产油大国，油价也比中国低不少。所以当"业余出租车"司机成本很低，绝对是低投入高产出，既可补贴家用，又不耽误自己的事，一举多得。有意思的是，俄罗斯政府也鼓励市民开"黑车"，因为这样提高了车辆利用率，又节约了能源，减轻了交通压力。

因为当"业余出租车"司机来钱方便，莫斯科一些开公务车辆的人居然也混迹其中。当地一位朋友告诉我说，有一次他在马路上拦车，一下子开过来好几辆车，其中居然有一辆警车！当时吓了他一跳，以为警察要找他麻烦，连忙拿出了护照。而开车的警察十分和蔼地问："你是不是要打车？"他说："是的，我要去莫斯科大学。"警察说那就上车吧，一直将他送到莫斯科大学的门口。这位中国朋友连说谢谢，警察说不用谢，给200卢布就行了。

我把这个警察司机的故事讲给翻译小付听，她乐着说：你觉得这很稀奇啊，我告诉你，我也打过"警的"，我的许多同学都打过"警的"，因为"警的"十分安全，速度又快，价格还很公道。听了小付的话，我简直无语了。小付说，现在俄罗斯因为受金融危机影响，加上公务员的收入本来就偏低，许多人都在挣外快，所以公务车顺路拉客人挣钱的事情很平常。还有比打警车更为夸张的事情，听说有一次几个中国留学生深夜要去火车站，行李一大堆，这时街头上的车已经很稀少了，正当他们无车可拦的时候，一辆公共汽车居然在面前停了下来。司机说，他跑的是末班车，线路上已经没有乘客了，可以送这几位留学生去火车站。这几个留学生一听乐疯了，在莫斯科什么车都打过，就是没有打过"大公共"！他们七手八脚地把行李搬上公共汽车，直奔火车站而去。结账时，公共汽车司机并不多要钱，只要了200卢布！

不过，在俄罗斯打的，如果你想要发票连门儿都没有，因为人家都是私家车，哪来的发票？中国人在国内养成了乘车要票的习惯，如果在俄罗斯如法炮制，司机一听肯定发愣，"发票？什么发票？从来没听说过。"

对于俄罗斯政府来说，"业余出租车"大行其道，也使国家财政损失了不少一笔税收。据俄罗斯公布的"2010年莫斯科市出租车市场"调查报告显示，2009年莫斯科市的出租车市场收益超过38亿美元，这笔巨额收益绝大部分都落到了"业余出租车"司机的腰包里。因为莫斯科正式持照经营的出租车，只占全市汽车总量的1%都不到。据说最近几年，莫斯科正在努力增加正规出租车的数量，但据我们在莫斯科的观察，效果微乎其微。我们采访组在莫斯科逗留了近20天，天天在大街上东奔西走，看到有正式"TAXI"标识的黄色出租车，好像只有两三次。

在俄罗斯坐"业余出租车"虽然十分方便，但还是要注意安全。俄罗斯人普遍有开快车的习惯，过去有人戏称他们是"拉达开得像火箭"，有一次我真的体会了一把"地面火箭"的滋味。有天傍晚我们采访归来，吃晚饭时让采访车的司机也喝了一点啤酒，所以回公寓时大家分头打车回去。我拦了一辆很旧的伏尔加，司机比较年轻，一上车就觉得他很显摆，把一辆破车开得像飞机一样。也许当时夜深了，大街上车辆不多，他一会儿飞速急转弯，一会儿又是急刹车，让我在车上大气不敢喘，眼睛死死盯住前方，吓得出了一身冷汗。下车之后，我决定以后再也不坐年轻人开的车了，只坐中老年人的车。

因为俄罗斯的社会治安一直不太好，我们在采访中，主要还是乘坐自己专用的采访车。当地的中国人告诉我们，晚上最好不要坐地铁，不安全，没准就会遇到"光头党"之类的犯罪团伙。打车也要注意安全，要做到"六不"：破旧的车不要坐，年轻人开的车不要坐，车里有两个以上男性不要坐，中亚地区司机开的车不要坐，晚上不要坐，身上带了很多现金不要坐。这些"戒律"弄得我们很迷惑，不是说俄罗斯司机个个都是"活雷锋"吗？怎么一下子又冒出这么多险情？在俄罗斯时间长了，我们也明白了这一点，这就是俄罗斯，治安是一个永远必须高度重视的问题，必须时时绷紧这根弦。在大街上打车，打什么车？什么时候打车？在哪些地点打

■ 这就是传说中莫斯科的出租车，我们在俄罗斯采访了一个月时间，只见到过两三次，简直比俄罗斯总统还难见着。

车？什么人开车？这都是有讲究的。如果忽略了这些细节，打车不仅不省事，很可能给你带来麻烦。

同样是"业余出租车"，在俄罗斯分为两种。一种纯粹是"业余爱好"，车主只为挣点外快，这些车主一般都有比较体面的职业，有的还是政府和司法部门的公务人员，他们并非以此为生，拉客一般都是"顺风车"，纯属"搂草打兔子——捎带的"。这些车主有修养，收费也很公道，大家一般都会选择乘坐这些人的私家车，很安全。但是，还有一种"出租车"要小心一些，他们是专门以靠拉客为生，是货真价实的"黑车"。这些车主通常都是来自中亚和西亚各国的外国劳工。这些人一般都在大街边上"趴活"，开的车也十分破旧。他们背景复杂，成员良莠不齐，犯罪率比较高，所以当地人一般不会打他们的车。但许多外国人刚到俄罗斯，特别是莫斯科，不太了解其中的水深水浅，就经常会被这些人坑害。中国人在当地经商的人数比较多，手头现金也比较多，所以针对中国人的犯罪也时常发生。当地的华商朋友对我们说，绝对不能坐这样的车，即使是大白天也不要坐！

为了安全，在莫斯科时，这种"黑车"我们一般不会去坐，但也有例外的时候。有一次我们在莫斯科河边上的一个文化公园里采访，返回时因为器材太多，当时身边只有一辆车装不下，就招手把停在路边的一辆面包车叫了过来。车停到跟前，才发现开车的是一位格鲁吉亚人，有点犹豫，可是当时也找不到别的车辆了。陪同我们的一位中国小伙子说，坐吧，我们三个大男人，还怕他一个人不成？上了车，我们跟这位司机聊了起来，他说干这一行已经好几年了，一直就在文化公园一带拉活。他可能看出我们的警觉，坦率地说你们不用担心，不是所有格鲁吉亚人都是罪犯。一路上，我们聊得挺愉快，最后安全地把我们送到了住处。其实，许多外国劳工在俄罗斯是老老实实地合法干活挣钱的。

但有的中国人非常倒霉，打车时遭遇到了心怀不轨的"黑车司机"。有位在莫斯科经商的朋友告诉我，他的一位朋友就被"黑车"司机打劫过。在几年前的一个冬天的晚上，莫斯科风雪交加，他们为了给一个朋友庆祝生日，大家在一个中国人开的饭店聚会，多喝了几杯，没办法开车，就想打车回家。本来想到大街上拦一辆车，但是那天晚上雪下得太大，就直接在门口找了一辆趴活的汽车，没想到这一来犯了一个大错。一上车，他们就发现这是一个来自中亚的司机，心里不免有些惴惴不安，便开始试探着和他聊天，想搞清楚这是一个什么样的人。聊着聊着司机说了一句话让他俩警觉起来，那个人好像随意地问：你们中国人在这里做生意都挺有钱的吧？这一句话让他俩心里咯噔一下，赶快解释说："我们是给朋友打工的，要不是下大雪，我们就去坐地铁了。"他俩尽力掩饰紧张。当时路上车还挺多的，他俩还心存侥幸。又开了一段路，这时司机说要小便，靠边停车就出去了。不一会儿，司机回来打开车门，与此同时车的后门也被打开了，出现了另一个中亚人，他从后门突然钻进了汽车，一只手举着手枪，一边大喊着："别动！动就打死你们！"当时这两个中国人都蒙了，脑袋被手枪顶着，一片空白。那个司机一脚油门把车开进了路边的树林里，接下来就是抢手机抢钱！可能刚才在车上的"交流"起了一点作用，劫匪拿走了他俩外衣口袋里的一些现金，就把他俩推到了雪地里，掉头就把车开走了。此时他俩才清醒过来，想起刚才脑袋被手枪顶着的情形，后怕极了。后来，他们好不容易从雪地里爬了出来，跑到马路边上，想拦住一辆警车。也许是警车在夜里也怕惹麻烦，看见他俩就绕开走，怎么招手也不停。当时，他俩都快冻僵了，最后还是遇到一个中国人开车路过，才把他俩送回家。

　　这就是俄罗斯，满大街跑得都是业余"TAXI"，招手即停，但也可能暗藏危险。

遍地都是「TAXI」

华商"淘金梦"

谁也说不清楚，在俄罗斯到底有多少中国商人。

在俄罗斯的任何一个城镇，几乎都可以看到华商的影子。2009年6月29日被强行关闭的莫斯科切尔基佐夫大市场，当时仅注册的华商数量就达到了3.5万人之多！

在莫斯科，你如果随意拦下一位俄罗斯人，看看这位俄罗斯身上穿的、戴的、用的，总会有几样是"Made in China"。如果走进俄罗斯人的家中，中国商品更是比比皆是。有的专家估计，俄罗斯居民消费的近一半轻工产品，可能都来自中国。

中国日用商品大举进军俄罗斯，大概有20年的历史了。出现这种情况，跟当时俄罗斯的经济结构比例严重失调有关。这个能够制造宇宙空间站的国家，他们相当多的日用生活品却严重依赖进口，这就给价格低廉、生产过剩的中国日用品带来了机会。正是在中国商品大举进军俄罗斯的过程中，一个极为庞大的华商群体在俄罗斯出现了。

我们在俄罗斯，广泛地接触了各种类型的中国商人，他们的成分非常复杂，有大型的中国国有企业、也有民营企业，但大量的是像潮水般涌入俄罗斯的中国个体商人。给我总的印象是，俄罗斯的华商数量庞大但经营水准较低，商品繁多但档次不高，赚钱不少但前景堪忧。

叶卡的"中国大市场"

叶卡，是当地中国人对叶卡捷琳堡的简称，这个城市位于俄罗斯的中部，紧依

■ "上合组织"和"金砖四国"元首峰会召开前夕,叶卡捷琳堡机场的工作人员正在升起中国国旗。在叶卡捷琳堡有数万名华商在这里经商和生活。

欧亚分界线乌拉尔山脉的一侧,经济总量在俄罗斯排名第三,列于莫斯科和圣彼得堡之后。

　　叶卡捷琳堡的战略位置十分重要,它连接着欧亚大陆,可以说俄罗斯因为有了它,才从地理、文化、战略等多重意义上,真正成为了横跨欧亚大陆的大国,使它的影响力远远超越了欧洲。

　　作为俄罗斯第三大城市的叶卡捷琳堡,是俄罗斯最重要的联邦主体之一——斯维尔德洛夫斯克州的首府,是俄罗斯中部地区最重要的工业、贸易、金融、科学、文化中心。它的重要性还在于从地理上把俄罗斯的东西两大平原:东欧平原和西西伯利亚平原连接在一起,成为了俄罗斯最为重要的中心城市之一。就拿商业集散地这一点来说,俄罗斯中部许多大型的城镇和工业企业,它们消费的日用商品基本上都是从叶卡批发过去的。叶卡的商业放射范围非常大,它周边有五六个州,这些地区的面积加起来,有450万平方公里,相当于半个中国! 其中就包括著名的秋明油田群,它是世界第二大油田,仅次于中东。

叶卡捷琳堡这座超豪华的酒店是专门为峰会而投资兴建的,"上合组织"元首峰会的会场就设在这里。

叶卡捷琳堡作为俄罗斯中部最重要的商品集散地,它的大量的日用商品从何而来?说出来人们可能不太相信,基本上都来自于中国。服装、鞋帽、小商品、小电器,在这里几乎应有尽有。据说在最高峰时,在叶卡捷琳堡经商的中国商人达到过四五万人之多!

2009年6月,为了采访"金砖四国元首峰会"和"上海合作组织元首峰会",我们从莫斯科飞到了叶卡捷琳堡。刚到的第二天,各种采访准备工作还一团乱麻时,当地负责接待的一位中国朋友对我说:我带你去"中国大市场"吧,有那些中国商人帮忙,很多困难都可以解决。

叶卡捷琳堡的"中国大市场"位于市区内,交通很方便,占地达5万多平方米,是俄罗斯中部地区最大的商业批发市场，面积和规模仅次于莫斯科的切尔基佐夫大市场（华人称"一只蚂蚁"大市场）。在这个市场内，经商者90%以上都是华人，而出售的商品清一色是"中国制造"。由此可见，价廉的中国日用商品在俄罗斯的确广受欢迎。

　　一走进"中国大市场"，我真蒙了，完全被它的规模镇住了，现在在此经商和居住的中国人达到了3万多人，简直就像一个中国城。市场内除了有5000多个固定店铺外，还有一幢高层的大型商厦，全部经营来自中国的琳琅满目、应有尽有的日用品。最绝的是，市场内的有线广播，先说一遍俄语，再说一遍汉语，内容是介绍商品信息、下达各类通知等等。我行走在市场内，满耳充斥着东北话、四川话、北京话、温州话……再放眼望去，卖货的基本都是中国面孔，他们互相之间热情地大声吆喝着，显得比购物的俄罗斯顾客数量还多，嗓门还大。这种情形，让我觉得熟悉极了，我当时的第一感觉是：我在哪里？我是在俄罗斯吗？这不是在北京的"秀水街"吗？

　　这个"中国大市场"的商品消费者绝对不仅限于叶卡捷琳堡，周边近千公里的喀山、秋明、新西伯利亚、托博尔斯克、车里雅宾斯克等地的俄罗斯商人们，都会到这个"中国大市场"来批发中国商品。据说这个"中国大市场"已有14年的历史了，从最开始由几家中国人经营的小摊，逐渐发展成为一个拥有5000多家大小店铺的超

■ 叶卡捷琳堡是一座美丽而宁静的城市，当地居民对中国人都比较友好。

大型集贸市场，成为了叶卡捷琳堡市内非常热闹的商业区。如今这个"中国大市场"的经营范围早已超出了小商品的概念，还有宾馆、餐饮、诊所等等。因为当地华人数量增加很快，华商们还在这里开办了一家俄语学校，免费为刚来俄罗斯经商的中国人以及子女们提供俄语教学。

就在这天中午，在大市场里的一家名叫"北京饭店"的餐厅里，我们认识了王海平等一些中国商人，才知道这里的华商有一个正式的组织，名叫"叶卡捷琳堡中国商会"。在后来采访的日子里，这个商会为我们提供了非常热情和周到的帮助。他们在当地经营多年，与叶卡的许多政府部门相当熟悉，我们遇到的许多困难，以及采访需要的翻译、车辆等，都是当地的中国商会帮助解决的。他们对我说：我们帮你们也是在帮助自己，这是中国元首第一次来访叶卡捷琳堡，华商们觉得很有面子，这对以后在当地经商发展很有好处。

在后来的四五天时间里，我们与当地华商们朝夕相处，对他们的境况有了较为深入的了解。可以说，叶卡这个地方，在最近的十几年里，曾经圆过许许多多中国人的发财梦。特别在十几年前，俄罗斯的日用百货极其匮乏的时候，一些中国商人来到了叶卡捷琳堡，他们大包小包带来了中国生产的大量廉价的日用商品，主要是羽绒服、皮夹克、牛仔裤、鞋帽之类的服装产品，当时这类商品在当地俄罗斯市场上几乎看不到。中国商品的出现，让用惯了粗糙、难看、笨重产品的俄罗斯人，尝到了美观、时髦、便宜的日用商品的甜头，于是出现了疯狂抢购中国商品的现象。据说，当时从中国运来的商品还来不及摆上货架，就会被堵在商店门口和车站上的俄罗斯人抢购一空，虽然价格比中国国内高出十几倍，甚至几十倍！

于是，更多的中国商人来到叶卡，更多的中国商品开始通过空运、火车集装箱等大规模的运输方式，出现在叶卡捷琳堡的"中国大市场"。那个时候，用中国商人王海平的话来说："那钱真是赚海了！"大量沉睡在中国各地仓库里滞销的日用品，只要运到俄罗斯来，立马变成现金！

王海平是吉林人，就是在中国小商品开始倾销俄罗斯的时候，来到叶卡捷琳堡经商的。他说那些年，一个中国商人在大市场里卖货，一天下来纯挣四五千美金是很平常的事情！那时候最犯愁的就是手头没货，货物出口运输的能力跟不上，只要手头有货，几分钟就被俄罗斯人抢走了。

触摸俄罗斯

不过中国商人这种"流金岁月"并没有持续太久，到了叶利钦执政的后期，尤其到了普京执政的时候，中国商人在叶卡捷琳堡的日子开始走下坡路了。中国小商品越来越不好卖了，警察来找麻烦的情况屡屡发生。出现这种情形主要有三个原因：一是俄罗斯经济状况开始好转，国家的能源收入直线上升，国民生活水平改善比较快，与此同时俄罗斯的开放程度也大不一样了，轻工产品的进口开始多样化，日本、韩国和欧美的商品也开始涌进俄罗斯。不怕不识货，就怕货比货，人们开始疏远低价低质的中国小商品。尤其一些中国生产的假冒伪劣商品，经常被俄罗斯媒体曝光，使许多俄罗斯人对中国商品从好感变成拒绝。所以，尽管价格低廉，但中国商品的市场占有率却大幅缩水。第二个原因，是中国商人还要面对更加激烈的"低价"竞争，因为市场效益的影响，装着淘金梦来到俄罗斯的，不仅有中国人，后来又大量拥进了中亚、西亚、越南商人，他们也从各种渠道搞到大批的中国小商品，甚至是质量低下的伪劣商品，用更低的价格在市场上批发销售，跟中国商人"血拼"价格。这种低价的恶性竞争，导致了利润严重下降，过去那种"日进斗金"、"风卷残云"似的销售盛况，一去不复返了。

然而最重要的一个原因，就是"灰色清关"的压力。我们在叶卡的那几天，每次走进"中国大市场"，都能够看到俄罗斯的警察在市场里转悠，许多中国商铺都不敢开业。原因也很简单，因为在"中国大市场"销售的商品，绝大多数都是通过"灰色清关"进来的，说白了，就是没有报关清单的走私货。这一点，当地俄罗斯人和中国人都心知肚明，过去政府也睁一只眼闭一只眼，只要华商们向当地政府按时上交营业税就放行了。正基于这种地方利益，无论是莫斯科、圣彼得堡还是叶卡捷琳堡，当地政府对中国市场都很支持，这是他们地方税收的一个大头。但现在情况不太一样了，俄罗斯联邦政府生气了，因为商品走私，受损最大的是国家海关，是俄罗斯的国家财政。据俄罗斯政府公告：俄罗斯境内销售的近半数轻工商品是以非法途径入境的，俄罗斯国家财政每年因此损失6500亿卢布税收，而非法进口的廉价商品也"扼杀"了俄罗斯的轻工业。

俄罗斯政府所说的"非法途径"进入境内的轻工商品，主要就是指在俄罗斯各地贸易市场上出售的日用商品，它们主要来自中国。普京曾经多次严厉指示俄罗斯海关和缉私部门，要严查各地的"中国市场"，没收所有走私商品。因为"灰色清关"涉及俄罗斯多个部门的"私利"，相关机构和官员为此可以获得可观的"灰色收入"，所以过去一直查处不力，为此普京愤怒地撤换了海关、缉私等部门的高级官员。我们在叶卡捷琳堡时，正是风声鹤唳，俄罗斯正在加大打击"灰色清关"和走私商品的力度，警察们隔三差五就会到"中国大市场"来突击检查，总会有几家倒霉的华商被撞上，轻则交上一笔罚款，重则全部商品没收！

后来，当我们离开俄罗斯不久，就听到了莫斯科的切尔基佐夫斯基市场被强行关闭的消息，所有的中国商人的货物全部被扣压，如果不能提供合法的进口证明，一律销毁！听到这个消息后，我就自然想到了叶卡捷琳堡"中国大市场"的安危。还好，当地政府没有下令关闭这个市场。叶卡捷琳堡市市长阿卡迪·切尔涅茨基公开表示："目前'中国大市场'的经营情况一切正常，在莫斯科所发生的风波并不代表在叶卡捷琳堡也会发生，目前我看到的情况是我们城市所有的人都在正常地生活，所有的商人都在正常地做生意。"你不能不服，这就是俄罗斯的游戏规则，上有政策，下有对策，比中国有过之而无不及。

叶卡的华商躲过一劫，并不意味着没有风险了。"灰色清关"就像悬在华商头顶的一把利剑，人人自危，他们担心不知什么时候这里的"中国大市场"也像会莫斯科的"切尔基佐夫斯基市场"一样，遭受灭顶之灾。一旦司法机关认真检查，这些中国商人手里的货物全都成了"走私商品"，全属查抄之列！

"灰色清关"由于它性质非法，导致俄罗斯海关税收的大量流失，所以宣判它死刑是迟早的事情。俄中经贸中心理事长萨纳科耶夫就一针见血地指出：中国人在俄罗斯境内各个市场上的整个贸易活动，都是不合法的，甚至不能把这些中国人称作商人。由于存在这种非法贸易，合法的中国生产机构进不了俄罗斯市场，因为他们根本无法与这种非法贸易展开竞争。

跟王海平等许多华商接触，我发现这些曾经因为"灰色清关"发迹、在"中国大市场"里赚足了的华商们，今天都面临着艰难的选择，要么走正规的海关渠道进口商品，当地人叫"白关"，这样利润肯定会大幅下降，但合法化了。要么继续跟俄罗斯一些机构沆瀣一气，继续走"灰色清关"，挣风险钱，随时会发生人财两空的严重后果。不过话要说回来，在俄罗斯即使华商们想走"白色清关"，想正正当当进货做生意，也不是那么容易。因为走"白关"效率极低，赔钱赔人赔时间，相反走"灰色

清关"非常容易，俄罗斯许多机构会在暗中帮助你，因为他们可以从中获利。没办法，这就是俄罗斯。

每次同叶卡的中国商人们在一起聊天，他们都会反复说，希望在这次元首峰会期间，胡锦涛主席能够正式向俄罗斯总统提出"灰色清关"问题，彻底解决中俄民间贸易的这个"顽症"。其实对于中国商人来说，如果"白关"通顺，谁愿意冒险走"灰色清关"的歪路啊，尽管多挣了几个钱，可是要冒着人财两空的风险啊，得不偿失。实际上，关于中俄之间的"灰色清关"问题，中国政府近几年来一直很关切，无论是中国国家主席还是总理、副总理、商务部长，曾多次向俄罗斯方面提出过解决方案，希望双方合作，加快海关的通关速度，关税公开公平。一开始俄方比较消极，现在也逐步开始行动起来了。两国海关已经经过多次协商，一个更完善、更便捷的货物通关方案正在形成之中。

据我的观察，在叶卡捷琳堡经商的中国商人们，都非常喜欢俄罗斯这个中部城市，它不仅风光秀丽，而且对外国人非常有包容心。就像它自己地处欧亚分界线，仿佛是一个欧亚混血城市一样，它对亚洲人，特别是中国人比较友好。在这里生活的中国商人，很少像莫斯科那样，会遭遇到"光头党"的袭击，或者遇到警察的故意刁难。用王海平的话来说：莫斯科那个鬼地方我一天都不愿意多住，叶卡就是我的家。

李宗伦的文化商旅

李宗伦是我们认识的第一个俄罗斯华商，他曾经为我们的采访提供了许多建设性的意见。"俄罗斯无法理解，只能触摸"，这句俄罗斯名言就是李宗伦首先告诉我的。

李宗伦跟那些只埋头"倒货"的中国商人不一样，他受到过良好的教育，目光远大，他的经历反映了一部分华商在俄罗斯的转型过程。10多年前，他曾是中国人民解放军总政话剧团的一名优秀的话剧演员，至今在他的言谈举止中，还留有话剧演员那种极具表现力的声音和动作。当年，怀着对斯坦尼拉夫斯基表演体系的崇尚，他告别北京，来到了莫斯科戏剧学院导演系，开始了他的异国学习生涯。而那个

■ 李宗伦（左）现在正在经营"中俄文化艺术中心"，而他在俄罗斯的"第一桶金"却来自那个已经被查封的"一只蚂蚁"大市场。

时候，也正是中国日用商品开始在俄罗斯大行其道的时候。

有一天，一位华商朋友把他拉到莫斯科的切尔基佐夫斯基市场。切尔基佐夫斯基市场位于莫斯科的东区，是莫斯科最大的服装鞋帽等日用品批发市场，并辐射俄罗斯和周边国家。在这里经营的主要以中国人、越南人和中亚人为主，华商们习惯把这个市场称为"一只蚂蚁"，因为俄语发音"伊兹马伊洛沃"，中国人嫌念起来绕口，就干脆把这个地名汉化了，叫成"一只蚂蚁"。这个市场是许多华商的"淘金地"，也是俄罗斯最有名的中国商品集散地。据俄罗斯官方统计，在这里经营的华商大约有6万户，经营的货物多数从"灰色清关"渠道进入俄罗斯，存在虚报货物、偷税漏税等问题，后来成为了俄罗斯司法部门和海关重点查处的市场。

切尔基佐夫斯基市场的范围非常大，在这个市场里甚至还发行过好几份中文报纸，有周刊也有日报。这些报纸主要刊登政治和体育新闻，还有大量的广告，包括理发馆、牙医诊所、裁缝店和银行广告，这些服务设施也都设在切尔基佐夫斯基市场内。在这个大市场里总共有四大社区：华人社区、越南人社区、高加索犹太人社区

▎"一只蚂蚁"大市场被查封之前，曾经红火过二十多年，无数的中国人和中亚各国的商人们在此发迹。

以及塔吉克人社区。中国人和越南人主要经营的商品是服装和玩具，阿塞拜疆人主要卖皮货和鞋，吉尔吉斯人、乌克兰人和摩尔多瓦人都是给摊主打工。

　　当年，尽管在此经商的中国人成千上万，但没有几个人会说俄语，做生意全靠跟俄罗斯人打手势，外加一个计算器。因为李宗伦的俄语不错，就被朋友拉来充当临时翻译。在"一只蚂蚁"市场里，李宗伦第一次看到了数量惊人的中国商品，几乎全都是"三无产品"，却像风卷残云一般被俄罗斯人席卷一空，顷刻之间变成了大捆大捆的钞票！赚钱的速度之快，数目之大，令李宗伦震撼不已！

　　李宗伦在"一只蚂蚁"经历过一件事情，至今让他难忘，或者说成为了他人生的转折点。那天，市场上的中国货全卖光了，但还有许多俄罗斯人不甘心离去，在各个中国人的商铺之间到处转悠。那时李宗伦是一个穷学生，身上穿着一件在北京展览馆前的服装市场上买的皮夹克，当时花了200人民币。偏偏就是这件廉价的皮夹克，改变了李宗伦的命运。当时有一个俄罗斯人把李宗伦的朋友叫到旁边去，连说带比画了一阵子。

一会儿这位朋友回来了，对李宗伦说："把你的皮夹克脱下来。"

"为什么？"大冷的天，李宗伦不知道朋友要干什么。

"帮你赚点学费。"朋友伸手就上来扒衣服。

"不行不行，这衣服是旧的，我已经穿了很长时间了。"李宗伦急忙解释。

"这好办。"朋友用鞋油往旧夹克上一抹，用布一擦，皮夹克顿时变得铮亮铮亮的。朋友拿着它出门了，一会儿，他回来把一沓钱往李宗伦手上一放。

李宗伦一看，惊着了，是500美金！

200元人民币变成了500美元！要知道，十几年前美金兑换人民币的汇率是很高的！这一桩突如其来的"生意"，李宗伦挣了多少倍？！这就是李宗伦在俄罗斯的第一桶金。

看到这种情形，李宗伦想：做生意太好了，我必须改行了。自己俄语好，优势明显，有钱不挣简直就是犯罪啊！在朋友们的鼓动下，李宗伦从此告别了莫斯科戏剧学院，告别了斯坦尼拉夫斯基，也向国内的总政话剧团辞去了军籍，开始做起了他的中俄跨国生意。

李宗伦不仅有艺术天分，也有经商头脑。当他进货卖货正起劲的时候，也正是中国低价商品在俄罗斯满天飞的时候，其实他已经开始意识到这种疯狂赚钱的日子不会很长，当时李宗伦已经赚得盆满钵满了，他想未来俄罗斯的零售业绝不可能如此混乱，低价低质的商品总会走到尽头，随着俄罗斯经济的复苏，中国商品如果在俄罗斯不走质量和品牌路线，很快就会失去市场。再说，走"灰色清关"这条偷税漏税的路子，毕竟是违法经营，按俄罗斯人的性格和体制现状，他们要么睁一只眼闭一只眼，要么就一棍子砸死你，你连撤退的机会都没有。

在"一只蚂蚁"市场里的华商们还在埋头数钱的时候，李宗伦便开始逐渐撤离"一只蚂蚁"市场，告别"倒货"生涯，开始在"中国文化"上想点子。他先后办起了"老北京大酒店"，办起了"中俄文化艺术中心"，这是两个与中国文化符号紧密相关的经济实体。在俄罗斯，尽管两国文化交流的活动很多，市场很大，但是真正能够起到桥梁作用的、熟悉两国文化体制的专业公司，少之又少，这也是中俄两国民间文化交流开展不起来的一个重要原因。李宗伦瞅准的就是这个空白点，他要靠自己的强项打天下。

果然，在李宗伦撤退不久，俄罗斯执法部门对"一只蚂蚁"市场进行了一轮又一轮的"查货"、"封货"行动，一批又一批的华商货物被收缴。但是这个时候，很多中国商人已经难以抽身了，因为他们已经把全部资金变成了货物，全部都堆积在"一只蚂蚁"市场里。这些通过"灰色清关"进来的货物，只要被警方查到，立刻就变成死货！这些看似有成百上千万元家产的华商，一夜间就变成一贫如洗的穷人！

不幸被李宗伦猜中，就在我们采访组离开俄罗斯的当天，2009年6月29日，莫斯科当局正式宣布，关闭切尔基佐夫斯基大市场。从当日起，价值20多亿美元的中国商品，全部被查扣！之后，全副武装的俄罗斯警察进驻切尔基佐夫斯基大市场，切断了这个市场与外部的所有联系，十几年来形成的中国商品集贸市场"一只蚂蚁"寿终正寝。在此经商的华商们谁的心里都明白，这一天是迟早要来的，只是大家嘴上不说而已。

"灰色清关"走到了尽头，"一只蚂蚁"终于也爬到了尽头，市场的铁门永远锁上了。

尽管"一只蚂蚁"市场近20年来为俄罗斯民众提供了大量的廉价的日用消费品，但由于不少假冒伪劣产品掺杂其中，加上市场中屡屡发生治安事件，因而它在俄罗斯民众中的口碑并不好。据俄罗斯《消息报》公布的调查结果显示，超过60%的莫斯科人去过"一只蚂蚁"购物，80%的民众赞成关闭这个市场，反对者只占6%。可见，大多数莫斯科人对"一只蚂蚁"并无好感。所以，无论从法律还是民意来看，"一只蚂蚁"气数已尽。

而此刻的李宗伦，已经摇身一变成为了有两家经济实体的儒商了。"老北京大酒店"古色古香，效仿北京的四合院风格，走进去一股浓郁的中国文化气息扑面而来，成为了莫斯科少有的品尝中国文化和菜肴的好去处。而"中俄文化艺术中心"，开始经营起了中俄文化交流的项目，拍摄纪录片、影视剧，组织两国文化交流活动，开展双向旅游项目，等等。

"在俄罗斯经商，靠倒买倒卖发财的日子早已结束了，今后必须走实体经济的路子，合法经营，做出特色才行。"这是李宗伦在俄罗斯商场上打拼十几年后，得出的经验。

华商「淘金梦」

商界女杰蔡桂茹

在俄罗斯，也有一些非常成功的中国商人，尽管为数不多。我们遇到过一些华商中的精英，他们中有国有企业的老总，有民营企业的老板，他们充分利用中俄两国的经济差异，他们熟悉俄罗斯的市场和"官场规则"，潜心经营，创造了自己的"商业帝国"。其中，中国驻俄罗斯总商会会长蔡桂茹就是一个。

我们这次赴俄罗斯拍摄10集新闻专题片《聚焦俄罗斯》，除了将联系采访的任务委托给莫斯科的谢尔盖公司之外，其他所有繁杂的事务，几乎都是由驻俄罗斯的中国总商会和蔡桂茹会长出面来协调和落实，包括办理采访签证、与俄罗斯政府接洽等，可以说如果没有中国总商会和蔡桂茹会长的鼎力支持，我们采访组在俄罗斯会寸步难行。

在采访组赴俄罗斯前夕。我们曾经跟蔡会长在北京见过一面，她对中央电视台计划拍摄《聚焦俄罗斯》节目表现出了极大的热情。她觉得中国媒体对今日俄罗斯

中国总商会的蔡桂茹会长（中）对俄罗斯艺术也十分喜爱，在莫斯科的河岸油画市场上，她客串嘉宾，与主持人张羽一起拍摄介绍油画市场的节目。

介绍得太少了，中国民众对俄罗斯的了解非常不够，大部分人对俄罗斯的印象，还停留在苏联刚刚解体的叶利钦时代，认为俄罗斯又穷又乱，非常片面。实际上，现在俄罗斯全国的购买力，超过了所有东欧国家购买力的总和。尤其首都莫斯科的消费水平更高，随着近年经济的快速复苏，莫斯科半年的购买力相当于北京市全年的社会消费品零售总额。同时，俄罗斯的经济影响力可以辐射到东欧、中亚、西亚许多国家，中国企业如果能够在俄罗斯站稳脚跟，便可以向这些国家"大举进攻"，抢占市场份额。可惜的是，中国人现在看不到这一点，俄罗斯市场正在被美国、日本、韩国和西欧发达国家逐渐占领。尽管中国商品物美价廉，在西方发达国家中都可以占据不少份额，但在俄罗斯却逐年萎缩。这种状况，让蔡桂茹非常焦虑，她希望中国的国家电视媒体——中央电视台能够把俄罗斯的真实现状介绍给中国观众。

第一次见识蔡桂茹会长的能量，是在我们赴俄罗斯前夕。按照俄罗斯的规定，所有外国记者到俄罗斯采访，都必须先向当地的俄罗斯大使馆申请，然后报送俄罗斯外交部批准，由莫斯科直接签发特殊的采访签证。俄罗斯的驻外使馆只负责申报和办理手续，无权直接签证。当时，我们提前近一个月就将申请文件送到了俄罗斯驻华使馆，也应邀到使馆参加了座谈会，商讨了赴俄罗斯采访的诸多细节。可是，直到临行前的一周，莫斯科方面还迟迟没有下达签证批复。我们一再催促俄罗斯驻华使馆，但大使馆的官员也十分的无奈，说是已经多次催促本国外交部了，不知为什么一直没有回复。新闻官费德尔还很诚恳地对我们说：莫斯科的办事效率跟北京不一样。

眼看预定的出发日期一天天临近，我们十分着急，因为在俄罗斯的采访计划都已经联系好了，每天的采访安排都无法更改。最后，离出发只剩三天了，我不得不给远在莫斯科的蔡会长打电话，问她还有什么办法？她一听我们至今还没有拿到签证，立刻急了，对我说："你不要着急，我现在马上去俄罗斯外交部交涉，保证你们明天收到签证文件！"在放下电话的一瞬间，我听到急脾气的蔡会长对身边工作人员喊道："叫车，送我去外交部！"果然，第二天费德尔先生乐呵呵地通知我们：莫斯科通知我们了，你们的签证批了！

到了莫斯科之后，我们跟蔡会长有了频繁的接触，她甚至将手下好几位得力干将全部派过来支援我们，保障了采访的顺利推进。在日后的深入合作中，我更多地

名 牌 商 品 展

ВЫСТАВКА ЛУЧШИХ ТОВАРОВ КИТАЯ

主办单位
ОРГАНИЗАТОР

ДРУЖБА
ТОРГОВЫЙ
ДОМ

中国总商会

莫斯科中国友谊商城

特别活动·宾语中俄

СПЕЦИАЛ

освященное   экономи

рудничеству м   Китаем и

中国友谊商城在莫斯科享有很好的声誉，它跟"一只蚂蚁"大市场形成鲜明的对比。这是在中俄建交60周年那天，商城门前组织了一场"中国名品推介活动"。

知道了蔡桂茹在莫斯科的创业经历，知道她曾经走过了一条非常艰辛和充满挑战的经商之路。

　　莫斯科市民很少有人不知道"中国友谊商城"，这是一个外观深绿色的大型百货商店，外表是花岗岩贴面，建筑设计十分漂亮时尚。这个位于莫斯科繁华闹市区的大型商业大厦，它的营业面积达到1.6万平方米，在莫斯科属于中高档的百货公司，类似北京的"百盛"、"燕莎"。它四面临街，交通极为便利，人流密集，是莫斯科日销售量排名靠前的百货公司之一。

　　从年龄上来说，"中国友谊商城"可能是莫斯科最年轻的百货公司，2000年才开业。但是从它的商业影响力来说，已经远远超过了莫斯科许多老字号的大百货公司。这家以"中国友谊商城"命名的商城，跟中国有什么关系呢？原来，它的产权既不归俄罗斯人，也不是中俄合资，而是地地道道的中国国有资产，它归属于中国国资委所属的大型国企——中商集团。而将这个商业项目成功推向市场的人，就是"中国友谊商城"的掌门人、中国总商会会长蔡桂茹。

　　据说，这个"中国友谊商城"是迄今为止我国企业在海外开办的最大一家大型百货公司，也是目前中国在俄罗斯最大的投资项目。

　　要说起蔡桂茹和"中国友谊商城"的关系，那可是一段奇缘，是一段14年的创业史！1997年3月，时任国内贸易部综合计划司副司长的蔡桂茹，跟随当时的内贸部部长赴俄罗斯考察，任务是要落实两国总理签署的协议——在莫斯科建设一个大型的商业投资项目。很快，这个项目确定了下来，由中国投资建设一个"中国友谊商城"，地点就定在莫斯科的繁华街区：莫斯科新村街4号。为此，内贸部专门成立了一个中商集团欧洲商业开发投资管理中心，具体负责"中国友谊商城"的筹建和经营管理。那么，这个管理机构由谁来挂帅呢？部长直接点名蔡桂茹，因为她不仅具备商业经营的头脑，而且还会说俄语，当时没有人比她更适合来挑这副担子了。

　　1997年，蔡桂茹就这么走马上任了，她接手的可是一份苦差事，此后的3年多时间里，她天天往施工现场跑，跟施工的俄罗斯人"斗法"，生怕商场不能如期竣工。2000年10月18日，4000只中国红灯笼挂在了刚刚落成的"中国友谊商城"，它正式开业了。俄罗斯的许多政界商界要人，还有中国驻俄罗斯大使都前来祝贺，希望这个出生在异国的"商业婴儿"能够茁壮成长。

触摸俄罗斯

其实，很多人并不了解"中国友谊商城"当时的艰难，它出生时就差点难产。当时有两个最大的困难，一个是经营策略的困扰，一个是劣质中国商品的冲击。

在提出建设"中国友谊商城"之初，国内高层就定下了一个原则："让中国人来经营中国商品"，也就是说，"中国友谊商城"内的所有店面要由中国人来经营，所有商品必须"Made in China"，全部卖中国生产的名牌产品。然而，事实很无情，商城快要建好了，但国内的名牌企业没有几家愿意来莫斯科设点经营。当时中国企业对俄罗斯市场存在很大误解，认为它仍处于苏联解体初期的困难阶段，觉得来莫斯科经商不划算。这种犹豫导致了时间空转，眼看开业在即，商城的大部分店铺还空空如也，无人租赁。最要命的是，到了2000年2月，按照俄罗斯法律，商城必须开始缴纳财产税、土地税等，但此时商城的账面上只剩下2000卢布，连上交税款的零头都不够！此外还有商城的物业管理、安全保卫、人员工资……都需要付钱！这个尚未开业的大型商城，仿佛成了一个巨大的包袱，压在了蔡桂茹身上！

蔡桂茹说："我当时大哭了一场，那是最悲惨的时候。"经过权衡，蔡桂茹想拼死一搏，首先要保证国有资产的安全，于是她"擅自"决定调整了经营策略，把一部分店面租给了经过挑选的俄罗斯企业。实际上，因为"中国友谊商城"地处闹市，许多俄罗斯企业早就想挤进来经营，但因为那条"让中国人来经营中国商品"的框框，都被挡在了门外。蔡桂茹一放开口子，立即有多家俄罗斯的药材公司、日用品公司进入商城，蔡桂茹通过收取租金和保证金，渡过了最初的难关。

通过这件事情，蔡桂茹慢慢明白一个商业规律：在国外从事零售业，很大程度上要实现本土化，因为俄罗斯的经销商、代理商更了解当地顾客的消费结构和消费心理，可以提供更加准确需求信息，提出更合理的营销策略。如果在商业经营上盲目"讲政治"，不遵重市场规律，就要栽跟头。此后，她向国内的上司也反复讲这个道理，终于破除了原先设定的限制，把大部分店面租赁给了俄罗斯企业，通过他们来经销中国的名牌商品。

"这并不违反建立友谊商城的宗旨：重塑中国商品形象，扩大对外出口。对我们来说，这是一个双赢的结果。"蔡桂茹说。从此，她更多的时间开始往返于中俄两国之间，开始为引进中国名优产品牵线搭桥。在她的努力下，中国的"海尔"、"格兰仕"、"李宁"等纷纷登陆莫斯科。

当时另一个很大的困难，就是俄罗斯人对中国商品普遍不信任。因为20世纪90年代初期，随着中俄民间贸易像井喷一样增长，大量的假冒伪劣的中国商品，通过各种"灰色清关"的渠道进入俄罗斯，渐渐地中国货在俄罗斯人心目中被打上了"劣质"标签，这给"中国友谊商城"带来了很大的困扰，因为这个商城的一个主要的商业策略，就是把中国的名牌产品引进俄罗斯。蔡桂茹说：在商场上只要你有超乎常人的耐心和执著，最后一定会有回报的。实事上，在"中国友谊商城"开业的10年间里，通过"让俄罗斯人销售中国产品"、"引进中国名牌"、"重金投入广告"等策略，中国名优产品现在已经在莫斯科站稳了脚。

在我的印象中，蔡桂茹之所以在俄罗斯成功创业，她不仅精于商业运作，还摸透了俄罗斯社会的潜规则。她如今在俄罗斯各界都吃得开，尤其与当地政府要人建立了良好的私人关系。在俄罗斯的一个月中，我们对蔡桂茹的"神通广大"深有体会。比如她跟俄罗斯政坛上大名鼎鼎的"常青树"、当时的莫斯科市长卢日科夫，还有莫斯科市的警察局长马洛佐夫，都有很好的个人关系，彼此之间相互信任，这为"中国友谊商城"在莫斯科立足起到了不可替代的作用。卢日科夫总是对别人夸奖蔡桂茹："除了能喝太多酒以外，她没有别的缺点。"

在她领导的"中国总商会"和"中国友谊商城"里，绝大多数雇员都是俄罗斯人。为了保障商城的安全，莫斯科警察局居然还在商城四周设立了29个警察岗，还常年派出一辆警车为中国总商会服务，这在社会治安较差的莫斯科，作用非同小可，它对商城的正常经营起到了保驾护航的作用。

我们在莫斯科采访时，凡是遇到特别难啃的"骨头"，就找蔡会长帮忙。比如去一些公共场合像地铁、火车站、红场采访，都必须通过安全部门、警察局的批准才行，这种批准程序是很拖拉、很漫长，但只要蔡桂茹打一个电话，批准文件就很快可以拿到。她的这种能量，让我们的合作者、莫斯科一家传媒公司的负责人谢尔盖都惊叹不已。

正因为蔡桂茹在俄罗斯具有这种特殊的能力，2009年6月29日，当俄罗斯当局突然查封"一只蚂蚁"大市场，造成数万中国商人货物被封、人员被扣，给中国政府和中俄民间贸易带来很大压力的时刻，身为中国总商会会长的蔡桂茹挺身而出，临危受命，担任了"华人华商大市场问题临时协调小组"组长，与俄罗斯有关方面进行交涉，寻找解决危机的出路。因为身份特殊，与俄罗斯官方沟通渠道通畅，没有人比蔡桂茹出面更合适了。

蔡桂茹担任"协调小组组长"之后，为华商的利益四处奔走，抓紧时间与负责查封市场的莫斯科行动指挥部进行交涉，在最大程度上保护了华商的利益。在当时那种极为困难的条件下，蔡桂茹与俄方达成了协议：一是由中国总商会在现场协助华商清理摊位运出货物。二是俄方保证让华商尽快认领和运走自己的货物，减少不确定性带来的损失。三是俄方与中国总商会共同维护市场内现状，依法打击乘机敲诈华商的腐败行为。虽然这几条协议并未全部得到落实，但已经在最大程度上保护了华商的财产安全。"一只蚂蚁"市场查封之后一周左右，绝大多数中国商人的货物都被"营救"出来了，华商们从开始的绝望中慢慢缓解过来。

前不久，蔡桂茹又被外交部任命为中俄友好、和平与发展委员会的中方委员。作为一名成功的商人，一名国有企业驻俄罗斯的管理者，她现在的身份已经不完全

▌ 在中国友谊商城的四周，莫斯科警方设立了好几个警察岗，维护商城和周边地区的治安。这也验证了蔡桂茹与俄罗斯官方的特殊关系。

是商业人士，越来越多的使命，是与中国的国家利益相关。作为商人，这也许是她最成功的地方。

我们在结束采访离开俄罗斯的前一天晚上，蔡桂茹和总商会的朋友们宴请采访组全体人员，地点就在"中国友谊商城"的中餐厅。那天晚上蔡桂茹展示了她惊人的酒量，我们采访组7个人，加上谢尔盖公司的3位俄罗斯人，轮番敬酒，一晚上就一直没有停下酒杯，我们想证实一下蔡会长传说中的酒量。最后，我们好几个人都进了洗手间，而她一直稳稳坐在桌边，微笑着，丝毫没有醉意。总商会的翻译小付悄声对我说："算了吧，别敬了，你们再来十个也不是她的对手！"

就在这天晚上，蔡桂茹特别动情地对我说："我现在一想起那些在俄罗斯倒货的中国人，就特别心酸，冒那么大风险挣钱，有时还要赔上性命，太难了。我今后两年的目标，就是要说服中俄两国政府，在莫斯科建一个超级大的中国物流中心，实现快速通关的一条龙服务，让中国商人从此清清白白、安安心心在俄罗斯做买卖。"

在我们离开俄罗斯一年之后，在莫斯科大环边上，出现了一个占地20多公顷、拥有几十幢商业大楼的商贸中心，它的名字叫"格林伍德国际贸易中心"，它汇集了大量中国商品，提供俄罗斯海关的"一条龙"快速通关服务。它的主人，就是蔡桂茹。在俄罗斯，格林伍德是唯一一块中国人永久购买的土地，中国国旗在这里飘扬。

触摸俄罗斯

新处女公墓的回声

很早以前，就听说过莫斯科的新处女公墓，里面安葬着许多社会名流，比如像赫鲁晓夫、奥斯特洛夫斯基等。在一些书籍和画报中，也看到过他们墓地的照片。一直以为，它就是俄罗斯的"八宝山革命公墓"，没有资格进红场墓地的领导人和英雄人物，就被安葬在那里。这次来到俄罗斯，当地朋友多次介绍说，一定要去看看新处女公墓，它不仅安葬着许多俄罗斯名人，同时还是一个美轮美奂的艺术雕塑园，2600多位在俄罗斯历史上曾经留下鲜明印迹的人物长眠在那里，它称得上是一部俄罗斯的近代人物史。

新处女公墓坐落在莫斯科河河畔，始建于1898年，与著名的新处女修道院毗邻。1924年苏联政府明确规定，只有党和国家领导人的亲属以及社会各界对社会主义建设作出过重大贡献的名人，才能在此安葬。

当去过新处女公墓之后，我的感觉就是四个字：不虚此行。许多中国人也许难以理解，一个埋死人的地方有什么可看的？如果是那样，你可能与俄罗斯一个最具艺术精神和历史价值的地方失之交臂。

文学艺术家的安息地

新处女公墓位于秀丽的莫斯科河之畔，它的得名来自旁边的历史悠久的新处女修道院，这座1524年修建的修道院，其文物价值丝毫不低于莫斯科的克里姆林宫。新处女公墓就建在修道院的南墙外。

我们是在一个周五的下午，利用在莫斯科采访的间隙，特地抽出几个小时前往新处女公墓参观。公墓的大门和围墙，是俄罗斯传统的深红色城堡式建筑。走进大门，里面豁然开朗，12公顷范围的墓区被绿树和鲜花覆盖，宛如一个幽静的大公园。参观新处女公墓需要购买门票，从购票处可以领取一张墓地的参观引导图，上面标明了30多处特别重要的人物墓地。比如：作家果戈里、契柯夫、法捷耶夫、奥斯

新处女公墓环境幽静，绿树成荫，一个个墓碑和雕像在绿树和鲜花之中若隐若现。

触摸俄罗斯

▌ 一位俄罗斯少女在墓地里漫步。莫斯科人在休息日里也喜欢到此游览。在他们看来,与其说把这里当作墓地,不如说把这里当作公园。

特洛夫斯基,音乐家斯宾诺夫,画家列维坦,舞蹈家乌兰诺娃,戏剧家斯坦尼斯拉夫斯基,电影导演爱森斯坦,农艺科学家米丘林……还有许多曾经辉煌一时的政治人物像日丹诺夫、布尔加宁、莫洛托夫、米高扬等,包括被贬失势的赫鲁晓夫,都在这里得到了一席安身之地。相比之下,文学家、艺术家、科学家和一些民族英雄的墓穴,远远多于政治人物。

　　售票处有一位中年妇女非常热情,主动要给我们做向导,她说公墓面积太大了,安葬的名人太多了,我带你们去参观一些最重要的墓地,不然你们根本找不到。

　　新处女公墓面积很大,里面有许多林荫小路,这些纵横相间的小路把公墓划成了许多块篮球场大小的墓区,在这一块块墓区里,一个个墓碑和雕像在绿树和鲜花之中若隐若现,环境十分优美。

19世纪俄罗斯最伟大的文学家之一戈果里的墓地和雕像。

我们跟着这位俄罗斯妇女，沿着林荫小道向公墓深处行走，经过之处，到处可见一座座全身或半身雕像。这些石雕的人物，有托腮沉思的，有神态诙谐的，有的体现了逝者的职业，有的再现了他们的性格……生者对死者的怀念，在这里通过雕塑艺术生动反映出来。走在这个墓地里，面对一具具灵柩，任何人的内心都不会产生不适和恐惧。我看到许多俄罗斯人，或三五成群，或独自一人在公墓漫步。还有人拿着一本书，在鲜花丛中，静静地坐在墓穴边上阅读着，仿佛在静静地陪伴着死者。新处女公墓里有一种特殊的气息，有一种特殊的表达历史的方式，让我们觉得十分的新鲜。

对头一次来这里参观的外国人，第一件事情，就是找名人墓。不过在新处女公墓里，那些名字如雷贯耳的历史名人，他们的墓碑和雕像并不是想象中那么高大，这可能是年代比较久远的缘故。

首先出现在我们眼前的，是俄罗斯的伟大作家果戈里的墓地，面积很狭窄，白色大理石雕成的塑像，敏感略带嘲笑的面容酷似作家。这位被誉为俄国文学史上继普希金之后又一座丰碑的大文豪，据说当年苏联政府将他的棺木从圣丹尼安修道院迁移到新处女公墓时，曾经发现作家的头盖骨不翼而飞。后来围绕着他的头盖骨，还出现了许多令人匪夷所思的传说，至今头盖骨的下落还是个迷。这位留下了《死魂灵》、《钦差大臣》等不朽之作的文学家，他可能做梦也没有想到，在他死后

200年的今天，有两个国家为了他的国籍问题开始争吵不休。这两个国家其实都是他的祖国，一个是他生活的俄罗斯，一个是他出生的乌克兰，在苏联时代这原本就是一个国家。但不管怎么争吵，果戈里现在安葬在莫斯科，他的墓地与新处女公墓溶为一体，彼此无法分开。

紧挨着果戈里的是伟大的契柯夫，他的住所也不宽畅，是一座白墙灰顶的小屋，青铜的墓碑好像是小屋的窗户，屋顶上竖起三支铁矛，小屋旁的红花开得十分鲜艳。他周围的邻居很多，显得比较拥挤一些，像是住在年代久远的老城区里，条件有些简陋。契柯夫大概算得上中国读者最熟悉的俄罗斯作家之一了，他的小说和戏剧几乎全部有中译本。如今在俄罗斯许多剧院里仍在上演的百年老戏《海鸥》、《万尼亚舅舅》、《小职员之死》等，也经常会出现在中国的话剧舞台上。契柯夫和托尔斯泰一样，是一位对人生目的执著思考的作家，他说"如果缺乏明确的世界观，就不是生活，而是一种负担。"

在新处女公墓里，还安葬着一些苏联时代伟大的文学艺术家，他们的墓地和雕像也体现了那个年代的特点，高大宏伟，这与沙俄时代的墓地相比，形成了鲜明的反差。

在诗人马雅可夫斯基的墓地，他的头像高高地摆在一个石柱上，雕像背后，陪衬着一块很大的红色的大理石，象征着那个红色的充满激情的时代。我在莫斯科市区一个名叫马雅可夫斯基地铁站的广场上，也曾见到过这位诗人高大的雕像。马雅可夫斯基曾被称为"苏维埃第一诗人"，他是俄罗斯文学史上一个响亮的

这是斯大林妻子娜杰日达·阿利卢耶娃的雕像。传说斯大林经常夜晚来墓地看望她，并从此不再接近女性。

这个造型独特的墓碑属于俄罗斯著名的飞机设计师图波列夫，他是苏联的"航空之父"，用他名字命名的"图系列"飞机，包括现在仍然具有威慑力的图—160战略轰炸机，都是他的惊世杰作。

名字，他在"十月革命"前后曾经创作了一大批苏联家喻户晓的诗篇。他的阶梯式诗句，感情强烈，极具感染力，曾经广受中国人的喜爱。听听这一首小诗："你们吃吃凤梨，你们嚼嚼松鸡，你们的末日到了，资产阶级！"这是十月革命前创作的，寥寥几笔，非常准确而流畅地表达出了革命即将到来时俄罗斯社会的情绪。他的《穿裤子的云》、《列宁》、《好》等名作，贯穿着"巨大的爱、巨大的憎"，简洁的诗句喷发激情。可惜，在诗人37岁时，自己用一把勃朗宁手枪结束了生命。

自杀，是新处女公墓中是一个无法回避的话题。除了马雅可夫斯基，公墓里还有许多文学艺术家和政治人物也是用这种方式结束生命的。比如《毁灭》、《青年近卫军》的作者法捷耶夫、斯大林的年轻妻子娜杰日达·阿利卢耶娃等人，都是自杀身亡的。这些苏联时期曾经辉煌到极点的人物，他们选择自我结束生命，除了个人感情和事业出现困境之外，更多的原因是那个时代精神极度压抑所致。

在公墓里，还有两座雕像也十分的高大，他们是苏联时代被民众称为"伟大的父亲和伟大的儿子"的著名飞机设计师图波列夫父子。他们的墓碑上都有飞机图案，他们研制的"图154"飞机现在仍然是俄罗斯各大航空公司的主要机型。父亲安德烈·图波列夫一生设计了100多种飞机，儿子阿·图波列夫事业的顶峰是研制出了世界最强大的战略轰炸机"图—160"。

在墓地的深处，还有一座用白色大理石雕刻而成的优美的女性全身像，非常引人注目，她就是俄罗斯著名的"芭蕾皇后"乌兰诺娃的墓碑，雕像有一人多高，是乌兰诺娃翩翩起舞的优美姿态。她主演的《天鹅湖》、《睡美人》、《胡桃夹子》等名剧，被公认为世界芭蕾舞剧的经典。

乌兰诺娃墓地近旁，有一个男子的全身塑像十分引人注目。他头戴礼帽，脚蹬一双大头鞋，随意地坐在地上，脚下还趴着一条神情忧郁的狗。他就是俄罗斯著名的马戏大师尼库林，生前是莫斯科大马戏团的团长，一位给俄罗斯人带来了许多快乐的喜剧大师。马戏被称为俄罗斯的"国粹"，几百年来一直受到俄罗斯人喜爱，所以在新处女公墓里，马戏大师也与最伟大的文学艺术家们安葬在一起。

不朽的苏联的英雄

除了大牌文学家、艺术家、科学家之外，新处女公墓也是许多民族英雄安息之地，尤其是苏联时代的英雄，占据了很大的比例。而这些苏联英雄中，地位最突出的是卫国战争中的英雄。

在树林中，我看到了一位美丽的少女雕像，令人印象极其深刻，她的头颅高高扬起，双眼微闭，上衣已被撕裂，胸部坦露，让人强烈地感受到残暴正在摧残美丽！她，就是我从小就十分熟悉和仰慕的苏联女英雄卓娅。少女卓娅的雕像具有强烈的视觉冲击力，参观者会被她充满青春气息的生命、慷慨赴死的勇敢所感染！卓娅，曾经是多少中国人熟悉和深爱的丹娘！像我的父母一代，或者年长一些的哥哥姐姐们，谁人不知这位苏联卫国战争中的女英雄、共青团员？有一本苏联小说《卓娅与舒拉的故事》，就是根据她和弟弟舒拉的故事写成的，当年风靡中国。如今许多细节虽然已经淡忘，但她的名字却一直深深铭刻在我的内心。

晚上回到宾馆里，我又专门上网在"百度"里查找卓娅的资料，结果一搜索居

245

对于许多中国人来说，新处女公墓中最著名的人物之一，就是这位美丽的俄罗斯少女——卓娅，她的雕像让人强烈地感受到邪恶正在摧残美丽。

这是当年德军绞杀卓娅时留下的照片之一。这些照片后来广为流传，成为了德国法西斯的重大罪行之一。

然搜出了数百条关于卓娅的中文资料，可见即使历史已经翻过了60年，苏联已经不复存在，中俄两国的意识形态已经发生了很大变化，但今天许许多多中国人并没有忘记这位勇敢的苏联女孩，卓娅生命所放出的光芒，那种蔑视邪恶坚信正义的精神，依然是中国人所向往的精神境界。卓娅的事迹发生在1941年，当时卓娅是莫斯科一所中学的九年级女生，相当于中国的高一年级，她很有才气，作文写得特别好，是一个典型的被红色理想熏陶出来的苏联女孩。德军入侵后，她请战加入了敌后游击队，在一次焚烧德军马厩的行动中被捕。在经受了一昼夜极其残酷的拷打后，她坚决不肯吐露任何游击队的行踪，最后德军竟然将这位俄罗斯少女残酷地绞死了。临终前，卓娅留给世界最后的话是："我不怕死，为自己的人民而死，这是幸福啊！"

少女卓娅死后，故事并没有结束。德军绞死卓娅时曾经拍下了很多照片，后来这些照片不知是何原因居然流传到了战场上，并在苏联军民中广泛传播，一个坚贞不屈的俄罗斯少女与德军的残酷形成了巨大的精神反差，激怒了苏联军民。据说当时斯大林看到照片后怒不可遏，向苏军发出命令：遇到德军第197步兵师第332步兵团（绞杀卓娅的德军部队）的任何官兵，拒绝接受其投降！这意味着，该团全体官兵的下场只有一种：就地处决！不知这种传说是否真实，但德军肯定为残酷杀害卓娅付出了惨痛代价。

从卓娅身上，我联想到苏联妇女在卫国战争所发挥的巨大作用，这在世界战争史上也是少见的。我曾经在资料中看到，在卫国战争中，先后有80万苏联妇女投入了战争，她们几乎和男人一样参加了所有的战斗，狙击手、机枪手、侦察兵、坦克兵、飞行员……其中有40多万女性把她们年轻的生命献给了卫国战争！俄罗斯妇女绝对是世界上最能吃苦耐劳、最富有牺牲精神的女性，她们的血液和性格中，有一种斯拉夫妇女特有的勇敢、无私和坚韧。

再回到新处女公墓吧。在卓娅的墓地对面不到两米的地方，就是她弟弟舒拉（卫国战争中牺牲的苏军坦克手）和他们的母亲的墓地，现在一家人团聚在新处女公墓美丽的花园里。

在这里，有一位我们十分陌生的苏联卫国战争的英雄，他不是军人，甚至没有参加过任何战斗，但他在战场上的作用远远超过一个师、一个军。他的雕像很特别，他戴着一副金丝眼镜，面前摆放着一个麦克风，背后是无线电波的发射塔。这显然是我们的一位同行。向导告诉我们，这位逝者名叫戈里·列维坦，他的职业是苏联国家广播电台的播音员，是一位俄罗斯民众敬仰的英雄，他的名字和一场战争、一场胜利联系在一起。1941年希特勒德国进攻苏联时，攻势凶猛，一直打到了莫斯科郊外。然而德军在这里遇到了殊死的抵抗，再也没有办法前进半步。希特勒开始每天听到沮丧的消息：斯大林在红场举行大阅兵、苏军开始了全面有效的抵抗、苏军开始反攻……而所有这些让希特勒沮丧的消息，都是一个名叫戈里·列维坦的苏联电台播音员，用他那具有金属撞击般的声音告诉全世界、告诉苏联民众、告诉希特勒！这个声音像神奇的号角，从莫斯科传向辽阔的苏联大地，传达着苏联最高统帅部的召唤，从而凝聚起苏联军民顽强的战斗意志。听说希特勒曾经命令他的将军，攻下莫斯科城必须先拿下一个人的脑袋。这个人不是斯大林，而是列维坦！

安葬在这里的苏联英雄中，也有苏维埃政权早期的人物，比如中国人非常熟

"伟大的保尔"——尼古拉·奥斯特洛夫斯基的墓地

悉的"伟大的保尔"——奥斯特洛夫斯基。他的墓碑是一座半身浮雕，墓碑的基座上，是一个青铜雕塑作品：一顶红军军帽和一把战刀，象征着他生前的战斗经历和非凡意志。奥斯特洛夫斯基的自传体小说《钢铁是怎样炼成的》曾经风靡中国，在20世纪五六十年代，他的一段名言成为了无数中国年轻人的座右铭："人最宝贵的东西是生命，但生命属于我们只有一次。人的一生应该这样来度过的：当他回首往事时，不因虚度年华而悔恨，也不因碌碌无为而羞耻。这样，他在临死的时候就能够说：我的整个生命和全部精力，都献给了世界上最壮丽的事业——为人类的解放而斗争。"

政治人物回归大地

在苏联时期，安葬重要政治人物的墓地有三处。第一处，当然就是红场上的列宁和斯大林墓，尽管后来斯大林的墓被迁移了；第二处，就是红场克里姆林宫围墙边上的墓地，那里专门安葬党、国家和军队的历任领导人，像捷尔任斯基、勃列日涅夫、安德罗波夫、契尔年科、伏龙芝、伏罗希洛夫、布琼尼、朱可夫等等。第三处，就是新处女公墓了，这里既安葬著名科学家、文学家、艺术家，也安葬一些政治上有些争议而无法进入红场的政治人物，比如赫鲁晓夫、莫洛托夫、米高扬等人。按当时的苏联等级思维，新处女公墓在政治地位上远不如红场上的墓地重要。不过这种看法，在今天完全改变了，新处女公墓的地位是俄罗斯任何墓地都无法比拟的。

第一位改变者，就是俄罗斯的第一任民选总统叶利钦，他选择在这里安息。

显而易见，安葬在新处女公墓更符合俄罗斯的传统。叶利钦的墓地很特别，占

2007年4月26日,俄罗斯前总统叶利钦下葬在这里,俄罗斯在此举行了隆重的国葬。根据叶利钦亲属的要求,叶利钦的墓地紧靠著名文化和艺术人物的墓地。一面巨大的俄罗斯国旗,成为叶利钦墓地的主体建筑,没有墓碑和雕像。

据了新处女公墓中最好的也是最后的一块空地,据说这是普京亲自为前任挑选的地方。叶利钦的墓地设计独具匠心,没有墓碑,也没有雕像,整个墓穴是一面鲜艳的俄罗斯国旗——"三色旗"雕塑,它面积很大,覆盖在地面上,呈现出一种飘动的感觉。我觉得这个设想和雕塑很出色,意味深长。想一想啊,恢复了俄罗斯独立国家地位是谁?俄罗斯的改革之父是谁?如今颇受争议是谁?叶利钦好像在告诉所有来访者们:我什么都不想表白,这面俄罗斯国旗会为我说明一切。

管理公墓的俄罗斯妇女告诉我们,也许叶利钦是新处女公墓的最后一位安息者了,因为这里已经住满了,新人已经无法入住了。

尽管安葬在新处女公墓里的政治人物并不很多,但几乎每个人物都是闻名世界的,包括斯大林的妻子娜杰日达·阿利卢耶娃、冷战时期最活跃的苏联外交部长葛罗米柯等等。

赫鲁晓夫的墓地无疑是最引人注目的。这位世界共运史上十分独特的人物,先是被中共骂得狗血喷头，后来又被苏共废黜。如今，他和他的家人一起安静地躺在公墓里。他的墓碑的形状和他本人的命运一样独特，六块形态各异的黑白大理石，组合成一个很大的怪异造型，而赫鲁晓夫的头像就镶嵌在黑白两色的大理石之中。在墓地的花岗石基座上，简单地镌刻着死者的姓名和生卒年份。黑色象征什么？白色象征什么？逝者的头像为什么要放置在黑白之间？据墓地的设计师自己解释：赫鲁晓夫是一位个性独特的"首脑"，这种设计就是用艺术语言表现他的一生：黑白交织，毁誉参半。

赫鲁晓夫与这位墓碑设计师的故事，本身就是一个传奇故事。这位给赫鲁晓夫设计墓碑的人，是俄罗斯著名雕塑艺术家涅依兹韦斯特内依。当赫鲁晓夫去世后，其子找到涅依兹韦斯特内依，请其为父亲雕塑墓碑。涅依兹韦斯特内依问："为什么找我？"赫鲁晓夫的儿子说："这是家父的遗愿。"涅伊兹韦斯特内依明白了，这是赫鲁晓夫以自己独特的方式，请求与这位艺术家和解。

赫鲁晓夫时代曾被称为"解冻时代"，当时一大批在斯大林时代被镇压、迫害

新处女公墓中最著名的墓地之一：赫鲁晓夫墓。俄罗斯著名雕塑艺术家涅依兹韦斯特内依设计的黑白相间的雕塑，成为了人们永远谈论的话题。

的文学艺术家、科学家，重新得到重视和启用，文化领域的高压出现了一些缓和，艺术创作有了一定程度的自由。但是，工人出身的赫鲁晓夫对现代派艺术一直不以为然，加上他比较率性，甚至有些粗鲁，看不惯的事情不管三七二十一就妄加评论。当时发生过一个轰动一时的事件，有一次他出席莫斯科一个盛大的美术展览活动，当参观了现实主义作品展厅并大加夸奖之后，就来到了非现实主义的美术作品展厅。结果赫氏眉头一皱，用手指着抽象派艺术家涅依兹韦斯特内依的作品说："就是找一头驴子用尾巴甩，也能比这画得好！"

涅依兹韦斯特内依当场受了侮辱，感到极其郁闷。涅依兹韦斯特内依当时已经是苏联颇有名气的画家了，听到这样不堪入耳的批评，他忍无可忍道："您既不是艺术家，又不是评论家，事实上您并不懂美学。"

赫鲁晓夫看了他一眼，很不解气，又粗鲁地斥责他：吃的是人民的血汗钱，拉出来的是臭狗屎。接着，赫鲁晓夫说出了一段传诵一时的名言："当我是一名矿工时，我不懂；当我是党的一名低级官员时，我不懂；但是今天我是党的领袖，我当然懂得，不是吗？"话一出口，周围的人都目瞪口呆，哑口无言。这就是赫鲁晓夫。之后，涅依兹韦斯特内依就被打入冷宫，不得不到美国去发展他的艺术事业。

许多年后，特别是下野之后，也许思考问题的角度变化了，赫鲁晓夫开始反思自己对一些知识分子的错误态度。他曾三次邀请涅依兹韦斯特内依到家里来做客，但没有得到艺术家的回应。直到临终前，赫鲁晓夫想到用雕塑墓碑的方式，寻求与涅依兹韦斯特内依的和解。涅依兹韦斯特内依的确是一个真诚的艺术家，他接受了死者最后的邀请，他用曾经被赫鲁晓夫辱骂过的抽象主义艺术风格，精心设计了墓碑，用黑白两色真实而绝妙地表现了墓主的人生：功过交织，毁誉参半。如今这个墓碑，是新处女公墓中最吸引人的作品之一。

在新处女公墓里，王明夫妇也许是仅有的中国人。奇怪的是，王明的雕像，无论怎么看，都与毛泽东十分相似。王明是1956年去苏联治病的，从此一去不归，直到1974年病逝。王明的一生，与中国革命密不可分，也与苏联有不解之缘，所以在他人生最灰暗之际，他把异国作为自己和家人的避风港。他所代表的"国际派"与毛泽东所代现的"本土派"，在中共内部围绕着领导权之争，斗争了十几年，最后修改。王明的墓地和雕像是当时苏联政府设立的，碑文用俄文写着"中国共产主义运

1974年在莫斯科去世的中共前领导人王明也安葬在新处女公墓中。王明1956年去苏联治病，从此一去不归。

动领导人，国际共产主义活动家王明同志"。这位在中国革命史上名声显赫的人物，最后却安葬在异国，不知道这是否是王明自己的遗愿。不过在那个时代，大概他别无选择。据说，王明的两个儿子都已经加入了俄罗斯国籍，娶了俄罗斯的妻子，这个中国革命者的家庭，似乎与中国的联系越来越少了。

这些曾经影响一个国家甚至影响世界命运的大人物，如今都安静地躺在莫斯科的新处女公墓里。对于人生的这个最后结局，他们大概还算满意吧。

俄罗斯的墓园文化

我对国外的墓园文化一直很有兴趣，如何对待亡者，我觉得反映出一个民族的精神品质和历史观。在法国时，我去参观过巴黎著名的墓地，如拉雪兹公墓、拉德方斯公墓，还有位于地中海边尼斯山堡上的犹太人公墓。在日本时，我去参观过一些著名的神社，那里也是安葬死者的地方。我发现，这些地方与中国的墓地最大的不同，就是不论死者生前地位高低、社会褒贬，死后都得到了善待，都能够有一块安息之地。比如像欧洲的墓地，里面很少有大块大块的石碑，很少铭刻大段的"盖棺论定"式的碑文，一般都是用雕塑这种艺术语言表现逝者的生平，可以让人产生丰富的联想。而且墓地的环境都非常优雅，可以供游人参观。墓地成为了一种真正意义上的纪念场所，是生者和死者可以经常聚会的花园，死亡只是一次演出的谢幕，是一次告别。人间和天国是可以沟通交流的。

欧洲墓地的雕塑传统，也深深影响了俄罗斯。莫斯科的新处女公墓，简直就是一个大型的雕塑艺术园，荟萃了几百年来的人物雕塑艺术作品。除了墓地的艺术气氛，我更加欣赏的，是他们对待死者的那种包容、平等的态度。在新处女公墓里，如果不了解死者的身份，你根本看不出死者生前的地位。因为在安葬死者时，并没有将整个墓地的规划、设计与死者的地位联系起来。我们看到无论是文学艺术家，还是政治家、民族英雄，在新处女公墓里他们的墓地完全是"无序排列"的。我说的"无序排列"，是指所有安葬在这里的人，一律按"先来后到"的顺序自选墓址。在这里，死者是不分等级的。

所以在这里参观时，无法按死者生前的社会地位循序参观。也许在一个国家领导人墓地的旁边，突然矗立着一位沙俄时代的贵族雕像，而在这位封建时代的贵族墓地边上，可能安葬着一位卫国战争中的英雄飞行员……这种无序性，使得新处女公墓里充满着一种神秘的色彩！

在新处女公墓，每一座墓穴里都埋藏着一个历史人物的故事，同时又关联着一段俄罗斯的历史。如果把这一个个生动具体的人物故事连接起来，就是俄罗斯的一部近现代史。历史从来不是抽象的，历史某种意义上说就是人物史，特别是那些在历史上曾经留下过鲜明印迹的人物，他们的故事拼接起来，就是一部真实的历史。我喜欢参观法国、俄罗斯等国家的墓地，原因是我对那些远去的人物故事感兴趣，通过这些历史人物的故事，可以更加真实而具体地接触这个国家的历史。

用墓地永久地保存历史人物的故事，保存一个国家的历史，这是非常人性、非常优雅的一种传统。而这种传统之所以能够代代传承下来，前提就是活着的人们对死者要怀有一种包容、平和、尊敬的态度。

新处女公墓的回声

新处女公墓实在太大了，有许多人物雕像极其精美、风格独特，但我们无法知道主人姓甚名谁，生于什么年代，留下过什么难忘故事，只能默默地瞥上一眼，然后匆匆走过。我们毕竟是外国人，对俄罗斯的许多历史人物十分陌生，不太可能在几个小时之内全部"读懂"新处女公墓。但我知道，所有能够安葬到这里的亡者，都是俄罗斯历史上不平凡的人物。而我们所能够看到的，不过是自己记忆中的一些俄罗斯人物和历史，这跟长眠在此的2600多位亡者相比，只是极少的一部分，只是一些历史的碎片而已。在墓地的树木深处，更多的人物，更多的故事，只有俄罗斯人自己能够了解。其中的历史滋味，也只有俄罗斯人自己能够体味。

跟俄罗斯相比，中国也是一个喜欢向历史学习的国家，有"读史可以明智"的古训，不过中国更强调的是书本学习。不过遗憾的是，近现代的中国由于政党纷争、意识形态变化，当权者们总是千方百计地按照自己的价值观来撰写历史，因此历史的真实与我们已经渐行渐远。走在新处女公墓的小径上，我想俄罗斯人也曾经经历了文化专制时代，在经过制度变更之后，对历史也许有了一种更加包容、更加理性的态度了。中学的历史老师说过一句话，我至今难忘："历史不是让人笑的，也不是让人哭的，历史是让人明白的。"我们所有了解历史、学习历史的欲望，都是为了更明白地走向未来。但是，我们能够做到吗？

新处女公墓给我的印象是：一旦历史变成具体的人物往事时，无论是褒是贬，都包裹在一种人性的温暖和现性的沉淀中，爱恨少了，思考多了。

图书在版编目（CIP）数据

触摸俄罗斯 / 刘爱民著. —北京：华艺出版社，2011.9

ISBN 978-7-80252-291-6

Ⅰ.①触… Ⅱ.①刘… Ⅲ.①俄罗斯—概况

Ⅳ.①K951.2

中国版本图书馆CIP数据核字（2011）第190048号

触摸俄罗斯

作　　者：刘爱民

策划编辑：刘泰

特约编辑：常永富

统　　筹：吴婧

出　　版：华艺出版社

社　　址：北京市海淀区北四环中路229号海泰大厦10层

电　　话：（010）82885151

传　　真：（010）82884314

印　　刷：北京人教方成彩色印刷有限公司

开　　本：1/16

字　　数：259千字

印　　张：16.5印张

版　　次：2011年9月第1版

印　　次：2011年9月第1次印刷

书　　号：ISBN 978-7-80252-291-6

定　　价：39.80元